国家林业局普通高等教育"十三五"规划教材

大学生社会实践

张子睿　主　编

隋俊宇　张旭山　高英　副主编

中国林业出版社

图书在版编目（CIP）数据

大学生社会实践 / 张子睿主编 . —北京：中国林业出版社，2017.7

国家林业局普通高等教育"十三五"规划教材

ISBN 978-7-5038-9059-8

Ⅰ . ①大… Ⅱ . ①张… Ⅲ . ①大学生—社会实践—高等学校—教材 Ⅳ . ①G642.45

中国版本图书馆CIP数据核字（2017）第137388号

国家林业局生态文明教材及林业高校教材建设项目

中国林业出版社·教育出版分社

策划编辑： 杨长峰 张东晓 **责任编辑：** 张东晓 张 佳

电 话： (010) 83143560 **传 真：** (010) 83143516

出版发行 中国林业出版社（100009 北京西城区德内大街刘海胡同 7 号）

E-mail:jiaocaipublic@163.com 电话：(010) 83143500

http:// lycb. forestry.gov. cn

经 销	新华书店	
印 刷	北京昌平百善印刷厂	
版 次	2017 年 7 月第 1 版	
印 次	2017 年 7 月第 1 次印刷	
开 本	787mm×1092mm 1/16	
印 张	13.25	
字 数	255 千字	
定 价	29.00 元	

前 言
PREFACE

21 世纪全球竞争的关键在于人才的竞争，人才竞争的基础保障则在于教育。高校是人才的孵化器，肩负着培养人才、造就人才的重要历史使命。在这样一个高速发展的知识经济社会，综合素质、创新精神和实践能力成为衡量人才的重要指标。高校要培养出适应时代要求的合格人才，其教学重点也应该向素质教育转移，把培养学生的创新精神和实践能力作为指导思想：在基础知识和基本理论教学的同时，高度重视学生创新精神和实践能力的培养。然而，如何实施大学生的素质教育，全方位提高学生综合素质，尤其是非专业素质，仍是一个亟待解决的问题。

教育家、思想家陶行知先生提出"社会即学校"的观点，并指出："不运用社会的力量，便是无能的教育；不了解社会的需求，便是盲目的教育。倘使我们认定社会就是一个伟大无比的学校，就会自然而然地去运用社会的力量，以应济社会的需求。"在指导大学生社会实践和"挑战杯"竞赛及其他课外科技活动的过程中，笔者认为只有认真分析学生社会实践活动的规律才能更好地利用共青团阵地提高大学生综合素质。

作为公共选修和第二课堂的教材，笔者也不希望在教材写作时预定下条条框框，以留给教师、学生、读者广阔的空间，独立思考，激发创造潜能。这也是创造教育的初衷！因此，笔者结合教学体会做出了一个大胆的尝试，没有像传统课程一样在课后留下习题，以留给读者朋友一个更大的拓展能力的空间。

本书的完成得益于校内外的专家学者的支持与帮助。首先，应该感谢的是笔者的导师东北大学文法学院博士生导师罗玲玲教授，正是在导师的指导下，笔者才踏上创造学研究之路，并逐步积累了一点可以与青年朋友们分享的经验。而这一切，都源于恩师的指点，在此致以深深感谢。其次，要感谢本书的主要合作者，三位副主编——我的校内外朋友；本书其他编者均是为笔者指导的不同社会实践活动团队提供过支持的合作指导教师和学生负责人，他们是北京农学院教师黄雷、锦州医科大学教师苏忆军以及在北京农学院就读过的学生：董长红、庄良、付劢、刘翠竹、宋子越、崔亚男。虽然部分学生已经毕业，因为种种原因，我们无法联系到全体同学，但是我们更愿意用一本共同署名的作品去纪念一起开展活动时那些激情燃烧的岁月。最后，要感谢中国林业出版社为本书出版付出辛勤劳动，他们为本书出版的工作做出了巨大贡献。

由于水平有限，书中疏漏之处在所难免。请同行专家和读者朋友们给以斧正！

张子睿

2017 年 3 月

目　录
CONTENTS

第一章　大学生社会实践基本问题概述…………………1

第一节　人类实践活动价值的哲学反思……………1

第二节　大学生社会实践的核心问题回顾……………8

第三节　大学生社会实践的历史回顾……………17

第四节　大学生社会实践活动指导教师
　　　　发挥作用的途径……………21

第二章　大学生社会实践理论准备……………29

第一节　大学生社会实践活动题目的确立……………29

第二节　大学生社会实践调研特点及
　　　　非定量研究方法简介……………36

第三节　大学生社会实践中的定量调研方法……………43

第三章　大学生社会实践活动中的思维方法与安全常识……………55

第一节　突破传统观念……………55

第二节　保障逻辑思维的严密性……………67

第三节　变换思维角度……………76

第四节　社会实践所需的问题意识……………95

第四章　社会实践所需的创造性解决问题方法和安全知识…………105

第一节　提高联系能力的方法……………107

第二节　运用逻辑推理解决问题的方法……………109

第三节　运用思维激励法筛选社会实践方案……………114

第四节　社会实践所需的安全知识……………120

第五章 社会实践文章写作基础能力训练 ················· 130

第一节 社会实践文章写作的取材立意 ················· 130

第二节 社会实践文章写作的文体风格 ················· 150

第六章 社会实践典型文章写作方法 ················· 173

第一节 社会实践报告的写法 ················· 173

第二节 新闻写作 ················· 186

附录1 大学生课外科普调查报告例文 ················· 193

附录2 全国学生营养与健康有奖征文大赛获奖作品 ················· 199

附录3 红色"1+1"活动总结 ················· 201

参考文献 ················· 205

第一章 · 大学生社会实践基本问题概述

大学生是十分宝贵的人才资源，是民族的希望，是祖国的未来。2004 年 8 月 26 日发布的《中共中央 国务院关于进一步加强和改进大学生思想政治教育的意见》明确指出，要"积极探索社会实践与专业学习相结合、与服务社会相结合、与勤工助学相结合、与择业就业相结合、与创新创业相结合的管理体制，增强社会实践活动的效果，使大学生在社会实践活动中受教育、长才干、做贡献，增强社会责任感"。在高等教育中社会实践是不可缺少的，它对课堂教育的补充与延伸功能是不可替代的。

2012 年 3 月 26 日发布的《关于进一步加强高校实践育人工作的若干意见》指出："广泛开展社会调查、生产劳动、志愿服务、公益活动、科技发明、勤工助学和挂职锻炼等社会实践活动。新增生均拨款优先投入实践育人工作，新增教学经费优先用于实践教学。推动建立党政机关、城市社区、农村乡镇、企事业单位、社会服务机构等接收高校学生实践制度。"

大学生社会实践活动和课堂专业理论教育是我国当代高等教育体系的两个基本组成部分。大学生社会实践活动作为课堂专业理论教学课的进一步延伸和素质教育的重要载体，对于全面提高大学生的思想道德素质和科学文化素质起到了重要的作用，已经成为当代大学生了解国情、服务社会、增长才干的重要途径和舞台，也得到了广大人民群众的热烈欢迎，显示出蓬勃的生机与活力。

实践活动教学历来被学校和广大师生所重视。但是，由于历史的原因，对社会实践工作存在活动多、总结少的现象。要想更好地推动社会实践工作，为大学生社会实践提供有效指南，在本书的第一章，我们有必要对大学生社会实践基本问题、基本概念、基本历史进行回顾、总结与探讨。

第一节 人类实践活动价值的哲学反思

运动和发展中的物质世界会表现出千差万别、无限多样的存在形态。在众多形态的存在中，人类社会本身这种存在对于人类具有特殊意义、需要特别加以认识。如果不能够认识人类社会的内在本质，就不可能对物质世界及其发展规律有完整、正确的理解。

人类社会作为最高的物质运动形式，是宇宙中最为复杂的一种存在，它同其他的自然存在、自然运动形式有着根本性质的区别，在一定意义上可以说，人类社会是自然本身进入自己否定存在的一种形式，即它由自然而来又对自然进行着能动改造的物质存在形式。

在人类发展历史上，关于实践的论述可以说是源远流长。亚里士多德在《政治学》中就身心教育和训练论述了人的全面发展。他认为，体格和智力全面发展或身心两俱就是"超群拔类"的人。而在我国古代《周礼》中记载的"礼、乐、射、御（驭）、书、数——六艺"，是对身心、知情意行、文治武功全面发展的要求。而要达成亚里士多德的"身心两俱"或《周礼》中的"六艺"，都不可能脱离实践的磨炼。

实践是马克思主义哲学的逻辑起点，是马克思主义认识论的基础。实践是人类存在和发展的根本方式，是人类实现自我教育的基本途径之一。在马克思主义者看来，实践"是人们为着满足一定的需要而进行的能动改造和探索物质世界的活动"。实践包括生产实践、处理和变革社会关系的实践以及科学实验。实践不仅可以改造自然界和社会，而且可以改造人类的思维，使人类的思维从此岸到达彼岸，体现有效的导向功能。马克思曾指出："虽然工厂儿童上课的时间要比正规的日校学生少一半，但学到的东西一样多，而且往往更多。"出现这种情况，就是因为实践具有改造人类思维、优化主体的客观教育功能，实践包含着特殊的教育功效。实践是实现人的全面发展的重要途径。

因此，我们认为：要探讨大学生社会实践价值就需要对人类实践活动价值进行哲学反思。

一、实践是人类社会不可或缺的元素

观察和认识人类社会的根本出发点，反映出不同哲学的观点和原则。马克思主义哲学理论认为：人是以实践为本质的存在，人在实践活动中，首先是生产实践活动中创造了人类社会；实践既是人之所以成为人，而非动物的基础，也是社会从自然分化出来形成为社会的基础。要理解人类社会的本质和特征，必须从实践入手并以实践为基础才能得到正确地了解。

（一）实践导致了人类社会的产生

恩格斯指出，劳动是"整个人类生活的第一个基本条件，而且达到这样的程度，以致我们在某种意义上不得不说：劳动创造了人本身。"[1]

恩格斯的伟大贡献就在于，他提出并确立了劳动实践的观点，从而揭示了由自然向社会、由猿向人转变的基础和机制。

人类与动物的最大区别就在于，人类不是从外部环境中摄取自然所提供的现成的物质和能量，而是依靠自己的劳动去创造自己所需要的物质生活资料，通过劳动改变外界物质的自然形态，以满足自己的生存需要，是人所特有的生存方式。所以我们说，劳动是人与动物的最根本分界线。因此，马克思主义哲学在人类社会产生问题上的观点就是：劳动生产是人及其社会存在和发展的基础，人是在劳动生产中形成的。

恩格斯在《劳动在从猿到人转变过程中的作用》一文中详细地论述了这一转变过程。首先，由于劳动，使古猿的不适于抓和握活动的爪，逐步变成了适合劳动的人手。手的形成，意味着它已具有了从事劳动的专门器官。其次，劳动提出了交流信息的需要，由此逐步形成了人类语言。再次，由于劳动和语言，促进了大脑的发展，逐步形成了人类独有的思维器官，发展出了人类的意识、精神。最后，劳动是一种社会化的活动，正是在劳动的基础上形成了人类社会，发展了人类的文化和文明。"动物仅仅利用外部自然界，单纯地以自己的存在来使自然界改变；而人则通过他所作出的改变来使自然界为自己的目的服务，来支配自然界。这便是人同其他动物的最后的本质的区别，而造成这一区别的还是劳动。"[2]

人和人类社会是在劳动实践中形成的，也是在劳动实践基础上不断发展的。人类形成以后，正是由人自己的实践活动，使人类来自于自然，却超越了自然的限制，成为能够支配自然的特殊存在。

（二）人类实践活动的本质分析

中外古代的许多思想家都讲到过"实践"。他们最早是从"实行""践履"的意义上去理解实践这种活动的。实行、践履与目的、知道相对应，"实践"就是指贯彻目的的行动，实现知的行为。在这种理解中，虽然主要限于修身、养性的那种道德

---

[1]《马克思恩格斯选集》第3卷，第508页。

[2]《马克思恩格斯选集》第3卷，第517页。

性活动，但它已把实践看作是"目的性"的活动。近代哲学，特别是德国古典哲学，进一步深化了对实践的理解。康德从意志支配的自主活动去理解，把实践看作一种理性自主的道德活动。费希特从自我设立非我的观点出发，使实践从道德领域扩展到整个理性领域，并赋予实践概念以"创造性"的内容和性质。黑格尔总结了这些思想成果，把实践理解为主观改造客观对象的创造性的精神活动。在这种理解中，黑格尔还接触到了劳动生产活动的意义。但是，所有这些理解，都只限制于精神性活动的范围之内。

马克思发现了劳动生产活动是人的最基本的实践活动，而劳动生产活动既体现着人的能动的创造性本质，又属于感性的物质活动。马克思正是把劳动生产实践看成人类全部实践活动的基础，才在认识上把实践的这两种对立的性质统一起来，建立了科学的实践理论。

实践是人类所特有的本质活动。人类的活动与动物活动不同。人类在实践活动中总是怀有某种目的，使用特定的工具，采取特定的方法去改造自然对象，从而满足人类的生存和生活的需要。人类这种以一定手段有目的地改造外部世界的能动的物质活动，就是实践。因此，我们认为人类实践活动具有如下的特点：

首先，人类实践活动是具有客观现实性的感性活动。人类的实践活动都是在一定目的支配下的有意识的活动，人类正是依靠实践活动才能把思想、观念变成直接现实的对象存在。所以，实践活动与单纯思想、精神的活动是有根本区别的。正如马克思明确指出的，实践是"真正现实的、感性的活动"，即"客观的活动"。[1]

其次，人类实践活动是具有创造性的能动活动。人是有思想、有理性的动物，人类的实践活动是有目的性的活动，活动的目的就是要使客观世界按照人的意志和要求得到改造，从而使自然对象成为满足人的需要的"为我之物"。人在劳动中不仅使自然物发生形式变化，同时还在自然物中实现自己的目的。

最后，人类实践活动是社会性的历史活动。在人类的实践活动中，独立的人类个体是无法同强大的自然力量相对抗的，个人只有在社会关系中结合为统一整体，形成超出个体的社会力量，才能战胜自然。人的实践力量是受其所处的历史现状影响的，每个时代的人都只能也必须在继承前人实践成果的基础上开始自己的活动。每代人把前代人的实践力量纳入自己的活动之中，从而壮大了自己的实践能力。所以，尽管有时人类的实践活动可以表现为单个人类个体的活动，但在具体的活动中

---

[1]《马克思恩格斯选集》第1卷，第16页。

这些单个人类个体却总是凭借人类的力量去同自然发生关系、从事实践活动的。这就是实践的社会性和历史性。

人类的实践活动的过程包括目的、手段、结果三个基本环节。目的是人从事实践活动的出发点，是人类从事活动所追求的目标。实践活动就是凭借一定的手段以实现目的的活动。手段是人对外部对象所采用的作用方式，是目的在客观对象中实现自身的中介。手段依目的选定，并在目的制约下发挥功能，因而手段中体现着强烈的目的性。实践的结果是在外部世界中以客观形式实现了的主观目的，一般表现为劳动产品。马克思指出："劳动的产品就是固定在某个对象中、物化为对象的劳动，这就是劳动的对象化。"[1]

随着物质生产实践的发展，人类在物质生活的基础上，又有了精神文化的创造活动。这也是一种社会实践活动，它包括科学实验、文化教育和意识形态的创造等。科学、艺术和教育等实践构成人类总体实践的必要的环节和部分，在人类社会生活中起着越来越重要的作用。

二、实践在人类认识中处于十分重要的基础地位

人类社会的实践活动对认识起着决定的作用，是整个认识过程的基础。实践在认识中的基础性地位或对认识的决定作用，主要表现在以下四个方面。

（一）实践是认识的动力

实践是人们有目的地改造和探索客观世界的物质活动，它总是在一定认识的指导下进行的。人们要改造世界就必须认识世界，认识是适应人类实践活动的需要而产生的。

人类的认识活动，总是为各个时代社会实践的特定需要服务的，科学研究的任务是围绕着人类实践需要这个中心来确定的。在古代，游牧民族和农业民族确定季节、了解气候以及后来航海的需要，产生了天文学；丈量土地、衡量容积和其他计算上的需要，产生了数学；建筑工程、手工业以及战争的需要，产生了力学；天文学和力学的发展又促进了数学的发展。近代资本主义生产的发展产生了对新动力的需要，在这种需要的推动下，出现了蒸汽机。对蒸汽机的研究和改造，又进一步推动了动力学、热力学和机械学的发展。正如恩格斯指出的："资产阶级为了发展它的

---

[1] 《马克思恩格斯全集》第 42 卷，第 91 页。

工业生产,需要有探索自然物体的物理特性和自然力的活动方式的科学。"[1]

(二)实践为认识提供物质条件

人类实践活动提出的问题归根到底只能依靠实践来解决。实践不仅产生了认识的需要,而且通过创造出必要的物质条件,提供了认识及其发展的可能性。

对于自然科学认识来说,生产实践不是只发考题的主考官。它既提问,又给解决问题提供物质的保证,包括提供经验资料,提供科学研究所需的实验仪器和工具等。恩格斯指出,近代工业的巨大发展,"不但提供了大量可供观察的材料,而且自身也提供了和以往完全不同的实验手段,并使新工具的制造成为可能。可以说,真正有系统的实验科学,这时候才第一次成为可能。"[2]

恩格斯在谈到唯物史观创立的社会历史条件时指出,近代机器大生产的出现,使社会的阶级关系简单化,使阶级斗争、政治斗争与经济关系、物质生产的联系更清楚地表现出来,使历史的动因与它的结果之间的联系更清楚地表现出来,只有在这时人们才能揭示历史的动因,发现历史发展的规律。他说:"在以前的各个时期,对历史的这些动因的探究几乎是不可能的,因为它们和自己的结果的联系是混乱而隐蔽的,在我们今天这个时期,这种联系已经非常简单化了,因而人们有可能揭开这个谜了。"[3]因此,我们认为物质生产实践的发展为人们正确地认识社会历史的本质和规律提供了可能。

(三)实践是认识的来源

实践为认识提供动力和物质条件,这还只是为认识创造了可能。一方面,任何事物在自发存在的状态下是不可能充分显示它多方面的现象的,只有改变它的状态和环境,把它置于各种不同的条件、不同的关系之中,才能使它许多隐匿着的现象呈现出来;另一方面,人们只有使自己的肉体感官同事物的现象接触,才能使这些现象反映到头脑中来,成为感觉经验,从而为把握这一事物的本质和规律准备必不可少的材料。因此,要认识某一对象的本质和规律,就只有亲身参加变革这一对象的实践,除此之外别无他途。要认识某一物质生产的本质和规律,就得参加这种生产过程,进行变革原材料的实践;要认识某一阶级斗争的本质和规律,就得参加这

---

[1]《马克思恩格斯选集》第3卷,第390页。

[2]《马克思恩格斯选集》第3卷,第524页。

[3]《马克思恩格斯选集》第4卷,第245页。

种阶级斗争的过程，进行变革阶级关系的实践；要认识某一物质的结构和性质，就得参加科学实验，进行变革这种物质的实践。实践是认识的唯一来源，"实践出真知"这句话简洁地概括了这一原理。

（四）实践是检验认识真理性的唯一标准

人们要在实践中实现预想的目的，必须使自己的认识符合客观实际，即符合客观外界的规律性，否则就会失败。因此，对人们改造世界的任务来说，认识是否符合实际是一个至关重要的问题。要检验和判定某种认识是否符合实际，即是否具有真理性，需要有一个客观的可靠的标准，这个标准也只能是实践。这是实践在认识中的基础地位的又一重要内容。

因此，认识是来源于实践，为实践服务，并受实践检验的。离开实践的认识是不可能的。这就是马克思主义关于认识对实践的依赖关系的根本观点。

三、理性认识向实践飞跃是大学生社会实践活动的理论依据

在大学生社会实践活动中，理论知识是基础，但是要检验理论的正确性和把理论应用于实践都必须开展实践活动。

首先，由理性认识向实践的飞跃，是理性认识本身发展的要求，是检验理论和发展理论的过程，因而是整个认识过程的一个必不可少的环节。正如毛泽东指出的："理论的东西之是否符合于客观真理性这个问题，在前面说的由感性到理性之认识运动中是没有完全解决的，也不能完全解决的。要完全地解决这个问题，只有把理性的认识再回到社会实践中去，应用理论于实践，看它是否能够达到预想的目的。"[1] 这就是说，要检验理性认识是否正确，唯一的途径就是由理性认识能动地飞跃到实践，也就是开展理论指导下的实践活动。

理性认识不但需要检验，而且需要发展。理性认识的发展同样离不开实践。理性认识归根到底还是在实践中对客观事物的反映，是对实践经验的概括和总结。只有让理性认识重新回到实践中去，从不断发展着的实践中汲取新的经验，才能保持自己的生命力，不断地得到丰富和发展。

其次，由理性认识向实践的飞跃，也是实践本身的要求，是整个认识过程的必然归宿。人类把握事物的本质和规律，形成理性认识的根本目的就是在认识世界的

[1]《毛泽东选集》第2版第1卷，第292页。

基础上自觉地、能动地改造世界。正如毛泽东所说："辩证唯物论的认识运动，如果只到理性认识为止，那么还只说到问题的一半。而且对于马克思主义的哲学来说，还只说到非十分重要的那一半。马克思主义的哲学认为十分重要的问题，不在于懂得了客观世界的规律性，因而能够解释世界，而在于懂得了这种对于客观规律性的认识去能动地改造世界。"[1]

列宁曾说，"没有革命的理论，就不会有革命的运动"[2]。毛泽东更为明确地指出，在一定的条件下，理论可以对实践起主要的决定作用。然而，马克思主义重视理论，正是因为理论能够指导实践。"如果有了正确的理论，只是把它空谈一阵，束之高阁，并不实行，那么，这种理论再好也是没有意义的。"[3]

人的全部活动无非是两个方面，一是认识世界，一是改造世界，或者说，一是在实践中形成思想，一是在实践中实现思想。第一次飞跃解决的是认识世界、形成思想的问题，第二次飞跃解决的主要是改造世界、实现思想的问题，同时又是认识过程的继续和完成。第一次飞跃是第二次飞跃的准备，第二次飞跃是第一次飞跃的归宿。由于第二次飞跃内在地包含着第一次飞跃的成果，因而它比第一次飞跃具有更大的能动性。正如毛泽东所说："认识的能动作用，不但表现于从感性的认识到理性的认识之能动的飞跃，更重要的还须表现于从理性的认识到革命的实践这一个飞跃。"[4]

开展大学生社会实践活动，正是把大学生在课堂上学到的思想政治和业务专业理论知识应用到实践中，检验理论的正确性，同时通过实践活动获得新的理性认识，发展理论的一个过程。

第二节　大学生社会实践的核心问题回顾

21 世纪全球竞争的关键是人才的竞争，人才竞争的基础保障则在于教育。高校是全面实施素质教育、培养学生职业能力的关键场所，是国家创新体系的重要组成部分，在加强基础知识和基本理论教学的同时，高度重视学生实践能力的培养，造

---

[1]《毛泽东选集》第 2 版第 1 卷，第 292 页。
[2]《列宁全集》中文第 2 版第 2 卷，第 443 页。
[3]《毛泽东选集》第 2 版第 1 卷，第 292 页。
[4]《毛泽东选集》第 2 版第 1 卷，第 292 页。

就能适应 21 世纪知识经济要求的创造型人才，已成为高校的重大历史使命。

现代社会化大生产，越来越要求人的全面发展，适应社会主义现代化建设需要的人才，是理想、道德、知识、智力与技能，以及体质、心理素质等诸多因素全面发展，相互协调的人才。大学生参加社会实践活动，是培养德智体美全面发展的人的不可缺少的重要环节。

组织高校大学生参加社会实践是中国特色社会主义高等教育的重要组成部分，是全面贯彻党的教育方针，推进大学生素质教育的重大措施和不可缺少的环节，是促进教育与科技、经济结合的重要形式和途径。

接下来，我们就对大学生社会实践活动涉及的核心问题进行回顾。

一、大学生社会实践的概念和活动形式

（一）大学生社会实践的概念

中共中央、国务院关于深化教育改革，全面推进素质教育的决定站在国家兴衰、民族存亡、科教兴国的高度，提出实施素质教育的紧迫性、重要性和战略性，规定："学校教育不仅要抓好智育，重视德育，还要加强体育、美育、劳动技术教育社会实践，使诸方面教育相互渗透、协调发展，促进学生的全面发展和健康成长。"这一规定明确了社会实践在素质教育中的地位，即社会实践是实施素质教育的重要教育环节。要更好的理解大学生社会实践的内涵和外延，就需要界定大学生社会实践的概念。

马克思主义哲学辩证地分析了实践的矛盾本性，认为必须从主观与客观、人与世界的对立统一关系中去把握实践。从历史上看，是劳动实践使人类从自然界中分化出来，并使统一的物质世界分化为物质和精神两个对立的方面。同时，又是由于人的实践活动才使人们的主观意识能够反映客观物质世界，并改造客观物质世界。因此，实践既是主观与客观、人与世界对立的基础，又是使对立双方达到统一的基础。马克思说："环境的改变和人的活动的一致，只能被看作并合理地理解为变革的实践。"[1]列宁说主体和客体、主观和客观的"交错点＝人的和人类历史的实践"[2]。毛泽东则进一步把实践简要地规定为"主观见之于客观的东西"[3]。这些都是从实践的

---

［1］马克思、恩格斯：《费尔巴哈》，第 88 页。
［2］《列宁全集》中文第 2 版第 55 卷，第 239 页。
［3］《毛泽东选集》第 2 版第 2 卷，第 477 页。

矛盾本性出发对实践概念作出的科学规定。

所谓大学生社会实践，就是大学生按照学校培养目标的要求，有目的、有计划、有组织地参与社会政治、经济、文化生活的教育活动。广义的社会实践活动泛指由共青团组织和学生党组织、教学部门倡导和负责的活动。我们认为广义大学生社会实践活动的主要形式包括如下几种：大学生暑期社会实践活动，科技、文化、卫生"三下乡"活动，"青年志愿者"活动，社会调查和考察，大学生课外科技活动及"挑战杯"全国大学生竞赛活动，专业实习和专业性社会实践，勤工助学活动，军训，挂职锻炼。包括以共青团组织发起主办的"挑战杯"竞赛、大学生暑假社会实践，以及由学生党支部组织的学生党建活动。狭义社会实践则包括：大学生暑假社会实践、思想政治理论课社会实践、学生党建活动以及非学科竞赛类的比赛（如共青团组织协办的实践类竞赛调查报告比赛、征文竞赛等）；这类社会实践的典型特征是以思想政治教育涉及工作为主的实践活动，以提高学生非专业素质和思想政治水平目标；因此也可以被称为思想政治教育领域社会实践或简称为思政类社会实践。思政类社会实践是本版教材探讨的重点，也是本书选择书后附录代表作品的标准。

（二）思政类大学生社会实践活动的形式

分析上述概念，我们认为属于本书定义的思政类社会实践主要包含如下几种。

1. 大学生暑期社会实践活动

大学生暑期社会实践活动，从 20 世纪 80 年代开展以来，已经发展成为目前高校中影响力最大的大学生社会实践活动。

大学生暑期社会实践活动是指大学生利用暑期进行的时间相对集中的、大规模、大面积的社会实践活动。其内容十分丰富，包括社会调查（去革命老区、大中企业、乡镇企业、边远山区、经济特区参观访问，调查研究），社会服务（面对社会各界的科技服务、教育服务、医疗服务、文化服务），企业咨询（技术咨询、管理咨询），专业调研（承担某项科研课题，围绕着课题需要进行的调查研究），科技扶贫，智力支乡，回乡考察，义务劳动，社会宣传，慰问演出等等。

大学生暑期社会实践活动，每年一次，时间集中，参加人数多，社会接触面大，一方面可以促使每个大学生树立理想、坚定信念、了解国情、热爱劳动人民、增长才干，另一方面可以在高校范围内形成关心祖国、面向社会、服务人民的群众观念和良好风尚，是一种十分重要的大学生实践活动形式。

2. 科技、文化、卫生"三下乡"活动

科技、文化、卫生"三下乡"活动是大学生们持续多年的一项社会实践活动，并且已取得了可喜的成果。"三下乡"社会实践活动的内容包括：科技扶助、企业帮扶、文化宣传、医疗服务、法律普及、支教扫盲、环境保护等。在实践中，大学生可以充分发挥自身的知识技能优势，深入到农村乡镇、田间地头乃至农户家中，广泛开展了支教扫盲、文艺下乡、图书站建设、企业咨询会诊、卫生常识普及等多种形式的志愿服务活动，受到了基层干部和人民群众的欢迎。

3. "青年志愿者"活动

大学生"青年志愿者"活动是大学生积极响应团中央号召，利用课余时间和假期开展了形式多样的"青年志愿者"活动，大学生通过悬挂横幅、散发传单、现场解说、图片展览、出黑板报等方式，弘扬中华民族的传统美德和新时代先进的道德观念。

大学生"青年志愿者"活动囊括了以大学生利用星期天、节假日或平时课余时间走上社会，从事各种义务服务活动（不取报酬）为载体的社会服务活动，以及公益劳动和环境保护活动等多种实践活动。北京奥运期间，大学生"青年志愿者"活动成为奥运志愿者活动的重要组成部分。一句"志愿者的微笑是北京最好的名片！"成为中国大学生和中国"青年志愿者"活动的最佳诠释。

4. 社会调查和考察

社会调查是社会实践常用的重要形式。毛泽东同志曾指出"没有调查就没有发言权"，社会调查一般结合课程学习和论文工作进行，既可以安排在平时，也可以放到寒暑假和节假日，既可以分散进行也可以集中组织。北京市科协结合大学生暑期社会实践活动开展大学生暑期社会实践科普调研报告征文比赛，已经成为展示首都高校大学生交流暑假社会调查和考察成果的平台。

5. 勤工助学活动

勤工助学指大学生利用课余时间，参加体力或智力活动，获得一定的劳动报酬，以资助学习的实践活动，是社会实践活动的有偿形式。高校在组织勤工助学活动中，一般优先安排生活困难、学习刻苦的同学。勤工助学活动有利于培养学生的自强、自立精神，热爱劳动、艰苦奋斗精神，树立参与意识，锻炼工作能力。也有利于家庭困难的学生减轻家庭负担，顺利完成学业。

6. 军训

军训一般安排在大学一、二年级，内容包括军事训练、政治教育、品德作风教育和国防教育。军训有利于大学生克服自我中心意识和懒散作风，树立国防观念、

纪律观念和集体观念，培养吃苦耐劳的精神和克服困难的坚强意志。专业实习和专业性社会实践

7．挂职锻炼

挂职锻炼指学生参加社会实践活动期间，按照社会实践的教育要求，根据学生的个人条件和接受单位的可能性，在社会实践活动接受单位担任某项具体职务的实践活动。如担任乡、镇团委副书记或团委书记助理，中小企业、乡镇企业厂长助理、工程师助理等。主要指组织高年级学生到城乡基层挂职锻炼。这种方式的优点是让学生直接承担一部分基层的管理工作，从"旁观者"变成"当事人"，有利于学生更深入地了解社会、了解国情，更普遍地接触劳动人民，锻炼实际才干。北京市在 1988 年组织了"百乡千厂挂职锻炼"活动，收到了很好的效果。此后，该活动受到团中央的关注，并将其逐步纳入大学生暑期社会实践活动中去。本书作者就于1992 年暑期参加了共青团辽宁团省委和东北大学联合主办的大学生暑期社会实践活动——盖州市乡镇"挂职锻炼团"活动。

8．党团组织活动

学生党支部和团支部主办的党团活动，如北京举办的红色"1＋1"活动等。

在上述实践活动，军训属于专业性很强特殊环节，勤工助学活动大多数属于个人行为，本书不做探讨。本书重点关注其余六种社会实践活动。

二、大学生社会实践活动的特点和作用

（一）大学生社会实践的特点

大学生社会实践活动作为大学生"受教育、长才干、作贡献"的重要形式，具备以下的特点：

1．理论和实践双重性

大学生社会实践既有学校教育的属性，又有社会教育的属性，是联结学校教育和社会教育的重要纽带。它不仅仅是理论指导实践的第一课堂的延伸，而且是大学生在实践中形成新的理性认识的基础。

2．多功能综合协同性

大学生社会实践的教育目标或价值，既可以体现在认知发展、技能形成等业务能力提升方面，也可以体现在情感体验、品德与态度等树立正确的世界观、人生观、价值观方面。在某一实践活动中，既可以对学生主体进行德育，也可以进行智育、体育、美育、劳动技术教育和心理教育等多方面的教育内容，进而达到综合而不是

单一的教育目标、任务。

大学生社会实践要求各专业教师之间、学校教师与家长及社会有关机构人员之间相互配合，家庭、学校、社会形成合力，协同完成任务，而且要求学生在充分发挥自己进行评价的同时，充分利用与合作伙伴相互交流、分享成果的机会，培养锻炼人际交往能力和团队合作的精神。

3. 自主参与性和开放性

大学生社会实践是大学生作为社会政治生活、经济生活、文化生活的一员广泛地参与到广阔的大自然改造和丰富的社会活动之中，亲自接触和感知各种人和事，通过了解社会，从而增加对社会的生活积累，并获得对社会物质文化、精神文化和制度文化的认知、理解、体验和感悟。大学生社会实践的开放性包括活动内容的开放性——在大自然和人类社会的广阔天地中去学习和发展、活动时空与形式的开放性、活动评价的过程和活动开展的开放性等。

4. 稳定性和灵活性

随着高校社会实践的深入开展，在不断探索和总结经验的基础上，为保证该项活动能持久有效地开展，已逐步建立了一套行之有效的规章制度，并已建立了一批"大学生社会实践基地""实践活动定点社区"，为大学生社会实践持久、稳定地开展创造了有利的条件。在此基础上，高校有关部门开始不断尝试用新的运作方式来开展大学生社会实践，从经费筹集到具体形式都不断创新，使大学生社会实践活动不断向前发展。

（二）大学生社会实践的作用

大学生社会实践作为我国高等教育的一个重要组成部分，在我国高等教育中发挥着不可替代的重要作用。具体地说，大学生社会实践的作用表现在以下几个方面。

1. 促进青年学生的健康成长

大学生社会实践活动使大学生加深对党的基本路线的认识，坚定正确的政治方向；通过使学生接触人民群众，有助于他们加深对人民群众的了解，同人民群众建立感情，树立全心全意为人民服务的思想；通过使学生了解社会对知识和人才的需求，增强勤奋学习、奋发成才的责任感；通过了解改革和建设的长期性和复杂性，克服偏激急躁情绪，增强维护社会稳定的自觉性，并最终促进大学生思想政治素质的提高。

大学生社会实践活动使大学生在实践中检验自己的专业知识和技能，发现自身知识、能力结构的缺陷，主动调整知识和能力结构，培养学生不断追求新知的科学精神，激发学生的学习积极性和主动性。

大学生社会实践活动有利于大学生社会角色的转变，强化其角色类型的分辨能力，角色扮演心态的健全能力，角色的适应能力。社会实践有利于提高大学生的实际工作能力，如心理承受能力、适应能力、人际交往能力、组织管理能力和应变创新能力等。

2. 促进高等教育的改革和发展

大学生社会实践活动可以加强了学校与社会的联系，有利于动员社会各个方面的力量，加强和改进高校的思想政治工作，拓宽新形势下加强和改进思想政治工作的新路子，为高校思想政治工作注入生机和活力。

大学生社会实践活动，为学校发现自身办学过程中课程设置、教学与管理等方面与社会要求不相适应的地方创造条件，并主动进行改革，提高办学质量。而且有利于促进学校与社会单位交流，为拓宽合作领域创造可能性。

三、大学生社会实践活动应当坚持的基本方针和原则

（一）大学生社会实践的方针

"受教育、长才干、作贡献"是社会实践的指导思想。其教育作用主要表现在两个方面：一是使学生在思想政治方面受到教育，提高思想政治素质；二是使学生在专业上受到锻炼，巩固和深化课堂知识，增长解决实际问题的才干。要始终把"受教育、长才干、作贡献"作为开展社会实践的出发点，尤其是要把思想政治教育放在第一位。"作贡献"是"受教育，长才干"的途径。社会实践不同于课堂教学，也不同于教师指导下的实习，主要通过学生能动地参与实践而发挥教育作用。学生"作贡献"的过程也就是能动地参与实践的过程。要精心安排社会实践的内容，使学生在为社会主义物质文明和精神文明建设作贡献的实践过程中受到教育，增长才干作出贡献。"受教育，长才干，作贡献"的指导方针，完整地概括了社会实践的目的，指明了实现这个目的的途径，我们开展社会实践，应当始终坚持这个指导方针。

（二）大学生社会实践的基本原则

为了更好地贯彻"受教育、长才干、作贡献"的指导方针，在开展社会实践时，还应遵循如下原则：

1. 旗帜鲜明

"旗帜鲜明"就是指在大学生社会实践活动中要坚持以正确政治方向为指导。大学生社会实践活动，作为社会主义高等学校教育不可缺少的组成部分，必须以马克

思列宁主义、毛泽东思想、邓小平理论和"三个代表"重要思想以及科学发展观为指导。坚持"受教育、长才干、作贡献",以受教育为主的指导方针。

2．周密策划

"周密策划"就是指在活动开始前要精心组织。在具体工作中要重点把握好三个环节：一是事先进行动员、联系,确定社会实践的内容和形式、参加人员、接待单位、经费来源等;二是活动开展过程中,带队教师、干部和学生骨干进行精心的指导,帮助学生解决在活动过程中遇到的思想问题和实际问题,对于可能出现的消极因素进行引导;三是活动后,对活动成果进行总结、消化,对好的经验进行推广。

3．因材施教

"因材施教"就是指在活动策划阶段充分考虑学科、年级、专业特点安排活动。应当根据不同学科、不同年级、不同专业学生的思想特点和思想政治教育的要求,有针对性地确定社会实践的思想教育主题和内容、形式,使学生能够通过参加社会实践更好地在思想政治方面受到教育。在具体的工作中要根据不同专业、不同年级学生的专业特点和专业水平,精心安排社会实践的内容。同时发挥专业课教师在社会实践中的指导作用,此外要尽可能地把社会实践同专业实习结合起来。

4．共赢发展

所谓"共赢发展",是指社会实践不仅要使学校和学生受益,也要尽可能使活动接受单位受益。因此,在安排社会实践时,除了着重考虑对学生思想教育和专业教育的要求外,还应考虑地方和活动接受单位"两个文明"建设的需要,把社会实践同地方和活动接受单位"两个文明"建设的需要结合起来。努力把学校专业技术上的优势转换成活动接受单位的精神文明成果和现实生产力。

5．量入而出

"量入而出"就是指在活动策划阶段充分考虑经费、交通、活动接受单位接待能力等方面的限制,安排好大学生社会实践活动。尤其是在大学生暑假社会实践活动中要注意如下三点：首先,多数学生应回到家乡就近开展社会实践;其次,集中组织的社会实践队伍应当精干,选择的活动地点、活动内容应与活动目的相一致;最后,学生在社会实践中,吃、住、行等应从简安排,不应过多增加接待单位的负担,削弱社会实践的效果。

四、大学生社会实践活动所需能力分析

现代社会的发展对各行各业的工作人员的素质要求越来越高,社会主义经济建

设需要的人才，是理想、道德、知识、智力与技能，以及体质、心理素质等诸多因素全面发展，相互协调的人才。人才素质的构成是全方位的，它包括人的知识储备、职业素养、表达能力等。

传统的观点认为：人才按其知识和能力结构的类型可以分为学术型（科学型、理论型）、工程型（设计型、规划型、决策型）、技术型（工艺型、执行型、中间型）和技能型（操作型）。工业文明要求大批训练有素的劳动者，这就要求学校按一个统一的模式把成批学生制造成规格化的"标准件"去满足工业文明的需要。现代社会对人才需求是全方位的，对人才的素质要求也是全方位的。在扎实的本专业基础理论和专业应用技能之外，人的非专业素质成为衡量人能力的关键。因此，人才需求的类型与传统的类型有着较大的区别，即便是普通劳动者也不是简单操作型人才。

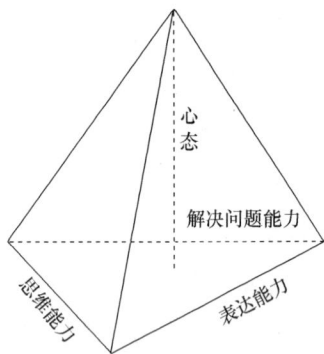

适应现代社会的大学生社会实践能力主要有思维能力、表达能力（包括书面表达能力和口头表达能力）和解决问题能力。在此基础之上加上良好的心态就形成了现代人才社会实践能力体系（如图1-1所示）。简而言之，大学生社会实践能力的核心就是以良好的心态创造性解决问题的能力。

分析图1-1，不难发现要提高大学生社会实践能力，就要首先培养大学生创新精神和实践能力。研究概念本源，创新是一个经济学概念，创造力才是学生能力提高的基础，因此创造型人才才是培养的

图1-1　现代人非专业能力体系结构

目标。创造型人才应该是具有很强的自主意识，又有良好的合作精神。不仅如此，创造型人才应该同时具有继承性思维、批判性思维和创造性思维。任何创造过程都需要这三类思维的整合。这就要求在培养大学生创新精神过程中，应该在传统教育注重的共性发展、社会本位基础上，注重个性的发展、个人本位，注重传统教育手段和现代教育手段结合：把传统教育注重知识，学生勤奋、踏实、谦虚，与现代教育注重智力开发、综合能力培养，学生兴趣广、视野宽、胆子大、敢冒险结合起来；把传统教育强调知识的严密、完整、系统，与现代教育注重掌握知识的内在精神和发展方向结合起来；把传统教育强调学生基础知识扎实，与现代教育强调学生自立、开拓结合起来；把传统教育强调求实的作风，与现代教育追求浪漫的风格结合起来；把传统教育"学多悟少"，与现代教育"学少悟多"结合起来。上述观念是培养大学生创新精神的核心，也是培养大学生社会实践能力的关键。

第三节 大学生社会实践的历史回顾

大学生社会实践活动是共青团为贯彻党的教育方针，全方位落实高等教育总体目标的要求，进一步实现实践育人职能，教育与培养青年大学生的有效形式，是共青团组织依靠社会力量，充分整合社会各方面资源共同搭建的实现大学生"受教育、长才干、做贡献"目标的实践舞台。

一、改革开放以来大学生社会实践活动的发展历程

回顾改革开放以来大学生社会实践活动的发展历程，大致可以分为以下五个阶段：

1. 萌芽阶段（1980—1982 年）

"文化大革命"之后，百废待兴。进入 20 世纪 80 年代，我国社会面临着前所未有的巨大而深刻的变革。以家庭联产承包责任制为主要形式的农村经济体制改革迅速改变着农村的面貌；城市经济体制改革开始试点，改革开放方兴未艾，人们的思想观念发生着深刻的变化。一些大学生认为他们应该了解这样一个变化，积极参与变革中的生活。1980 年，清华大学提出"振兴中华，从我做起，从现在做起"、北京大学提出"团结起来、振兴中华"的倡议，在全国大学生中引起了强烈的反响。许多学校因势利导，从开展"学雷锋，送温暖"活动入手，引导学生把思想付诸实践，并逐步将这一活动由校园扩展到社会。在此前后，北京、上海、山东、辽宁等地一些大学生率先开展了社会调查、咨询服务等活动。1982 年 2 月，北京大学等院校155 名家在农村的大学生，在寒假期间就农村实行家庭联产承包责任制以来各方面的情况，进行"百村调查"，写出调查报告 157 篇。这些活动，使大学生亲身感受到了改革开放政策给社会主义建设带来的勃勃生机和广泛影响，并对国情有了初步的认识。社会实践活动也由此拉开了序幕。

2. 推广阶段（1983—1986 年）

1983 年 10 月，团中央、全国学联发出《纪念"12·9"运动 48 周年开展"社会实践活动周"的通知》，得到各地和高校团组织、学生会的积极响应。1984 年 5 月，团中央在辽宁省召开了高等学校社会实践现场观摩会，明确提出了"受教育、

长才干、做贡献"宗旨,进一步倡导和推动全国社会实践活动。中宣部、原国家教委对大学生社会实践活动给予了充分的肯定和具体的指导,各地的党政部门也给予了积极的支持和有效的帮助。在各级党组织的领导和支持下,一些地方开始建立大学生社会实践基地,在寒暑假期间出现了集中开展社会实践活动的示范,"社会实践周""社会实践建设营"等形式开展有组织和较大规模的社会实践活动,深入基层参与经济建设,进行技术协作、技术培训、社会调查和义务劳动等社会实践,取得了良好的效果。社会实践活动由自发到有组织地进行,由在局部的高校活动开展发展到向更大的范围推广。

3. 全面展开阶段(1987—1991年)

1987年以后,加强高等教育实践性教育问题受到党和政府各级领导和高教界的进一步重视与关注。1987年5月,《中共中央关于改进和加强高等学校思想政治工作的决定》指出了社会实践活动对于培养社会主义事业的建设者和接班人的重要作用,明确了社会实践活动在我国高等教育中的重要地位。1987年6月,国家教委、团中央联合下发了《关于广泛组织高等学校学生参加社会实践活动的意见》,对高校学生参加社会实践活动提出明确要求,社会实践活动作为教育重要的实践环节被纳入教育计划,成为有中国特色社会主义高等教育的重要组成部分。1987年8月,团中央下发《共青团中央关于改进和加强高校团的思想政治工作的若干意见》,正式将大学生社会实践定为改进和加强高校团的思想政治工作的重要内容和方法之一,为高校开展大学生社会实践活动提供理论和技术方面的指导。在这一阶段,大学生在共青团组织的组织下,大规模地开展社会调查、考察访问、挂职锻炼、科技咨询、人才培训、技术服务等丰富多彩的社会实践活动,取得了良好的思想教育效果和社会、经济效益,不仅规模进一步扩大,也逐步形成了一些制度和规范。据统计,仅1990年暑期参加社会实践活动的学生至少在100万以上,有20多个省、自治区、直辖市成立了由领导牵头、有关部门参加的社会实践领导小组,着手把大学生社会实践纳入地方党委、政府的工作日程,使之开始成为一项由学校和地方共同组织实施的社会教育工程。也就是在这一时期,高校对社会实践确立了"受教育"为主的指导思想,其中部分高校开始把社会实践列入教学计划,以顺应教育体制的改革潮流。

4. 深化发展阶段(1992—2004年)

1992年邓小平南行讲话和1993年党的十四大的召开,使我国改革开放和现代化建设事业进入了新的发展阶段。此间,团中央提出了社会实践的"三个一致性"的指导思想,即"社会实践教育与教育的改革和发展相一致""与地方经济发展相一致""与学生自身成长的渴求相一致"。1996年12月中宣部、国家教委、共青团中央下发《关于深入持久开展大学生社会实践活动的几点意见》强调：进一步推动这项活动深入发展，加强这项活动的制度化、规范化建设，充分发挥其在新的形势下对青年学生成长的重要作用。1998 年江泽民同志在北大百年校庆上提出"四个统一"希望，教育部下发了深入开展素质教育的文件，2000 年江泽民同志提出"三个代表"重要思想，2002 年党的十六大确立全面建设小康社会的目标，2003 年抗击"非典"，这些大事进一步推动大学生社会实践深入发展。这个阶段的前期（1992—1996 年），以志愿服务活动与社会实践活动相结合，强调大学生在社会实践中"受教育、长才干、做贡献"；后期（1997—2004 年），以三下乡与社会实践相结合，组织博士服务团，强调大学生在社会实践中"受教育、长才干、做贡献"，突出"做贡献"这一根本宗旨。有代表性的社会实践活动主要有：①万支大中专学生志愿队暑期科技文化行动；②中国大中学生志愿者扫盲与科技文化服务活动；③中国大中专学生志愿者暑期科技文化卫生"三下乡"、"四进社区"活动；④学习宣传践行"三个代表"重要思想活动；⑤"珍爱生命，防治'非典'"活动；⑥中国青年志愿者科技服务万里行活动；⑦保护"母亲河"行动。其中暑期科技文化卫生"三下乡"活动开展至今，成为大学生暑期社会实践的主要形式。这些活动表明大学生社会实践活动已由初期的单纯使学生"受教育"转变为"受教育、长才干、做贡献"，把社会服务与思想教育、能力培养结合起来，同时逐渐向制度化、基地化方向发展。

5. 规范发展阶段（2005 年至今）

2004 年 10 月中共中央、国务院《关于进一步加强和改进大学生思想政治教育的意见》强调：社会实践是大学生思想政治教育的重要环节，要建立大学生社会实践保障体系，探索实践育人的长效机制。2005 年 2 月中宣部、中央文明办、教育部、共青团中央发布《关于进一步加强和改进大学生社会实践的意见》，强调：坚持课内与课外相结合，集中与分散相结合，确保每一个大学生都能参加社会实践，确保思想政治教育贯穿于社会实践的全过程。这个阶段大学生社会实践活动以"受教育、长才干、作贡献"为指导方针，紧扣时代发展脉搏，先后开展了以"永远跟党走""服务和谐社会建设，提高思想政治素质""科学发展促和谐，服务农村作贡献""勇担强国使命，共建和谐家园""共建家园迎奥运，改革开放伴成长"等主题鲜明的社会实践活动，引导大学生宣传实践党的十六大、十七大精神，在服务新农村建设、支援抗震救灾、投身奥运志愿服务实践中，深入贯彻落实科学发展观，参与共建社会主义和谐社会。这个阶段大学生社会实践活动，进一步深入探索实践育人的长效机制，把社会实践纳入学校教育教学总体规划和教学大纲，规定学时学分，提供必要经费，探索和建立社会实践与专业学习相结合、与服务社会相结合、与勤工助学相结合、与择业就业相结合、与创新创业相结合的管理体制，重视社会实践基地建设，不断丰富社会实践的内容和形式，提高社会实践的质量和效果，极大地推动了大学生社会实践活动的规范化发展。

二、思想政治理论课实践教学与社会实践

随着持续开展社会实践活动，大学生社会实践工作水平也不断提高；同时，思想政治理论课实践教学也逐步规范化、制度化，引起相关领域工作人员的重视。2011年1月19日教育部发布《高等学校思想政治理论课建设标准（暂行）》中对教学管理一级指标下实践教学二级指标这样表述："实践教学纳入教学计划，落实学分（本科2学分，专科1学分）、教学内容、指导教师和专项经费。建立相对稳定的校外实践教学基地。实践教学覆盖大多数学生。"在2015年9月10日教育部发布的《高等学校思想政治理论课建设标准》中的引导语这样表述："为进一步加强高校思想政治理论课的宏观指导，规范组织管理、教学管理、队伍管理和学科建设，我部对2011年印发的《高等学校思想政治理论课建设标准（暂行）》进行了修订。现将修订后的《高等学校思想政治理论课建设标准》印发给你们，请遵照执行。"该文件附件《高等学校思想政治理论课建设标准》文件中教学管理一级指标下实践教学二级指标这样表述："实践教学纳入教学计划，统筹思想政治理论课各门课的实践教学、落实学分（本科2学分，专科1学分）、教学内容、指导教师和专项经费。实践教学覆盖全体学生，建立相对稳定的校外实践教学基地。"

比较两个文件不难发现在高等学校思想政治理论课实践教学第二个文件中，加入了"统筹思想政治理论课各门课的实践教学"字样，"实践教学覆盖大多数学生"被"实践教学覆盖全体学生"；同时两次文件都强调"实践教学纳入教学计划、学分、内容、指导教师、经费保证，强调建立相对稳定的校外实践教学基地"。

因此，在高等学校思想政治理论课实践教学工作方面要有如下认识：首先，要清醒地认识到高等学校思想政治理论课实践教学是课程的有机组成部分，要像重视理论一样重视实践教学。其次，统筹思想政治理论课各门课的实践教学理念的提出就是要把思想政治理论课实践教学活动作为一个整体、一个系统进行设计，而不是每一个门课单独开发一个实践教学体系，防止内容重复，更好地实现教学目标。再次，高等学校思想政治理论课实践教学从来就不是带领少数优秀学生参与的活动，不仅如此，实践教学要覆盖全体学生，要一个都不能少。最后，建立相对稳定的校

外实践教学基地就是要求要带领学生走出学校开展实践教学，这就要求高等学校思想政治理论课实践教学工作必须有传统思想政治教育领域社会实践形式相似的活动作为载体，同时要体现思想政治理论课的特点。

因此，本书将结合前述的所有与思想政治教育工作相关的社会实践工作展开分析，并介绍学生在参与社会实践活动中所需的能力。

第四节 大学生社会实践活动指导教师发挥作用的途径

在大学生社会实践活动中，都会面临短时间的指导教师的不足，要解决这一问题就需要引进"人才柔性流动"概念专业，让教师参与大学生暑假社会实践活动，专业教师参与大学生暑假社会实践活动指导不仅可以弥补指导教师的不足，而且可以利用专业教师的参与，以言传身教的方式，促进大学生全面发展。

"人才柔性流动"这一概念，较早出现于1998年人力资源管理学著名学者怀特和斯赖尔（Wright & Snell）的著作中，他们认为，处于高度动荡环境中的企业，为了实现员工和组织能力与变化的竞争优势相适应，柔性是非常必要的，是提高组织效率的重要方面。"人才柔性流动"属于人力资源战略管理的范畴，它相对于传统的、固定的、公务员式"人才刚性流动"是在竞争激烈、高度多元化的社会里，一种新的成本、招聘、选拔、培训、绩效考核的人力资源规划和开发方式。它有别于传统的人才流动模式的最突出的特征，通俗地说是"不求所有，但求所用"。这是人们面对全球化人才短缺和人才争夺加剧的挑战，形成的一种全新的人才流动理念。人才"柔性流动"是相对于以往人事流动有诸多限制的"刚性流动"而言的，是指摆脱传统的国籍、户籍、档案、身份等人事制度中的瓶颈约束，在不改变与其原单位隶属关系（不迁户口、不转关系）的前提下，以智力服务为核心，注重人、知识、创新成果等的有效开发与合理利用的流动方式；是突破工作地、工作单位和工作方式的限制，谋求科技创新的商品化及人才本身价值的最大化，充分体现个人工作与单位用人自主的一种来去自由的人才流动方式。这种新的人才流动方式是对人才的企业所有制、地区所有制、国家所有制的一种挑战，即能从更广的角度、更高的效率配置人才资源，以实现人才与生产要素、工作岗位的最佳结合，做到人尽其才、才尽其用。同时，坚持对人才"不求所有，但求所用"的原则，盘活现有人才，广泛吸引外来人才。

一、大学生社会实践活动对指导教师的要求

社会实践活动是发动和组织大学生走出校门、深入社会、接触实际、了解国情，是大学生通过实践活动增长才干的大好机会。在大学生社会实践活动中，共青团组织应当充分理解"人才柔性流动"这一概念，引导专业教师参与到大学生社会实践活动指导工作中来。大学生暑假社会实践活动是典型的社会实践活动也是需要指导教师最多的活动，在这一活动中，如果充分发挥指导教师作用开展言传身教，就可以促进学生迅速成长。因此，本节以社会实践活动为例，介绍指导教师如何开展言传身教促进学生成长。

大学生暑期社会实践时间相对充裕，活动形式和内容比较丰富，因而对大学生提升能力、增长才干的意义十分重大。大学生暑期社会实践受到了团中央、教育部、高校和广大师生的高度重视。当代大学生是我们祖国和民族的未来。高校"两课"教学的重要任务就是要从巩固党的执政地位和培养社会主义建设者和接班人的高度，加强对大学生的政治理论教育；要使大学生自觉地承担起学习、研究和实践邓小平理论和"三个代表"思想、科学发展观的历史责任，努力成为中国先进生产力的开拓者、先进文化的弘扬者和最广大人民利益的维护者。积极推进邓小平理论和"三个代表"、科学发展观重要思想进课堂、进教材、进学生头脑工作，是当前和今后一个时期高校"两课"教育教学工作的重要任务。三进工作，最关键、最重要、难度最大的问题就是如何使先进思想进入学生头脑。在与多家院校专业教师担任大学生暑假社会实践考察队带队教师进行座谈和调研的基础上，我们认为：在社会实践活动中以专业教师的言传与身教为主要手段是实现"进头脑"工作目标的有效手段。要达到这一目标就要在具体工作中做好如下几方面的工作。

（一）坚定的政治信仰和与时俱进的思维是带队教师基本要求

随着经济全球化步伐的加快和社会主义市场经济体制的不断完善，人们的思想方式和行为方式、道德标准和价值观念都在发生着一系列的变化。而高校大学生暑假社会实践工作所面对的对象包含了从 20 世纪 80 年代末期到 90 年代初期出生的群体，这些受教育者出生于改革开放初期、成长于改革开放发展时期，精力充沛、思维活跃；对新鲜事物关心，并且敢于发表自己的看法。大学生暑假社会实践活动的性质决定了教师与学生必须在近半个月的时间内共同工作和生活，人与人心理距离

的缩小，创造了平等交流思想的机会；这样一方面可以使学生与教师，特别是青年教师成为朋友，减少彼此之间探讨问题的拘束感；另一方面，也在一定程度上削弱了教师的绝对权威性。基于上述两点，学生们都可能将一些在课堂上并没有提出的问题，特别是与实际的社会现象相关的问题提出来与教师讨论。因此，带队教师需要具备的基本素质就是：对马克思主义有坚定的信仰，同时拥有深厚的理论基础和科学的方法。只有这样才能保证带队教师具有坚定的政治立场，才能保证对学生进行教育的指导思想的正确性和不动摇。

马克思主义具有三大本质特征：一是批判性和革命性，二是实践性，三是科学性。分析马克思主义发展的历程，就会发现科学实践是马克思主义理论的基石。马克思主义是深深扎根于实践、服务于实践，又在实践中不断发展的活生生的理论。马克思主义科学性的主要体现，是其在实践的基础上揭示了自然界、人类社会和思维发展的一般规律。马克思主义所具有的本质特征，使它具有"三不""四注重"的特点：不拘泥于书本，不拘泥于经验，不拘泥于已有的认识；注重对实践经验的理论抽象，注重对事物发展规律的理论揭示，注重对未知世界的理论探索，注重回答新情况、解决新问题、开拓新境界。这是马克思主义最宝贵的品格，也是马克思主义生机和活力的最主要源泉；更是学习和运用马克思主义的指南。江泽民同志说，一个民族要兴旺发达，要屹立于世界民族之林，不能没有创新的理论思维。在改革、建设和发展的道路上，新情况新问题层出不穷，亟须通过创新尤其是理论创新去解决。"要使党和国家的事业不停顿，首先理论上不能停顿。理论上不能停顿，就要不断推进理论创新。一部马克思主义史，就是一部理论创新的历史。理论创新，是需要我们高高扬起的旗帜。"因此，教师要在社会实践工作中达到良好的效果，就必须在牢固树立坚定的政治信仰的基础上，坚持与时俱进的原则，不断学习和研究理论创新的新成果；保证自身思维始终贴近时代的脉搏。这样，才会及时地用新观点、新方法解释新现象，解决学生提出的新问题。

在具体的工作中，教师的言传身教很重要。"其身正，不令而行，其身不正，虽令不行"说的是为官者，但也适用于教师，要求学生接受的一定是教师自身必须认同的，这不仅是课堂上口头的讲授，也应该是活动中的身体力行。试想一个执著于个人得失的人，如何有资格去谈论君子之道？连自己都不相信的东西又如何感动学生？教学相长，不仅指学问，当然包括道德修养。大学生暑假社会实践带队教师在活动中究竟处于什么样的地位，起着什么样的作用？笔者认为，带队教师在这一过程中应该也必须起主导作用，言传身教是社会实践带队教师、特别是青年教师的重要工作。

（二）言传是社会实践中教师对学生进行教育的重要手段

我们不能期望政治理论课程和社会实践能解决所有的人生观、信仰、道德等问题；但是，也同样不能放弃一切可以对学生的人生观和信仰产生影响的机会。马克思列宁主义、毛泽东思想、邓小平理论和"三个代表"重要思想等重要论述的生命力，关键在于其理论体系和观点的正确性；同时也在于其具有供大学生继承、发扬并作为思想指南的价值。

中华民族五千年文明，不仅留给我们文化的遗产，更留给我们许多道德规范。因此，在社会实践过程中，带队教师应该结合现实社会和学生中的热点问题，结合社会主义建设的基本理论和中华民族传统美德来倡导学生确立或修正其道德意识，在具体的工作中，要处理好传统与现代的关系。引导学生正确区分和对待传统文化中的精华与糟粕。全盘否定固然不对，照单全收也失之偏颇。因此，要用社会主义道德和法制建设的规范对传统的道德规范进行过滤，为学生指明方向。在倡导和弘扬传统道德时一定要根据现实加以分析、补充和更新。因为我们的目的是建设有中国特色的社会主义的道德与文明。传统美德就在我们身边，从新加坡的成功，海尔的经营理念等事例，都可以让人们时刻感受到传统道德的无穷魅力和顽强的生命力，传统文化对现代生活的深厚影响。

当今社会的不良现象虽然是不符合社会主义道德的少数现象，但是这些现象的存在不可避免地对学生产生影响。在平时的学习和生活中，学生与教师因为存在一些心理距离，往往不会将一些相对尖锐的问题提出来与教师讨论，对在社会实践中学生可能提出的问题带队教师应该有充分的思想、心理、知识准备。首先，带队教师要坚定自己的信仰，作为非政治理论课的其他专业教师，对自身要求往往是做到熟悉并且熟练掌握专业知识、成为本专业的专家，并且成为学生做人、做学问的榜样就可以成为一名基本合格教师；而对政治理论课教师的基础要求就是坚信自己所讲授的理论，大学生暑假社会实践的带队教师一般都是德育教学和管理工作者以及政治理论课教师，要保证社会实践的效果，教师，特别是青年教师一定要首先把好自己的思想政治关。其次，青年教师由于年龄上的原因，容易较快地成为学生的朋友；同时，同样是由于年龄上的原因，青年教师与学生的心理距离比较容易拉近。为了保证社会实践的效果，教师，特别是青年教师应该积极调整自己的心态。一方面，应该努力做学生的朋友，在具体的活动过程中给学生行动上以鼓励、帮助；另一方面，应该坚决以教育者身份要求自己，在具体的活动过程中给学生的思想上以启发、引导。最后，面对改革开放以来出现的新事物，大家的看法可能会有所差异，教师，特别是青年教师应该积极学习党和国家的政策，努力用新观点解释新问题，不仅如此，青年教师还应该积极向老教师请教，以更加系统的理论去教育学生。

（三）身教是社会实践中教师对学生进行教育的有效补充

在大学生暑假社会实践活动中，带队教师要学生共同生活近半个月的时间。教师的一言一行、一举一动都会对学生产生影响，教师应该注意自身的行为，从一点一滴的小事对学生进行身教才会使教育达到更好的效果。

首先，用行为作为表率，可以直接感动学生。因为，教师文明的言谈举止对学生思想品质的形成起着修正作用。教师的一言一行都是教师内在素养的外在体现，都会给学生以潜移默化的作用影响；而学生在大学生暑假社会实践活动中也正是通过这一点来了解带队教师的思想，"桃李不言，下自成蹊"，教师注重修养，注意言行，处处给学生做出表率，言教辅以身教，身教重于言教，学生受到影响，其不良的行为和习惯受到约束，得到修正。

当代大学生多数为独生子女，自尊心都比较强；在社会实践活动中，带队教师如果一看到学生在某个方面有点滴的不足，就马上会直截了当地指出，甚至责怪学生这也不对那也不是。虽然，工作方式比较直接；但是，这样却不一定会有比较明显的效果。一般情况下，学生不但不愿意接受这样的管理方式，反而对这样的管理方式有明显的反感，甚至产生一种逆反心理。事实上，学生并不喜欢这样的管理方式，他们希望与老师建立一种亲密的朋友关系，一种平等的朋友关系。分析学生的思想状态后，我们不难发现在社会实践活动中身教比言教更为重要。

其次，大处着眼，从小事做起。学生的思想政治教育必须从大处着眼。教育者必须认识到青年是继往开来的一代，是跨世纪的建设者，是祖国的未来。新一代的青少年必须是关心社会、关心集体、关心他人、爱护公物、遵守公共秩序、文明有礼的一代。青少年公德能否做到这一点将关系到祖国的兴衰成败。"一屋不扫，何以扫天下"。如果一个人连起码的社会公德都不具备，又怎能有崇高的理想、高尚的情操呢？为此，公德教育又必须从小事做起。带队教师不妨从学生在社会实践活动中碰到的小事抓起，在遵守纪律，遵守公共秩序，爱护公物，讲究卫生，帮助身边有困难的人等事做起，用自己的所作所为促使学生自我管理，促进学生的行为养成。只要带队教师能在社会实践活动中从细微处要求，从小事做起，就一定能达到"促其思、晓其理、激其情、导其行"的教育效果。例如，在社会实践活动中，带队教师应该模范遵守公共秩序、爱护公物、保护环境；在公共汽车上，带队教师为老年人让一次座位对学生的教育效果大大超过多次"尊老爱幼"的口头教育。

最后，还应当利用言教与身教的充分结合，加快学生的成长。从对学生的效果来看，在社会实践活动中，带队教师的身教重于言教，是一个不争的事实；但是，只有身教没有言教，教育效果就会大打折扣。因此，教师应该把握好言教与身教的时机，恰当地把两者结合起来。例如，在社会实践活动中，带队教师应该身教在先，言教在后；当遇到个别学生出现一些小的错误，教师应该首先以自己的行动给以更正，事后找学生单独谈话解决问题。这样，既保护了学生的自尊心，又不放弃对学生的教育，就会提高教育的效果。

大学生暑假社会实践是高校学生思想政治工作的重要组成部分，又是高校学生政治理论课教学的有益补充。带队教师充分利用言教与身教的方法对学生进行教育，是社会实践成功的保证，也是一个值得研究的课题。在具体工作中，使言教与身教有机结合，必将推动高校大学生思想政治教育工作的发展。

（四）充分发挥指导教师的理论与专业技术优势，提升第二课堂教育效果

大学生暑假社会实践活动中，指导教师不仅在处理一些社会问题中要设身垂范、言传身教，用表率作用优化对学生的教育效果；在面对需要解决的一些技术性问题时，更应充分发挥指导教师理论深厚、技术娴熟的优势，示范指导与启发鼓励相结合增加学生独立解决问题的机会，提高其能力。这既使理论教学延伸，突显实践教学的优势，也可通过即时解决问题，增强学生自信心和创造、创新动力。

二、大学生社会实践活动思路分析

二类本科院校（以下简称"二本"院校）和高职院校是培养未来社会主义建设者的主力，这类院校开展大学生社会实践活动十分重要，活动模式的选择是活动成败的关键。

（一）不同类型的大学生社会实践活动模式选择

理性认识所反映的是客观实际中一般的规律性的东西，而人们实践活动的对象总是具体而复杂的，因而理性认识的成果无法直接应用于实践活动。要实现由理性认识向实践的飞跃，就必须首先结合实践活动的特定需要使理性认识具体化，形成和建立一定的实践理念。

所谓实践理念，是指人们在现实的实践活动之前事先建立起来的、关于实践的

观念模型或理想的蓝图。马克思说:"蜘蛛的活动与织工的活动相似,蜜蜂建筑蜂房的本领使人间的许多建筑师感到惭愧。但是,最蹩脚的建筑师从一开始就比最灵巧的蜜蜂高明的地方,是他在用蜂蜡建筑蜂房以前,已经在自己的头脑中把它建成了。劳动过程结束时得到的结果,在这个过程开始时就已经在劳动者的表象中存在着,即已经观念地存在着。"[1]

结合具体实践工作,我们认为根据不同情况采取不同对策是做好工作的关键。

首先,对于思想政治理论课以外的思政类社会实践可以组建松散的、长期性大学生兴趣小组和策划有特色的活动是一种行之有效的模式。大学生社会实践活动团队建设是一个重要的话题,我们认为社会实践的目的是提升学生的能力,要实现这个目标就需要从学生发展的长远出发,为兴趣小组建设一两个相对稳定的支撑点组建大学生兴趣小组。第一,该类兴趣小组可以由非专职从事辅导员工作的教师组建,由于兴趣小组不受学生管理部门和共青团组织直接指挥,可以保障确定开展活动的相对独立性;第二,该类兴趣小组最好由专门从事素质教育研究的教师长期指导,在兴趣小组组建初期指导教师可以在课下与学生充分交流,保障了兴趣小组可以充分吸取以前工作的经验和教训;第三,该类兴趣小组应采取逐步选拔学生活动项目负责人形式,形成了兴趣小组的凝聚力,在具体的工作中,准备作为学生活动项目负责人的学生,在学生入学后即开始选拔,使其在大一就进入兴趣小组,感受兴趣小组气氛,并事实上参加每次竞赛项目准备,使其熟悉比赛和活动规则,出现报名人数冲突时,作为已经被确定未来学生活动项目负责人的低年级学生必须退出;这样既形成了兴趣小组的和谐团结气氛,也树立了未来学生活动项目负责人的威信。我们在工作单位指导学生活动的实践证明,组建长期存在的大学生社会实践活动兴趣小组是保障"二本"院校学生社会实践类活动效率的有效手段。

其次,对于思想政治理论课社会实践活动应当根据不同课程采取不同对策。以本科生四门课程为例,新课程体系"思想道德修养与法律基础""中国近现代史纲要""马克思主义基本原理概论""毛泽东思想和中国特色社会主义理论体系概论"四门必修课程体系体现了综合性、整体性的要求,特点是有史、有论、有应用,有利于大学生在掌握马克思主义理论基础上,从历史与现实的有机结合中,掌握科学的世界观和方法论。开展思想政治理论课社会实践活动的目的是辅助理论教学。"思想道德修养与法律基础"社会实践要帮助学生进一步把握思想道德修养与法律基础

---

[1]《马克思恩格斯全集》第23卷,第202页。

的内在联系；"中国近现代史纲要"社会实践要帮助学生从整体上把握近现代史发展的规律，理解"三个选择"；"马克思主义基本原理概论"社会实践要帮助学生从整体上把握马克思主义基本原理之间的内在逻辑；"毛泽东思想和中国特色社会主义理论体系概论"社会实践要帮助学生从纵向的马克思主义中国化的过程来把握中国化马克思主义理论的继承和发展。从横向的理论内容的逻辑展开上把握中国化马克思主义理论的整体性。因此，社会实践方法也不应该千篇一律搞调研或参观。清华大学编辑出版的《信仰·信念·信心——清华学子学习思想理论课成果丛书》为开展思想政治理论课社会实践活动提供崭新的思路，《清华学子的中国梦》《清华学子的人生起航》《清华学子理论读经典》《清华学子走进社会》《清华学子谈理想信念》《清华学子看改革开放》《清华学子议国情》《清华学子诗说中国近现代史》《清华学子画说中国近现代史》九本书为不同的课程提供了可借鉴的模式。但是，需要引起注意的是，清华大学的教师和学生都是国内一流，因此，学生实践作品水平也是很高，在借鉴时应该充分考虑学生实际情况，量力而行，不可盲目攀比。

（二）"二本"院校大学生暑假社会实践典型划案例分析

大学生暑假社会实践作为典型的实践活动，更需要在活动之初建立起来关于实践的观念模型或设想的蓝图。这项工作就是具体活动方案的策划。下面以一个暑假社会实践活动为例分析具体策划案例的产生与实施。

2005年是抗日战争暨世界反法西斯胜利六十周年，纪念这一历史事件是该年大学生暑假社会实践的重点。为了更好地开展活动，指导教师于2005年3月，新学期开学之初即确定了活动筹备组织学生，并规定组织活动的学生负责人必须认真研究相关资料同时阅读半月谈等主流宣传导向性媒体，领会国家纪念这一历史事件的思路。

2005年7月，该校期末考试结束，指导教师正式组建团队，宣布活动方案，并要求全体学生通读前一阶段小范围学习的资料。在学生基本领会材料后，去抗日纪念馆、赵登禹将军墓、卢沟桥等抗日战争遗迹实地参观学习，同时，采访了1935参加东北大学临潼请愿、亲历西安事变并参加过抗战工作的原国家统计局副局长常诚等历史亲历者。

在参观抗日纪念馆时，由于准备充分，该团队大一学生偶然接受了中央电视台采访，并在新闻联播播出。

活动准备充分，活动内容充实，也使得活动总结言之有物，该团队活动获得省级团委授予的"大学生暑假社会实践优秀团队"称号。

因此，学生能力相对不足可以通过早筹划、全面准备、认真组织实施来弥补，这样就能保证活动的效果，让学生有所收获。

·第二章· 大学生社会实践理论准备

　　大学生社会实践活动是一个系统性的活动，活动开始前的准备活动十分重要。如何确定合适的社会实践活动题目，是开展好大学生社会实践活动的需要重视的理论问题。要提高学生的社会实践能力，就必须有切实可行的方法。在社会实践活动中，调研工作十分重要。社会实践的调研工作一般是在认真研究收集到的信息资料的基础上，开展质的调查研究或量的调查研究。

　　本章将介绍确立大学生社会实践活动题目所需的知识，并以当前大学生社会实践调研方法使用情况为详略标准介绍大学生社会实践涉及的调研方法。

第一节　大学生社会实践活动题目的确立

　　大学生社会实践活动动是一种典型的以研究性活动为载体的学生思想政治教育形式，在研究性工作中，研究课题的选择是一项十分关键的工作。研究课题选择的好，研究就会有价值、有意义。研究性活动首先要寻求研究目标。这一过程同样是多次反复解决问题的过程。社会中有很多待研究的问题，哪个问题适合于研究者，是大学生参加大学生社会实践活动时必须首先面对的现实。研究性活动首先源于问题意识，没有问题意识也就难以注意和提出新的问题，研究性活动也就无从谈起了。不同的研究者由于知识和经验背景不同，在问题意识、提出问题的能力、所提出的问题的价值和重要性等方面都有很大差异。因此，研究者要想及时发现和提出具有重要价值的问题，就要增强问题意识。

　　著名的技术哲学家陈昌曙教授曾论述过这个问题："选择研究课题首先要有价值，现在，我们的许多研究生在选择学位论文题目时都喜欢找前人没有说过的问题，认为这样的题目就一定有价值。其实未必，前人说过的问题不一定没有价值，前人观点有错误、不全面，都可以进一步探讨；而前人没有说过的问题，也不一定有价值。"

一、善于发现问题

大学生参加大学生社会实践的首要工作就是确定研究课题。要更好的发现有研究和开发价值的问题，就要运用创新技巧，在具体的工作中主要要关注如下几方面问题。

首先，增强问题意识。问题意识就是对问题的感受能力。日常工作与生活中随时都会遇到问题，有些问题是稍纵即逝的，因而只有保持对问题的敏感性，才能为提出问题奠定基础。

其次，保持好奇心与提高观察力。好奇的人不一定都有创造力，而有创造力的人大多数都很好奇，真正的好奇心经常带来意想不到的创新。好奇会给人带来机会，而得到机会还要观察和思考，否则也难以发现问题，而只能是走马观花。有好奇心还要坚持探索，才能深入某个领域，加深了解。这样，常常会得到意想不到的结果。

最后，掌握问题产生的途径。掌握问题产生的常见途径可以有效地提高一个人对问题的敏感度。提高对问题的敏感度的方法主要有如下几种。

① 抓住经验事实同已有理论的矛盾。抓住经验事实同已有理论的矛盾是科学问题产生常见的途径。新的观察和实验结果，以及多数反常现象，都可能与现有的理论概念发生冲突；冲突积累到一定程度，现有理论及辅助原理，假设也难以解释这些经验事实时，新的科学问题就必然会产生。最重要的是要能从一些变化中洞察到其中不相容的程度，从而提出新的问题。

② 抓住理论的逻辑矛盾。理论的一个基本要求应该是自洽的，如果理论内部出现逻辑矛盾，就将产生矛盾的论断。因此，抓住理论的逻辑矛盾是实现理论突破的关键。必须要牢牢抓住此类问题。

③ 抓住规律性的不良现象。规律性的现象，反映了本质上的联系和问题。找到规律及其现实条件，在质疑中寻找问题。

④ 注意争论。不同学术观点的争论是科学史上的常事，争论的焦点问题，也是学术研究的重点问题。

⑤ 注意不同知识领域的交叉地带。科学的发展呈现出细化、交叉、综合的大趋势，在交叉区域边缘之处，也是有意义的课题潜在之处，从中寻求有意义的课题，可以为科学发展作出开拓性贡献。

⑥ 从急待开发的领域寻找问题。急待开发的领域，因为"新"，也是问题比较集

中的地方。开发过程就是创新的过程，开发的关键问题，也是问题突破的重点和取得成果之处。

⑦ 在拓宽研究领域和应用领域中寻求问题。

在拓宽研究领域和应用领域中寻求问题有三个主要方向：

第一，寻求领域拓宽的途径。眼睛只盯着一个问题领域，往往会阻碍发现更新鲜、更充分、更值得探讨的问题。当思维的惯性使自己在一个特定领域中循环思索时，要努力使自己从循环中跳出来，从其他方向寻找材料得到启发，就会有新的问题展现出来。

第二，在拓宽研究和应用领域过程，把障碍作为问题研究。因为，对于可以拓宽的领域，遇到的障碍就是问题。

第三，把由外部世界观察到的刺激，强制地与正在考虑的问题建立起联系，使其原本不相关的要素变成相关，进而产生待研究开发的问题。

总之，提出问题的策略与方法很多，只要认真去寻找并形成问题，就找到了大学生社会实践的起点。

究其实质，大学生社会实践的过程就是解决问题的过程。问题就是研究者所处的现有实际情况与期望的理想状态之间存在的差距，也就是研究者的期望与现实的矛盾。大学生社会实践中的绝大多数问题并不是现成的、明确地摆在人们面前的，而是需要大学生在老师的指导下去探索、去发现甚至去构造的。因此，大学生一方面要充分了解自己，另一方面要善于发现问题和提出问题，并逐一去解决问题，寻求客观的、理想的答案。

研究动机形成以后就要以发散思维从多个角度寻求问题（目标），并对这些目标进行归类，如农村生产类型单一和劳动力过剩问题，"人口老龄化"以及"空巢家庭老人"的生活问题……都蕴藏着研究问题。对发现的问题进行分析比较，从每一类问题中选取接近自己目标的两个或几个作为主要问题进一步发散提问，依次类推，层层提出问题，直到自己认为满意为止。

由于提出的问题有很多，就要对此进行收敛，从中首先剔除没有大学生社会实践价值或大学生社会实践价值很小，或虽然有价值但一时不具备解决问题的可能性的问题。对待问题可依据大学生社会实践的基本原则，通过创新性、价值性、熟悉度、重要性、紧迫性和稳定性等收敛标准，以及大学生社会实践基本条件、价值取向等进行选择。这些标准可依据大学生社会实践活动的具体情况和需要而增减。收敛到最后所剩下的问题就是可供研究的问题，也是大学生确定大学生社会实践目标的依据。

二、大学生社会实践目标具体化的基本程序

风险的存在是客观的，也是必然的。确定大学生社会实践目标的决策过程属风险型决策，大学生社会实践目标具体化过程，就是要适时抓住最有利的时机，尽可能地避免风险，做出正确的选择与抉择。一般可按以下程序进行：①摆明问题，确定目标；②初步调查预测，收集信息；③拟定多个备选方案；④进行可行性分析；⑤比较评价和选定可行性方案——确定大学生社会实践目标；⑥实施方案并跟踪控制。

程序，并非是固定不变的，可以根据大学生社会实践项目和复杂程度，进行选择取舍。

（一）摆明问题确定目标

大学生社会实践过程的实质就是解决问题的过程。摆明大学生社会实践过程需要决策的问题是什么，确定大学生社会实践所要达到的目标，是大学生社会实践需要决策的第一步。

确定目标是科研决策前提，而大学生社会实践目标是根据要解决的问题来定的。如果把需要解决的问题的关键所在及其产生的原因等弄清楚了，确定目标有了依据，目标也就容易确定了。要弄清问题，不但要清楚什么是问题，还要对应有现象和实有现象加以明确。应有现象是指应达到的标准或按既定的目标应有的情况；实有现象是指实际所发生的或存在的情况。所谓摆明问题就是以应有现象为依据，积极地、全面地收集实有情况，发现差距，并通过分析、研究，把问题确定下来，找出产生问题的原因，这样就能有针对性地采取措施加以解决。

摆明问题是整个过程的起点，也是进行正确决策的基础。摆明问题包括发现问题、确定问题、分析产生问题的原因三个主要方面。

发现问题：即找出问题在哪里；

确定问题：即明确什么问题是必须解决的；

分析问题：即为什么会产生这种问题，矛盾的焦点在哪里，分析原因并加以明确。

（二）确定具体的大学生社会实践目标

确定大学生社会实践目标是为实现一定目标而对若干个备选方案进行选择的过程。因此进行决策的前提是要有一定的目标。这一目标是在对社会环境、市场现状

及自身条件的一般了解基础上提出的。

所谓大学生社会实践目标，就是在一定环境条件下，在预测基础上，要达到的程度和希望达到的结果。

大学生社会实践目标可分为两种：一是必达目标，要求必须达到什么程度；二是期望目标，期望取得的成果。

1．具体化大学生社会实践目标

对于大学生社会实践目标的确定必须明确具体，否则方案的制订与选择就会感到无所适从。目标明确具体包括以下几个方面。

（1）大学生社会实践目标的表达

大学生社会实践目标最好是单一的。也就是只能有一种理解，绝对不能产生歧义。如果语言含糊不清、模棱两可，不明白到底要做什么，决策就很难顺利进行。明确表达目标最有效的方法是大学生社会实践目标数量化。

（2）大学生社会实践目标的时间约束

没有具体完成期限的目标，就等于没有目标，因为它可能永远无法实现。因此大学生社会实践目标必须有明确的实现期限。在实际操作过程中，根据实际情况，目标的实现时间允许有一定的弹性，但有的研究内容也应严格一点，限期完成；有的可以给出一定的伸缩范围，或规定一个极限。在大学生社会实践实施过程中，也可以根据实际情况，对预先确定目标的实现期限进行修改。但无论对目标实现期限的规定，还是后来的修改，都要根据事实、需要和可能得出科学合理的结论。

（3）大学生社会实践目标的条件约束

确定目标时，必须明确达到有没有客观条件的限制和附加一定的主观要求。约束条件主要是各类资源条件，决策权限范围及时间限制等等。大学生社会实践目标的产生、确定必须立足于现实的基础上，大学生社会实践活动也要受到未来客观条件的制约。这些基础和客观条件就是大学生社会实践目标的约束。约束条件是衡量大学生社会实践目标实现与否的标准，这个标准包含在目标本身之中。约束条件越清楚，大学生社会实践的有效性和目标的可能性也就越大。规定目标约束条件有以下三个切入点：首先是客观存在的，可利用的资源条件，包括大学生社会实践团队拥有的、能够筹集到的人、财、物等；其次是国家以及地方的政策法规、制度等方面的限制和规范；再次是大学生社会实践团队附加在决策目标上的主观要求，大学生社会实践团队对目标最高要求不一定完全现实，但最低要求必须是目标的约束条件。

（4）大学生社会实践目标的数量化

大学生社会实践目标数量化可以达到什么程度有个衡量标准。如果实在无法数量化，也可以采用陈述方式尽可能把目标描述得具体、翔实、清楚。目标本身就有许多数量标准，如成本、利润等数量指标，可以是一个数量界限，规定出增减范围，或在某些条件下达到的极值，如成本最小值，利润最大值。对非数量值，也可以用一些方法和手段使之数量化。应当注意的是数量指标的计算规范要做出统一规定。

（5）大学生社会实践目标的体系化

大学生社会实践的总目标必须由具体的目标体系来支撑，体系化就是把比较抽象的总目标分解成许多子目标。子目标也可以继续分解成更小的目标，从而构成目标体系。

目标体系的建构过程是大学生社会实践目标内容不断丰富的过程，也是表达不断明确和准确的过程。总目标是具体目标的终极目标，具体目标的实现是总目标实现的途径。

目标分解过程反映出目标体系的层次和相关性特征，目标体系的层次结构也称为"分层目标结构"，下一层目标往往是上层目标的手段，而上层目标则是下层目标的目的。而同层次目标之间彼此之间又互相联系、互相影响、互相制约。任何一个目标都可能影响到同层次目标的进行过程。

在建构目标体系的过程中，一是目标要落实，决策目标与具体目标要吻合，不能照搬或互相混淆，而是要处理好上下层次目标的关系，避免头重脚轻。

2. 确定大学生社会实践目标应注意的几个问题

① 大学生社会实践的客观原则与主观条件相结合（该问题前文已经有了相应的分析，在此不再赘述）。

② 市场能力与企业自身能力相结合，努力保持市场引力（消费者对商品的需求程度与需求量）与大学生社会实践团队自身素质条件和能力、对研究环境的适应能力的动态平衡，即"有多大能力，担多大的重量"。想一口吃成个胖子、急于求成、追求最大效果是大学生社会实践活动的大忌。

③ 抓住关键问题。确定大学生社会实践目标与规划时都应分清问题的轻、重、缓、急、主、次、先、后，切忌"胡子眉毛一把抓""丢了西瓜、捡了芝麻"的思维方式和工作方法。

④ 决策目标要系统化、网络化，具有多样性、层次性、相关性、相对独立性、统一性以形成连锁体系，有利于大学生社会实践参与实现有机协调。

⑤ 注意目标的动态性、时效性。市场与客观环境是动态变化的，机遇是多样的，也是稍纵即逝的，抓住机会就等于抓住了成效。

⑥ 注意风险性。市场充满机会，也同样充满风险，二者并存。现实条件更要求

对风险有可观的分析与预测，切忌盲目乐观，不能让利益掩盖了潜在的风险。

3．大学生社会实践中的多目标问题处理办法

对于大学生社会实践者而言，层次目标和阶段目标数量多，但可以归结为一个系统目标或终极目标，而不具有独立性。多目标问题与此不同，他们处在相同层次上，各具独立性；各目标之间虽有联系，但不能相互代替，互相间不是从属关系，更不可能归结为同一系统目标或终极目标。目标越多，衡量标准就越复杂，评价选择方案的难度也就越大。

在处理大学生社会实践中的多目标问题时，应遵循如下原则。

首先，在满足大学生社会实践需要前提下，尽量减少目标个数。为此，第一，要分析辨别各目标之间是否存在层次性、阶段性关系或相同的属性。如果有，则将其归结为一个目标，剔除从属目标。第二，由于主观偏好，有些目标属于期望值，有些目标要求达到最优水平，有些目标只要求达到基本标准。在这种情况下，大学生社会实践者一般把要求达到最优水平的目标保留下来作为主要目标，使该目标成为大学生社会实践的激励目标，把期望值作为奋斗方向，而把要求达到基本标准的目标降为约束条件。最后，也可以通过度量求合、求平均值或构造综合函数求解的方法形成一个综合的单一目标。

其次，对大学生社会实践目标涉及的各个目标的重要性进行可行性分析，按其重要性大小对目标进行筛选、优化。根据主观偏好、要求和客观条件，根据期望值（必须达到、希望达到）先行取舍，将剩余的、相近的目标用相应的具体指标统一标准列项排序，进行分析比较，既可以避免因项目过多而难以理清头绪，也可以围绕主要目标展开分析、比较、择优选取。在比较中如发现不满意之处，可以改进或通过创新设计、修正，再比较、选取，这样既可以达到优化目的，也可以减少失误，保证大学生社会实践的时效性。

第二节 大学生社会实践调研特点及
非定量研究方法简介

一、思政类社会实践获奖优秀作品使用调研方法情况分析

近年来北京市高度重视大学生思政类社会实践活动，在传统大学生暑假社会实

践活动基础上，北京市为贯彻落实中央关于加强和改进高校思想政治理论课工作会议、全国加强和改进大学生思想政治教育工作座谈会和北京市《关于进一步加强北京高校思想政治理论课教师队伍建设的实施意见》（京教工〔2009〕4号）精神，充分发挥社会实践在思想政治理论课教学中的作用，引导学生在实践中深化理论认识，不断完善思想政治理论课实践教学机制，市委教育工委将继续组织开展高校思想政治理论课学生社会实践优秀论文评选活动，并于2013年2月出版了《2011—2012年度北京高校思想政治理论课学生社会实践优秀论文集》，该论文集分（一）（二）两个分册，涵盖了2011和2012年度每年的最高两个奖级的获奖论文，共计31篇。根据对该书论文的统计分析，发现使用问卷调查的论文29篇（见表3-1至表3-4），以访谈为调研形式的论文两篇。

表3-1　论文集（一）一等奖入选作品情况

学校	论文题目	作者	指导教师	调研方法
中国人民大学	"村企结对"建设社会主义新农村调研	徐榕、李欣怡、范冰妍	赵勇	问卷
北京科技大学	大学生"三下乡"的实际效果和完善	段江菲、李佩林、钟家梁、杨丽等	左鹏	问卷
中国传媒大学	平凡中的辉煌——听老党员讲党的故事	邓丽霞、齐光川、温凯强、冯钰捷、霍佳兰、李雅彤、房方、麦尔哈巴、杨晨	毛明华、齐金贵	访谈
北京航空航天大学	大都市郊区新农村建设情况调研报告——基于"红色1+1"怪村实践队的调查分析	陈鹏、张腾、李增辉	曹庆萍	问卷
北京工商大学	北京市民自行车绿色出行状况及意愿调查	刘洋、邸思婕、郝添阳、刘思博、张鹤龑	王鲁娜	问卷
北京城市学院	北京文化创意产业职业岗位调查——以文化经纪人为例	陈文静、董俞含、张芳予、郭玉爽、李茜、李颖、许硕、朱翀、张晋梅、史晓晗、田雪莲、刘辰	陈怡、赵亮	问卷

表 3-2　论文集（一）二等奖入选作品情况

学校	论文题目	作者	指导教师	调研方法
北京师范大学	特色产业培育在统筹城乡发展中的作用 ——以宜宾市翠屏区赵场街道为例	兰岭、张伟、张艳、迟超智	熊晓琳	问卷
中国农业大学	农村社会管理创新与社会治理模式研究	陈杨、陈业芳、张基兰、陆余恬、李高远、郑好文、田敬文、孔涛	李明、陈东琼、赵少华	问卷
北京邮电大学	大学生志愿服务状况调查报告	郑青青、熊一霖、付莹	方明东	问卷
北京理工大学	中国人幸福吗? ——我国部分地区人民生活幸福指数调查	王超、王倚天、王子巍、周晓航、龚阳玉洁、李永善	陈宗海	问卷
中央民族大学	东方的觉醒: 孙中山的民族观与当代青年的民族意识	唐元超、黄苧、丁鑫、苏欣、吴新宇、塔娜、钟玉芳	孟凡东	问卷
北京工商大学	北京地区农村信息化水平的现状、问题及对策	潘景林、白浩、何珺、康晓彤、吕骘、曲丹阳、睢素萍、田钰、尹灵勇、谢照明	陈凤芝	问卷
北京印刷学院	探究深圳南岭村集体经济模式的利弊	胡建霞、张丹、吴静、杜雅琳	赵欣	问卷
首都经济贸易大学	欠发达村庄农民政治参与影响因素研究——沂南县农民政治参与调查报告	杨倩	梁玉秋	问卷
北京青年政治学院	促进城乡一体化 推动公共服务"均等化"——对延庆社区老人和留守妇女幸福感调查分析	赵岩、王茜、李虹瑾、钱泓埔	周颖	问卷
中国人民公安大学	当前新农村建设的现状及存在问题的调查与分析——以江苏、山东、湖南部分农村为例	吴振惠、王璞、杨程	李艳	问卷

表 3-3　论文集（二）特等奖入选作品情况

学校	论文题目	作者	指导教师	调研方法
清华大学	关于"博物馆作为公共文化设施丰富人们精神生活效果"调查	姜太峰、李津旸、田睿奇、开明轩、史小婧	陈明凡	问卷

（续）

学校	论文题目	作者	指导教师	调研方法
北京师范大学	关于群众对于高雅艺术获取渠道满意度的调查报告——以吉林省长春市、吉林市为例	胡文潇、马鑫	熊晓琳、李海春	问卷
中国传媒大学	北京地铁一号线满意度调查	祈俊杰、常贵连、姚玲玲、王玉林、邓炜程、唐宇、熊利郎、王博	马成瑶	问卷
北京理工大学	当代公民思想政治道德发展状况及其影响因素研究	文思思、武昉、张悦、李琦来、袁亚敏、李书华	张毅翔	问卷
北京农学院	农业保险"不保险"的因素探究——以四川省广元市三镇为例	韩雪、刘璐、张梦茹、王云、赵书晴、凌晨	范小强、孙亚利、苟天来、王建利	问卷
北京青年政治学院	推动文体设施大发展，让人民生活更幸福——北京市延庆县城乡文体设施建设、使用和管理现状调研报告	杨春杰、曹伟行、王帅男、贾昌昌、孙文韬	薛薇	问卷

表3-4　论文集（二）一等奖入选作品情况

学校	论文题目	作者	指导教师	调研方法
清华大学	内蒙古马铃薯滞销情况与处理方式——基于包头市固阳县的调查	王中旭、杨可、何昊天、耿雪松、于姝婷、苏云鹏、史伯通	孔祥云	访谈
北京师范大学	红色旅游景区游客满意度调查研究——以山东省枣庄市为例	赵丹、叶智方、李冰、梁爽	熊晓琳	问卷
中国传媒大学	当代大学生社会主义主流价值观认同度调查报告	蔡方伟、潘岳、于文韬、林梦远、王思慧、潜冬、周家星	马成瑶	问卷
北京理工大学	北京市廉租房建设调查报告	骆胤成、唐灵通、刘纯玮	张峰	问卷
北京工商大学	北京郊区农村文化站建设及利用现状调研	高航、高丝雨、李金玉、聂珊、孙然、赵宏亮、张申硕、周凯文	王鲁娜	问卷
北京工业大学	最熟悉的"陌生人"——北京市部分小区居民食品添加剂认知情况调查报告	刘鹏飞、赵煜、崔益泽、孙健、付天翔	姜海珊	问卷

（续）

学校	论文题目	作者	指导教师	调研方法
首都经济贸易大学	农村留守儿童德育问题研究——以河南省必阳县羊册镇为例	赵帅、石巍	李丽娜	问卷
北京农学院	期满大学生"村官"的去向调研报告——基于北京市延庆县康庄镇的调查分析	张晓蒙、苏凌霄、司蕊、苑新顿、金晓婉、梁夫荣、赵玥、黄紫藤、刘国琪	刘海燕、党登峰、孙亚利	问卷
中国人民公安大学	我国养老院现状的调查与分析——以北京、浙江、内蒙古等地区为例	李彦璇、徐汇川、刘文宇、于子惟	李艳、王芳	问卷

分析上述数据不难发现，以问卷为载体的大学生思政类社会实践活动在论文获奖比例中占90%以上，而以访谈为调研形式的两篇论文分别来自于中国传媒大学、清华大学，一所是以培养新闻传播人才为主、学生熟悉访谈方法与技巧的高校，一所是国内顶级高校。因此，对于绝大多数高校在开展大学生思政类社会实践活动，应当更多关注以问卷为载体的调研方式。本节接下来将再简单介绍质的调查研究和信息资料收集方法。大学生思政类社会实践所需的问卷调研方法以及针对该方法确立的大学生思政类社会实践活动计划的过程将在下一节重点分析。

二、资料收集的方法

以资料、情报为代表的信息资源在进行研究工作中是不可或缺的，而信息资料收集不全就会导致错误。例如，人们曾经认为"天下乌鸦一般黑""所有的鸟都会飞"，可是面对"白乌鸦"和"鸵鸟"，人们就只好否定上述结论了！

因此，能否很好地进行资料的收集对创造性的完成社会实践工作影响很大。信息的收集包括两个方面，即调查研究和信息处理，这两方面常用的技法也大不相同。

资料收集的方法很多，常用的方法主要有文摘卡片法、笔记收集法、文件归档法等。

1. 文摘卡片法

笔记本是收集、积累资料的有效工具。但是由于本子上的页码是固定的，所以作为资料利用时会有许多不便；所以，采用资料文摘卡片就成为一种比较有效的方法。

资料文摘卡片一般使用质地较好的硬质纸张做成便于携带的小纸片。利用这种卡片可以处理资料，或用于评价设想，决定顺序等。在使用过程中，使用者可自由地增减资料和设想。因此，使用资料文摘卡片收集资料、进行资料整理都十分方便。资料文摘卡片一般格式如下：

文　摘　卡

题　　目 _____

作　　者 _____　译　　者 _____

书刊名称 _____　卷____期_____页_____年_____月

内容摘要 _____

_____

_____

_____

资料文摘卡片不仅可以记载资料，也可以写思考者的设想。一般情况下，一张卡片上，只能填写一个设想或资料。用于记录设想的卡片的格式如下：

设　想　卡

设想题目 _____

内容摘要 _____

_____

_____

_____

使用资料文摘卡片，就是在查找资料时，把需要的资料随时记录在卡片上；在有突发的想法时，将设想记录在卡片上。因此，资料文摘卡片要随身携带。

资料文摘卡片的优点主要有以下几点：第一，可以使情报标准化。第二，可以使零散的情报集中起来。第三，便于对资料和设想进行整理、分类、归纳。第四，容易掌握情报之间彼此的关联。

2．笔记收集法

笔记收集法就是以人们记笔记的习惯为基础。在集体范围内实现观点收集的创造技法。运用笔记收集法可以调动人们潜在的思维和洞察能力，引发出有价值的设想。

使用笔记收集法，首先确定参加人和领导人，参加人每人一本笔记。在这本笔记上对给定的课题，每天要把自己的意见和想法记上一次或数次。经过一定时间，领导人把笔记收集汇总。领导人要仔细归纳收上来的笔记，把摘录的要点和别的资料反馈给参加人，进一步提出新的问题。记在笔记本上的问题，没有任何限制。但最重要的是每人每天必须坚持写笔记，不可间断。同时，记录者在记录的同时，一定要对笔记进行有效的归纳和恰当的摘要。

使用笔记收集法，可以按照如下步骤进行：第一步，确定题目。第二步，确定领导人、参加人。第三步，将封面写有题目的笔记本分发给参加人。第四步，参加人将设想记在自己的笔记本上。第五步，一个月后领导人把笔记本收集起来，领导人阅读各人笔记，摘要汇总。第六步，参加人可以看任何一本摘录完的笔记。第七步，全体成员参加讨论，对获得的信息进行最后整理。

3. 文件归档法

一个组织团体的维护和发展必须要文件，而这些文件应由该组织团体妥善地进行整理、保管，能够按照需要随时利用，直到文件作废为止，这样一系列的有关制度称为文件归档法。

文件归档的目的是合理、有效的使用文件内容。因此，进行文件归档时应当与业务活动紧密结合，实行以"便于利用""便于检索"为目的的文件归档工作。

首先，为了使文件档案"便于利用"，基本上要把经常使用文件按使用的类型整理成一部文件档案。只要取出这部文件档案，就可以了解这项业务的一贯内容。

其次，要考虑"便于检索"的问题，按照业务上的需要能够立即查到所需要的情报。这里最要紧的是不能把文件档案搞得很厚。为了容易检索，限制数量比在质量方面花费心思去搞多样化的检索方法往往更有效。这种直立式的归档，在一部文件档案内收进的文件应限制在二三十页至七八十页。

按照上述原则做成文件档案，弄清它在开展业务中占有的位置以后，为了"便于利用"，把它同经常一起使用的文件档案组成一个文件档案群，这是第三步。由于每个文件档案都是与业务开展同时形成的，它在业务上的必要性十分清楚，并且可以依据它鉴别出业务情报的优劣。

最后一个步骤是，给组成的文件档案群编制目录索引，把单个的文件档案排在"便于检索"的地方。这种直立式归档法，基本上是由第一索引包括的 2～5 卷和第二索引包括的 5～10 卷的文件档案所构成。

三、质的调查研究方法

在调查研究过程中，可以通过以典型调查取得量的信息为目的的方法，也可以通过质的研究方法，取得质的信息。量的研究方法，一般采用调查对象较多、调查规模较大的调查法是典型调查。这种方法虽然能掌握现状，但却不能回答在数字背后隐藏着的"为什么"。同时，这类方法在不同专业的应用过程中差异也比较大。因此，这里重点介绍集体调查类型的质的研究方法。

质的研究方法主要依靠访谈式调研，由于需要与被访者沟通，一般情况下，个别的访谈难度较大。因为，在个别交谈时，人们会表现出紧张，思想不流畅等现象。与此相反，在集体的场合，由于集体思考会接连不断地产生想法，在互相影响之下能够得到各种各样的反应。因此，集体调查则相对比较容易操作。这里将介绍几种典型的集体调查技法。

1. 集体调查法

集体调查法是利用团体功能进行的一种调查方法。该方法一般选择调查对象6～8人，由接见人（也称会议主持人）把调查对象召集在一起，同时进行集体的调查。通过集体讨论使参加者们进行活跃的交流，大家一起互相商量、研究，进而确定哪种意见适合。使用集体调查法，要尽量使用大众化的对话方式，不能用命令式的。要使用自由对话形式进行调查，让参加调查人员进行自由交谈，主持人不能诱导被调查回答。这样，就尽可能地保证调研的客观性。

在实施集体调查法的过程中，一般按如下几个步骤进行：

第一步，进行总体分析。这一步主要完成如下几项工作：首先，整理问题，确定课题；其次，收集有关课题的资料，并深入挖掘；再次，提出设想或假说。

第二步，制定调查计划。这一步主要完成如下几项工作：首先，确定调查项目；其次，选择、确定合适的参加调查的对象。

第三步，确定工作计划。这一步主要完成如下几项工作：首先，制订工作计划表；其次，召集参加调查人员；再次，制定调查项目计划表；最后，确定调查负责人、助手、记录人员。

第四步，实行集体调查。这一步主要完成如下几项工作：首先，将调查的过程用各种方法记录下来；其次，对于难度较大的问题，可以用其他调查方法辅助调查研究。

第五步，对调查结果进行综合分析。

第六步，以对调查结果的综合分析为基础写出报告。

2. 中心小组调查法

运用中心小组调查法，可以从讨论中引出启示和假说。因为，有着相同问题的人们，彼此之间愿意交谈而没有顾虑。这个条件是中心小组调查法的基础。使用中心小组调查方法对于某个领域的问题进行调查，由适合回答这类问题的同类型的人员组成小组，在召集人的指导下，组织他们进行讨论。

运用中心小组调查法时，参加小组调查的人员应根据问题的性质而有所不同。参加人数8～12人较好，人少了则每人负担过多，人数过多，发言机会就少，也不好。

一次会议所需时间大约1.5～2个小时。这样时间适中，调研者可以从讨论中得到想得到的情报。调查完成之后，也便于整理报告。如果需要调研的题目太大，调研者可以将题目分解成几个问题，保证调查工作顺利进行。

运用中心小组调查法时，召集人的作用是很重要的，一般对于熟悉心理学理论的人比较合适，有时也可以聘请专门的心理学者来当召集人。中心小组调查法对其他调查者要求也很高。为了在调研活动中造成一种统一的、有刺激性的气氛，调查者需要引导被调查积极参与讨论，形成两者的互动。调查者在调查过程中，应当深刻理解调查的目标和性质，深刻理解问题的实质，注意倾听每一个被调查者的叙述，并且注意力高度集中，认真分析，获得有效的信息。对那种一瞬间闪现出来的启示，应当立即抓紧追踪。这些都需要有相当高的技术和训练。

第三节　大学生社会实践中的定量调研方法

在大学生社会实践活动中，定量数据的分析是很有说服力的；因此，掌握定量研究方法十分重要。在以获得定量数据的调研过程中，抽样方法、问卷设计原则以及数据的整理是必须掌握的定量研究基本方法。本节将主要介绍抽样方法、问卷设计等方法，帮助大家了解社会调研的定量方法的定义和类型，了解抽样的原则并学习正确的抽样方法，了解和熟悉问卷设计的基本结构内容。

一、抽样方法

在开展社会实践过程中经常需要实施定量的调查，例如我们要调查某一年一号文件的某项惠农政策实施后农民增收的情况，可以通过抽样调查的方法对于整体情况进行了解，发现其中普遍存在的问题、并结合定性的方法深入分析。

定量研究与前文提到的质的研究重视都是研究的客观性、科学性与数据分析的正确性。因此掌握正确的定量资料收集方法，选用正确合适的统计方法，站在客观的立场分析数据，使获得数据成为有用的信息，从而验证开展社会实践之初做出的假设，归纳整理出结论。定量研究方法是社会实践过程中一个必不可少，并且十分有效的手段。

使用观察、测验、量表、问卷等方法可以获得社会实践工作所需的数据资料，这些数据可以作为假设检验的基础，因此，为了获得有效的资料，选用合适的统计方法开展工作，为支持或否定原假设提供证据资料，显得十分重要。

定量研究方法主要在于数据的取得、计算机统计应用的分析。量的研究历程通常包括：选择与定义、执行研究的程序、数据分析和结果分析、结论四个步骤。

（一）抽样调查的基本概念

抽样调查是从总体中抽取一定数量的样本来推断总体情况的一种调查研究方法，它是按照科学的原理和计算，从若干单位组成的事物总体中，抽取部分样本单位来进行调查、观察，用所得到的调查标志的数据以代表总体，推断总体的情况。

在统计学专业抽样的相关内容甚至是可以作为一门课程开设的。为了掌握定量调研方法，做好社会实践，就需要首先掌握抽样调查的几个重要概念：

总体，也称一般总体，指社会实践项目等工作中确定的研究对象的全体。

个体，也称个案，指组成总体的每个元素。

样本，也称抽样总体、样本总体，从总体中抽取的若干个案所组成的群体。样本容量通常用符号 n 表示。

样本统计值，在实际研究中直接从样本中计算得到的各种量数。

总体参数值，从已知统计进行推论得到的各种量数，称为总体参数值。

统计推论，统计推论就是用样本的统计值推论总体的参数值的统计方法。

在大多数情况下，抽样调查具有随机性、推断总体、估算误差以提高准确度等特点。

（二）选择抽样调查的方法

要正确使用抽样调查方法，在进行抽样方案的设计时，首先应该按照正确的抽样调查的步骤执行。在大学生社会实践活动中，应当做好如下几步工作：

第一步，准确界定调查总体。界定调查总体就是要清楚地确定社会实践项目针对对象的范围，为满足社会实践目的的需要，调查总体可以从以下几个方面进行表述：地域特征、年龄性别等人口统计学特征、群体特征等，如2013年北京市大学生"村官"创业情况及态度评估。

第二步，选择资料获取方式，资料收集方式对抽样过程有重要影响。例如采用入户面访、电话调查、街上拦截还是网上调查、邮寄调查等对抽样结果都会有不同的影响。在社会实践活动中，一般从操作相对方便角度考虑，往往采取面访填写问卷的形式。

第三步，选择抽样框。抽样框也称抽样范畴，是抽取样本的所有单位的名单。例如在这里要调查北京市大学生"村官"创业情况，抽样框就是某一年北京市全体大学生"村官"的名单。同时，抽样框的数目是与抽样单位的层次相对应的。如区县、乡镇等，这样抽样框也应有三个，全北京市的大学生"村官"名单、学校样本中所有区县的大学生"村官"名单、区县中各乡镇的大学生"村官"名单。

准确地抽样框必须符合完整性与不重复性两个条件；在实际抽样操作中，实现这两个条件是很不容易的。比如要抽取北京的居民户作为样本，就可能出现一户有多处住宅情况，或者由于居住条件有限，好几户居民居住在一个门牌号码的情况，这就出现重复或者遗漏的情况。因此，选择一个适当的抽样框是不可忽视的问题。

第四步，确定抽样方法和抽取样本。选择抽样框后，接下来就可以确定抽样方法，并决定样本大小。

第五步，评估样本正误。在从总体中抽出样本后，不要急于作全面的调查，可以初步检查一下这个样本对总体的代表性如何，资料有无代表性，需要按确定的标准加以评估。这项工作在需要学校支持的（经费支持、重点团队确立等方面）情况下，最好在申请提交前完成评估样本正误。

（三）抽样方法的种类

抽样方法主要分概率抽样和非概率抽样两大类，也就是专业人士通常所说的随机抽样与非随机抽样。所谓概率抽样就是按照随机原则选取样本，完全不带调查者的主观意识，使总体中所有个案都具有相同的被抽入样本的概率。而与之相对应的非概率抽样则是依据研究要求，主观地、有意识地在研究对象的总体中进行选择抽样。

非概率抽样主要包括判断抽样、巧合抽样等方法。非随机抽样方便易行，为争取时效或达到特殊目的实施的问卷调查中经常使用。但是，这类方法受主观和巧合因素影响比较大；比如通过社会实践实施判断确定样本。而社会实践的主体是大学生经验相对不足，如果判断不准，误差就会很大；再如巧合抽样中常采取的"街头拦人法"，在中关村街头（中国科学院的院所众多和清华、北大等高校均在该地区）拦下的行人可能是两院院士，也可能是一名普通的退休工人，还可能是一名外来农民工。有时，由于在一些社会实践项目中考虑到资金或时间的客观制约因素，无法实施概率抽样时，可以使用非随机抽样的方法进行调查，很可能无法保证样本代表性，不能用来推论总体。因此，在整理总结结论时需予以解释分析，得出恰当的结果。因此，为了使社会实践活动做得更好，笔者认为最好采取概率抽样（随机抽样）方法。一般地说，概率抽样包括如下几种方法：

1．简单抽样

简单抽样，也称纯随机抽样、简单任意抽样法。该方法是从调查总体中完全按照随机的原则抽取调查样本，即先将总体中的每一个个体都编上号码，然后抽出需要的样本。简单抽样经常使用的是统计上的随机数表。简单抽样的不足之处是这种选择方式可能导致抽出的样本不一定具备代表性。比如前述开展北京市大学生"村官"创业情况调查，如果简单抽样就可能导致抽出的样本男女比例失调等情况出现。

2．等距抽样

等距抽样又称机械抽样、系统任意抽样法。这种方法就是根据构成总体中个案出现的顺序，排列起来，每隔 K 个单位抽取一个单位作为样本。

K 值指每隔多少个抽一个，计算公式为

$$K＝N（总体个案数）/n（样本个案数）$$

相对于简单抽样方法，等距抽样易于实施，工作量小；而且样本在总体中分布更为均匀，抽样误差小于简单抽样。它的不足之处是于容易出现周期性偏差。为了防止这种情况，社会实践者可以取一定数量的样本后，打乱原来的顺序，重新建立顺序，以纠正周期性偏差。

3．分层抽样

分层抽样，也称类型抽样、分类抽样或分层定比任意抽样。分层抽样是将总体各单位先按照主要标志分组，然后在各组中采用简单或机械抽样方式，确定所要抽取的单位。分层抽样实质上是科学分组和抽样原理的结合。比如在抽取北京市大学生"村官"创业情况调查的样本内，根据原来所学专业类别（农科、非农科）以及大学生"村官"的工作时间的作为，进行分组抽样的依据。

确定抽样的数目时，一般可以采用如下两种方法：

①定比：就是对各个分层一律使用同一个抽样比例。抽样比例 f 的计算公式为

$$f＝n（样本个案数）/N（总体个案数）$$

②异比：如出现其中某一层可供抽样的对象特别少，按同一比例抽样所获得的个案数量太少，就会影响这一层抽样个案的分析；要解决这个问题，就可以在这一层采用比其他层较大的取样比例，这叫做异比分层抽样。

在社会实践调查抽样时，实施上，可以首先将总体分成几个不同的小群体，各

层间尽可能异质、各层内尽可能同质，然后从每层中利用随机抽样方式，依一定比例各抽取若干样本数。

分层随机抽样的步骤如下：

① 确认与界定研究的总体；

② 决定所需样本的大小；

③ 确认变量与各子群，以确保抽样的代表性；

④ 依据实际研究情形，把总体的所有成分划分成数个阶层；

⑤ 使用随机方式从每个子群中按照一定的比例人数或相等人数抽取样本。

在社会实践活动涉及的抽样调查中，我们就可以采取上述步骤。总体是北京市某街道所有青年居民2万人，样本大小是1000人，根据男女的比例，比如是5.5∶4.5，就从男士中抽取550人，从女士中抽取450人，分别抽取。

4．整群抽样

整群抽样，也称聚类抽样、集团抽样，是以一个群组或一个团体为抽取单位，而不是以个人为抽样单位。使用整群抽样法的特点是，抽取的样本点是一个群组，总体内的群组间的特征比较相近、同质性高，而群组内彼此成员的差异较大。比如要调查北京市一个郊区（县）大学生"村官"创业情况，可以抽取其中一个或几个乡镇进行调查。

整群抽样的步骤有：

① 确认与界定总体；

② 决定研究所需的样本大小；

③ 确认与定义合理的组群；

④ 列出总体所包括的所有组群；

⑤ 估计每个组群中平均总体成员的个体数；

⑥ 以抽取的样本总数除以组群平均个体数，以决定要选取的组群数目；

⑦ 以随机抽样方式，选取所需的组群数；

⑧ 每个被选取的组群中的所有成员即成为研究样本。

5．多段抽样

多段抽样是一种较复杂的抽样方法，即从集体抽样到个体抽样，分成若干阶段逐步地进行。在各段之间则可采用简单的或分层的抽样法，在大规模调查时常用，不足之处是经过多段抽样，可能导致误差较大。

除了以上几种基本的抽样方法，抽样方法还有很多；根据大学生社会实践的特点，以下两种方法也可以采用：

一是推荐抽样，也称"雪球抽样"，要求回答者提供附加回答者的名单，起初汇编一个比总样本要小得多的名单，随着回答者提供额外的回答者。其他名单意味着样本如雪球一样越滚越大。如果参与社会实践的大学生不知道调研对象总人数是多少，可用此方法预测总人数，然后进行概率抽样。

二是空间抽样，可以在特定的空间抽取样本，例如调查一个大型活动的参与的群众情况，可以在现场直接进行快速空间抽样，把参与社会实践调研的大学生分散开，按照一定的规律和数字间隔进行采访。

（四）确定样本大小

样本大小又称样本容量，指的是样本所含个体数量的多少。样本的大小不仅影响到其自身的代表性，而且还直接影响到调查的费用和人力的投入。确定样本的大小，需要重点考虑的因素有：精确度要求、总体的性质、抽样方法、客观制约（即人力、财力的因素）。

首先，参与社会实践调研的大学生必须了解的是样本的大小与总体的关系不是成直接正比的关系。因此，在社会实践时选择样本大小，可以从这几个方面来考虑样本的数目：

① 在低年级阶段可以借鉴前人相似的研究，查阅资料，参考别人的样本数，作为参考。

② 根据资料分析的要求，样本的数目首先要够作资料分析。

③ 根据统计的要求，样本的大小与抽样误差成反比，与研究代价成正比；这就需要依据"代价小、代表性高"的基本原则开展工作。对同质性强的总体，其差异不大，选择样本可以小一点。而异质性高的总体，则要选择大一些的样本。估计样本的大小可以用一个简单的公式：$n=(k*\delta/e)$。其中，e 为抽样误差，即总体的参数值与样本的统计值之间的差异；δ 为总体标准差，反映了总体变量值分散的程度；k 为可信度系数，样本对总体的代表性程度。例如可信度为95%，可信系数 $k=1.96$，我们在决定样本大小的时候，要考虑到 k、δ、e 三个因素。

开展社会实践工作抽取样本时，应根据具体情况具体分析，选择适当的抽样方法，选取有代表性的小样本。

二、问卷设计

问卷就是为了完成社会实践调查工作而设计的问题或问题表格。问卷是为了达到调研项目目的和收集必要数据而设计的一系列问题。如何设计一份合格有效的问卷是社会实践活动必须要面对的重要问题。

（一）问卷的类型

问卷的类型很多，具体的类型如下：

1. 按问卷答案划分

问卷可分为结构式、开放式、半结构式三种基本类型。

① 结构式。通常也称为封闭式或闭口式，即选择题式的打钩或者画圈。此类问卷的优点是问题明了，被访者易答且答案标准化，便于统计分析，不足之处在于答案给定不能反映出回答者的真实想法，因为产生歧义胡乱画钩的可能性较大。如本章实际调查问卷举例即属于此类型。

② 开放式。通常也称为开口式，采用问答形式，不设置固定的答案。此类问卷的优点在于，可以充分反映答卷者的想法，尽可能收集更多的答案，特别是用于答案过多且不确定的问题，如您目前最希望社区能提供哪些服务。不足之处在于答案没有统一的标准，不利于统计分析，且要求答卷者具有较高的文化水平和表达能力，回答拒绝率较高等。

③ 半结构式。介于以上两者之间，问题的答案既有固定的、标准的，也有让回卷者自由发挥的，吸取了两者的长处。这类问卷在社会实践调查中应用比较广泛。

2. 按调查方式划分

按调查方式分，问卷可分为访问问卷和自填问卷。

① 访问问卷。是由社会实践大学生进行访问，由大学生填答的问卷。此类问卷的特点是回收率高，填答的结果也最可靠，可是耗费的时间长，人力物力成本比较高，这种问卷的回收率一般都要求在90%以上。

② 自填问卷。是由被访者自己填答的问卷。自填式问卷还可以分为发送问卷和邮寄问卷两类。而邮寄问卷是由调查者直接邮寄给被访者，被访者自己填答后再邮寄回调查单位的调查形式。此类问卷的回收率低，调查过程不能进行控制，并且容易出现偏差，影响对总体的判断，一般来讲，邮寄问卷的回收率在50%左右即可。发送问卷是由社会实践大学生直接将问卷送到被访问者手中，并由调查员直接回收的调查形式，此类问卷的优点和不足之处介于上述两者之间，回收率要求在67%以上。本章所附的实际调查问卷举例即属于此类型。

3. 按问卷用途分

按问卷用途分，可以分为甄别问卷、调查问卷和回访问卷（复核问卷）。

① 甄别问卷。是为了保证被访者确实是研究调查的目标群体，在调查中是为了保证调查的被访者确实是调查目标人群而设计的一组问题。在一般的问卷调查中，甄别的问题一般包括对年龄的甄别、性别的甄别等为特定研究目的设定的问题。

② 调查问卷。即问卷调查的主题、问卷的分析基础。如本章所附的调查问卷属于此类型

③ 回访问卷。即复核问卷，为了核实调查者是否按照要求回答及调查问卷是否有效的问卷。通常由甄别问题及调查问卷中的关键问题组成。

由于社会实践时间较短，且没有商业目的，甄别、回访调查使用的比较少。

以上是问卷的基本形式，在实际操作过程中，大学生可以根据调查的需要，选择设计所需要的问卷形式。

（二）问卷结构内容

问卷表的一般结构有标题、说明、主体、编码号、致谢语和实施记录六项。

1．标题

每份问卷都有一个主题，设计大学生社会实践问卷时应开宗明义，反映具体的调研主题，使人一目了然，让受访者知道要调查什么，增强填答者的兴趣和责任感。如本章所附的调查问卷中"某区农村金融创新研究农户调查问卷"。

2．说明

问卷前面应有一个说明。这个说明既可以是一封告调查对象的信，也可以是导语，说明这个调查的目的意义、填答问卷的要求和注意事项，下面同时署上调查单位名称和年月。问卷的说明是十分必要的，这不仅可以增强可信度也是尊重被访者的表现。

3．主体

这是问卷的核心部分。问题和答案是问卷的主体。从形式上看，问题可分为开放式和封闭式两种。从内容看，可包括事实性问题、断定性问题、假设性问题和敏感性问题等。

① 事实性问题。被访者的背景资料，如姓名、性别、出生年月、文化程度、职业、工龄、民族、宗教信仰、家庭成员、收入情况等。

② 断定性问题。假定某个调查对象在某个问题上确有其行为或态度，继续就其另一些行为或态度作进一步的了解，又称转折性问题。

③ 假设性问题。假定某种情况已经发生，了解调查对象将采取什么行为或什么态度。

④ 敏感性问题。指涉及个人隐私、社会地位、政治声誉，或不为一般社会道德和法纪所允许的行为等。

4．编码号

在问卷上统一为每个答案依次填上编号。如果一个问题有一个答案就占用一个编码号，如果一个问题有三种答案，则需要占用三个编码号。编码也可以不出现在每份问卷上，在需要统计分析时进行编写。设计编码号主要是为了在使用统计软件统计时录入方便而做的工作。编码问题将在下一章中集中讲解。

5．致谢语

为了表示对调查对象真诚合作的谢意，研究者应当在问卷的末端写上"感谢您的真诚合作！"等谢辞。如果在说明中已经有了表示感谢的话，末尾也可以不写。如本章所附的调查问卷中"问卷到此结束，再次感谢您的支持。"

6．实施记录

实施记录主要是用来记录调查的完成情况和需要复查、校订的问题。格式要求比较灵活，一般调查者与校查者在上面签写姓名和日期。

以上问卷的基本项目，是要求比较完整的问卷所应有的结构内容。在大学生社会实践中使用的问卷一般都可以简单些。

（三）问卷设计的程序步骤

为使问卷具有科学性、规范性和可行性，问卷设计的步骤可以按照下列程序进行。

① 确定调研的目的、调查的范围、内容等相关背景信息资料。在正式设计问卷前，明确要问哪些问题，可能获得哪些结论，这对整个问卷的质量以及下面步骤的实施有一个引领的作用。

② 确定数据收集方法，选择哪一种数据的收集方法，采用何种调查形式，对问卷的设计都有影响。比如自我回答的访问就要求问卷设计清晰明了且简短，因为参与调研的大学生不在场，没有解释澄清问题的机会。电话调查则要描述语言清晰丰富以使回答者理解，而在个人访谈中就可以借助图片等方法完成调查。

③ 确定问题的回答形式，问题的回答形式可以有开放式问题、封闭式问题、量表回答式问题。封闭式问题中的单选问题和复选问题（多项选择）。

④ 决定问题的用词，必须考虑到以下几点：用词必须清楚；避免诱导性用语；考虑回答者回答问题的能力；考虑到回答者回答问题的意愿。

⑤ 确定问卷的流程和编排。问卷的编排需有逻辑性。

⑥ 评价问卷和编排。设计完问卷的草稿，应当首先自行评估，大学生也可以请

比较有经验的指导老师进行评估，以修改编排问卷等。

⑦ 预先测试和修订。在正式调查之前，需要预先抽取少量被访对象进行预测，以判断问卷的有效性及需要改正的地方。

⑧ 评价和预测。主要是通过对问卷进行评价和预测，发现潜在问题；保障调查的顺利实施。

⑨ 准备问卷，进入实施阶段。

（四）问卷设计原则

第一，设计内容必须与研究目的相符合。

第二，考虑按不同的变量层次来设计问题。

第三，问题要清晰，语言要易懂。由于调查问卷的目的是尽可能的获取被访者的信息，因此无论哪种问卷，问题的措辞与语言十分重要。语言措辞要求简洁、易懂，不会误解，在语言、情绪、理解几个方面都有要求。

① 多用普通用语、语法，对专门术语必须加以解释；

② 要避免一句话中使用两个以上的同类概念或双重否定语；

③ 要防止诱导性、暗示性问题，以免影响回卷者的思考；

④ 问及敏感性问题要讲究技巧；

⑤ 语言要浅显易懂，要考虑到回卷者的知识水准及文化程度，不要超过回卷者的领悟 能力；

⑥ 可以使用方言。如果被访对象在方言区访问时更应如此。

第四，讲究问卷的格式，注意问题间的转接。有些问题只适用于一部分对象，必须先提出识别性问题，符合了条件再问下一类问题。

第五，要注意问题的排列顺序。

① 应把简单的事实性问题放在前面，而把表示意见态度的问题放在稍后。

② 对于敏感性问题或开放性问题，应放在问卷的较后面位置，但不必全放在最后。

③ 遵照逻辑发生次序安排问题的先后，时间上先发生的问题先问，不同主题的问题分开，同性质的问题按逻辑次序排列。

④ 为了加强答案的可靠性，可以从正反两个方面或问卷的前后不同位置来了解同一件事情。

⑤ 要把长问题与短问题混合使用，也可依照范围的大小，按从小到大的次序排列层层缩小。

总之，问题次序可以依照题目、逻辑的先后、重要性如何、范围的大小来排列。

此外在填表时需注意：对拒答、不答的问题，以最高编码编写，如资料是一格的填"9"，是二格为"99"，以此类推。不应该回答的无此项资料可填"0"。

（五）评价问卷的标准

如何评价问卷并根据测试结果修改问卷呢？良好问卷的评价标准是什么呢？中国台湾学者林振春先生就良好问卷提出了十点评价标准。[1]

① 问卷中所有的题目和研究目的相符合。

② 问卷能显示出和一个重要主题有关，使填答者认为重要，且愿意花时间去填答，亦即具有表面效度。

③ 问卷仅在收集由其他方法所无法得到的资料，如调查社区的年龄结构，应直接向户政机关取得，以问卷访问社区居民是无法得到的。

④ 问卷尽可能简短，其长度只要足以获得重要资料即可，问卷太长会影响填答，最好 30 分钟以内。

⑤ 问卷的题目要依照心理的次序安排，由一般性至特殊性，以引导填答者组织其思想，而让填答具有逻辑性。

⑥ 问卷题目的设计要符合编题原则，以免获得不正确的回答。

⑦ 问卷所收集的资料，要易于列表和解释。

⑧ 问卷的指导语或填答说明要清楚，使填答者不致有错误的反应。

⑨ 问卷的编排格式要清楚，翻页要顺手，指示符号要明确，不致有翻前顾后之麻烦。

⑩ 印刷纸张不能太薄，字体不能太小，间隔不能太小，装订不能随便。

（六）问卷调查主要类型

常用的问卷调查方法有访问、邮寄、发放等，采用哪种方法进行调查，我们也需要考虑其利弊。

1. 访问

由参与社会实践的大学生根据被调查者的口头回答来填写问卷的方式。采用访问的问卷方法，尤其是入户访问，具有资料较真实、可信度高、完整性高、回卷率高、问题可以追问、弹性大等优点，但是也有访问时间长、成本高、代价高、受访

---

[1] 林政春：《社会调查》，台湾五南图书出版公司，1993 年。

者与访问者产生偏见或敷衍回答等不足之处。

在此类访问实施过程中，我们需要注意：

① 在抽样方法的选择上要进行充分的考虑，因为实施的代价比较大，尽量使样本具有代表性。

② 问卷不宜太长，入户访问估计时间尽量在 30 分钟以内，印刷时双面印刷要比单面印刷效果好些，这样受访者会觉得好像短一些，不会耗费他很多时间。

③ 访问选择的时间应当在双休日或节假日为佳，在社会实践的研究项目中，访问员可以是自己，也可以在学校招募同学，告知被访者自己的学生身份，说清社会实践的目的，必要时出示学生证件，使被访者容易接受，减少拒访率。

④ 明确访问目的，严格控制访问时间，并且根据观察被访者分辨哪些是马马虎虎敷衍的答案，哪些是被访者真实的想法。为了避免影响被访者的意见，尽量完整地取得被访者的真实想法。

⑤ 注意访员的自身安全。

2．邮寄

邮寄与访问调查比较的优点是省钱，回卷者可以在他方便的时候回答问卷，匿名性大。但邮寄也有不足之处，主要是回复率低、缺乏弹性、无法追问你不清楚的问题。邮寄问卷需注意：

① 邮寄的主人会直接影响到回复率，在开展社会实践时可以通过与政府部门、报刊等合作，并以联合的名义进行社会调查。

② 应将回邮的地址、信封邮票都寄给受访者；在信封的封面上采取尊敬的礼貌的称呼，在信的最后要加上请你必须在哪一天以前寄回来的手书，可以增加回卷率。

③ 诚恳地说明研究的目的，请求对方合作，如果资金条件允许，可以采取邮寄奖品的形式，如纪念卡、名信片等提高回卷率。

3．发放

依靠组织系统发放问卷的方法。发放方式即由各级负责人讲明调查目的、要求，交代方法和步骤，在与单位沟通协商后，单位一般能够积极配合，这样的答卷效果好。但也可能遇到个别不配合的单位，这样就会导致发放效果不佳，影响调查效果。

第三章　大学生社会实践活动中的思维方法与安全常识

大学生社会实践活动方案的产生并不是孤立的、凭空的，它要依赖于大量信息的积累，更受到人的思维习惯和方法的影响。

在参与社会实践活动中，提高思维能力，努力实现创造性解决问题是基础。要提高思维能力，不仅要掌握那些带有创造性思维特点的思维形式，还要掌握基础性的思维形式。创造性思维方法包括很多种，下面将介绍大学生社会实践活动中的典型思维方法。

第一节　突破传统观念

传说古代的哥丹城内有一个难以解开的"绳结"，如果有人能够将它解开就可以为王。后来，亚历山大王到了哥丹城，面对难以打开的"绳结"，他抽出宝剑，一剑将"绳结"劈为两半。在传统的思维习惯里，打开的"绳结"就意味着把绳子完全解开，但却认为不应该破坏绳子。而亚历山大王则突破了传统思维习惯不应该破坏绳子的干扰信息，用剑将"绳结"劈开解决了问题。要实现创造性解决问题，就要提高思维能力；而要提高思维能力，就要敢于突破传统思维习惯和观念。

一、突破传统观念思维的基本问题

社会实践活动中，常常会遇到一些比较复杂的问题。人们似乎认为对于复杂问题的解决，必然是一件复杂的事。产生这种观点的重要原因之一，就是传统观念的影响。要解决这类问题，就要通过突破传统观念来简化问题，使问题得到解决。

由本节开篇的例子中，我们不难发现，复杂性问题并不一定只能用复杂的途径解决，要创造性地解决问题，就需要寻求简洁性解法。事实上，环境心理学在研究行为性时发现，人有"走捷径"的行为习惯；同样，在思维中也存在着"走捷径"

的习惯，通过简洁的思维过程一下子得到思维结果，就是以长期经验积累为基础形成的经验直觉。这种经验直觉在大多数情况下是能够保证思维结果的正确性的。而创造性思维方法，正是将复杂问题简单化的有效途径。

由于放弃了复杂性，选择了简洁性，人们只考虑其中的少数几个影响因素，而把其中大部分忽略掉了。比如，一个人在决定花钱买车时，考虑到的备选方案可能只限于购买本地区某几家商场里的某几种车，尽管他做抉择的客观环境还包括其他地区的另外一些车，甚至包括把这笔买车钱花到其他用场上去。

同样，假如停车场与办事地点之间的距离每接近一百米，车辆的拥挤程度会变化若干，停车费用也会变化若干，如何选择停车场呢？事实上，大多数司机都不会精确地进行计算的，而是找个停车场停下算了；因为选择简单的解决办法，就可以减少时间的浪费，这样可以办更多的重要事情。

要达到简化思维的目标，就要挑战复杂性，这在解决具体问题中有着极其重要的价值。美国发明家爱迪生，年轻时曾和普林斯顿大学数学系毕业的阿普顿一起工作。阿普顿总觉得自己有学问，不把卖报出身的爱迪生放在眼里。爱迪生对阿普顿的自大和处处卖弄学问，内心里感到厌烦。为了让阿普顿把态度放谦虚些，有一次，爱迪生把一只梨形的玻璃灯泡交给阿普顿，请他算算容积。阿普顿拿出尺子上下量了又量，还依照灯泡的式样列出了一道道算式，数字、符号写了一大堆。他算得非常认真，画了一大张草图。过了一个钟头，爱迪生见阿普顿还在那儿忙个不停，便忍不住笑了笑说："不用那么费事，还是换个方法算吧。"阿普顿仍固执地说："不用换，我等一会就能得到精确的答案了。"又过了半个小时，阿普顿还在低头核算。爱迪生有些不耐烦了，他拿过灯泡，倒满了水交给阿普顿说："去把这些水倒进量杯……"不等爱迪生说完，阿普顿已经知道了什么是既简单又精确的方法。

在事物的过程比较复杂时，如果发现所考虑的问题与过程内容及进行方式的细节关系不大，则可以撇开细节（或其各步骤）直接考虑结果，这样就可通过选择思维线路使问题简化。

比如下面的问题：

问：131名选手参加淘汰赛，在举行多少次比赛才能赛出冠军？

甲种解法：131不是2的幂，与131相近的是 $2^7=128$，128名选手恰好排7轮，超过此数必须排8轮，大部分选手第一轮轮空，……这样比赛程度……比赛次数……

乙种解法：淘汰赛，赛一次淘汰一人，所以赛130次决出冠军。

又例如：

两列火车，车速每小时20千米，从相距10千米的两地出发，相向而行；一飞鸟速度每小时 40 千米，从甲车飞向乙车，到达乙车后立即飞回甲车，再飞向乙车……不断往复，直到两车相遇。问飞鸟共飞行多少千米。

甲种解法：飞鸟第一次从甲到乙用时间为 $10/(20+40)=1/6$ 小时，飞行距离为 $40 \times 1/6 = 20/3$ 千米；到乙车时两车距离为 $10-2 \times 20 \times 1/6 = 10/3$ 千米；飞鸟第二次从乙到甲用时间为 $(10/3) \times (20+40)=1/18$ 小时，飞行距离为 $40 \times 1/18 = 20/9$ 千米。到达甲车时两车距离为 $10/3-2 \times 20 \times 1/18 = 10/9$ 千米；看来这是等比级数求和问题。

乙种解法：两车从出发到相遇共用时间 $10/(2 \times 20)=0.25$ 小时，飞鸟飞行总行程为 $40 \times 0.25 = 10$ 千米。

两例中乙种解法都有只看结果不问过程，与甲种解法相比，显然简单得多。

计算实际上是一种思考和认识事物的方法，有些疑难问题要计算才能解决，而实际上却可以不用计算而用其他比较简洁的方法解决。如果用计算方法，反而更麻烦，甚至出现事倍功半的结果。

再例如：

有三块铁皮的面积和厚度都相同，为了做容器，它们分别被挖掉一部分（图 3-1）。请问哪块铁皮所剩的面积大？

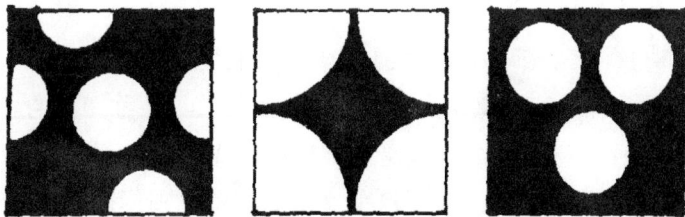

图 3-1　三块铁皮

上述问题，如果用数字计算，显然是复杂的方法，当然也有人会把两块板分别放入水中，比较它们排出水量的多少，排出水量多的板面积大。使用称重量的方法，也可以用天平直接称出较重的一块。这是最简洁的一种方法。

简化问题可以是突破传统观念的目标，但是要突破传统观念，就需要向概念和主导观念挑战。

概念是人们在千百次的社会实践中形成关于某一事物的大家都接受、认可的特征的认识，实际上就是给这个事物下定义。有了概念，说明我们人类对这个事物认识达到一定的深度，概念所反映的是人们对这个事物在现实条件下认识到的主要的本质的一般方面。向概念挑战，就是向公众都接受的观点、事物以及解决问题的公认的适当方法进行挑战，找到新的观念、新的事物以及新的解题方法。公认的概念，往往会使人们的思维僵化、固定化，从而丧失更好的机会。敢于挑战，就会开辟新的天地。

主导观念是指在人们头脑中占据统治地位，起支配作用的观念。

由于主导观念的地位显著，作用强大，几乎抓住了思考者所有的注意力，使人难以想到其他任何别的方法、观念，又由于主导观念可以是某个环境中主宰公众的观念，会使大家心往一处想，而出现泛化。向主导观念挑战就是避开主导观念的思维，它可以在思考者进行解题思考时，找到与众不同的设想，考虑出新颖、奇特、超常的思路、方法。

二、利用直觉直接突破传统观念

李小龙汲取中国传统武术的精华，发明了"截拳道"。在"截拳道"中最核心的理念就是"直接"，为了揭示"直接"的概念，李小龙让他教授的学生配合他做了这样一个实验：

他让一个学生把自己的手表交给他，然后，他猛地把手表抛向空中；学生毫不迟疑的把手表接住。针对这个现象，李小龙解释说："你为什么不拉一个架势，而直接把手表接住呢？因为，你要用最快速、最有效的方法去防止手表落在地上摔坏；所以，你才直接用手去接！"

最有效的"直接"解决问题的方法，就是应用直觉思维。

直觉思维法是一种未经有意识的逻辑思维而直接获得某种知识的思维方法。

直觉思维是一种潜意识思维，也是突破传统观念的有效手段。人们有时对某一问题的理解，某种认识的产生，并非经过严格的逻辑推理，而是由突然领悟而获得的。直觉是人们在认识过程中，头脑中的某些信息在无意识的状态下经过加工而突然沟通时所产生的认识的飞跃，表现为人们对某一问题的突然领悟，某一创造性观念和思想的突然降临（灵感），以及对某种难题的突然解决。直觉思维是一种从材料直接达到思维结果的认识活动，是一种思考问题的特殊方法与状态。

直觉思维有如下几个特征：

第一，直觉思维是在下意识的层次中进行的，是一种潜意识的思维活动，而不是人们意识到的、自觉进行的思维活动。正因为如此，人们往往会在偶然事件中得到一些重大启发，比如散步、沐浴、聊天甚至做梦。

第二，直觉思维表现为一种无意识活动。因此，直觉思维就不可能是自觉地按照严格的逻辑规则进行的，而往往是跃过逻辑程序的飞跃。人们进行直觉思维一般不像进行理论思维那样，对思维过程的每一步骤都了解得那样清楚，往往难以理解为什么从某一问题、某些材料、某种理论能得出某种结论；即使这一结论是正确的，开始时也往往不知道它为什么正确。当然，对直觉思维的这种非逻辑性的认识成果要作具体分析，它一方面可以超越逻辑规则的限制，较为迅速地把握真理；但另一方面由于没有严密的科学逻辑的指导，直觉思维的结果并不一定都正确。

第三，直觉所带来的灵感，往往是突然爆发的，即突然有某一新奇的念头和想法跃入了脑际，一下子便把握了事物的实质或解决某一问题的方法与方向。就是说，经过潜意识的思考之后，某些信息之间的沟通，由潜意识向显意识的转化，往往是在一瞬间完成的，这就是直觉思维的突发性。

而在实际的工作中，直觉思维往往作为一种辅助方法，有时甚至与顿悟、梦境中的思考相关。

直觉辅助法是指人们在解决某个具体问题的过程中，把直觉作为一种辅助性途径的思维方法。直觉辅助法在社会实践活动中具有它独特的魅力。

人们在思考问题时，借助直觉启示而对问题得到突如其来的领悟或理解被称为顿悟。顿悟属于潜意识思维，它的特征表现为：功能上的创造性、时间上的突发性、过程上的瞬时性和状态上的亢奋性。

在现实生活中，人们往往遇到这种情况：某个问题已经研究很久了，成天苦苦思索，仍然没有解决问题的思路。而某一个突然的外界刺激，思考者头脑中突然出现了一种闪电式的高效率状态，顿时大彻大悟。一通皆通，问题便迎刃而解了。

顿悟并非是某些科学家、艺术家、文学家所特有的，每个正常人的大脑都具有这种功能，差别仅在于顿悟出现次数的多少，功能的强弱，而不在其有无。顿悟并不是虚无缥缈的，它不会凭空发生，它只是垂青于那些知识渊博、刻苦钻研、经验丰富的人。勇于实践，积累广博而扎实的知识是灵感顿悟产生的基础。产生灵感顿悟的最基本条件是对问题和资料进行长时间的顽强的思考，直至达到思想的"饱和"，同时必须对问题抱有浓厚的兴趣，对问题的解决怀有强烈的愿望，要使头脑下意识考虑这一问题。

启迪是顿悟的关键诱因，它连接各种思维信息，是开启新思路的契机。当主体的灵感孕育达到一触即发的"饱和"状态时，只要有某一相关因素偶然启迪，顷刻就豁然开朗。因此要留心观察周围事物或现象，以便及时起到开窍作用。

灵感顿悟来去倏忽，稍纵即逝，很难追忆，要掌握珍惜最佳时机的技巧，善于捕捉闪过脑际的有独创之见的思想。灵感顿悟大多是在思维长期紧张而暂时松弛时得到的，思考者要养成良好的学习、工作方法和习惯，注意张弛结合。要促进思考者产生顿悟，要创造相对安定的环境，否则不相关的信息太多，根本无法进入研究、探索的境界，也不可能造成灵感顿悟产生的境域。

创造思维的灵感、顿悟好像是刹那间从天而降。其实人的潜意识活动在一定范围内得到显意识功能的合作，经历了一个孕育的过程，当孕育成熟时即突然沟通，涌现于意识，终于灵感顿发。正因为它有一个客观的发生过程，所以灵感顿悟并非是神秘莫测、不可捉摸的。在人的灵感产生以前的反复思考、思想活动的高度集中，已经把思维从显意识扩大到了潜意识。思维在潜意识里加工，偶然和显意识沟通，得到了答案，就表现为灵感。周总理用八个字很好地概括了灵感产生的认识论基础，这就是"长期积累，偶尔得之"。直觉、灵感的产生，都是创造者经过长期观察、实验、勤学、苦想的结果，没有这个基础，灵感是不会飞进你的大脑的。科学创造中的灵感、想象往往是模糊的，如果不重视这种模糊的思维，就可能让灵感白白溜掉。

从上述的例子，我们发现，直觉思维不会凭空而来，而是与专业知识背景紧密相连的。因此，直觉、顿悟乃至于在梦中产生的想法，都必须以一定理论知识背景为基础，那种认为直觉、顿悟可以解决一切的想法是十分不切合实际的。

三、利用想象突破传统观念

人的创造性思维来自于丰富的想象，创造想象是创造活动的先导和基础。好的创造成果无不起源于新颖、独特的创造想象。它像大厦的蓝图，在大厦建造以前就勾画出了建筑的效果。

公元 2 世纪时，东汉丞相曹操得了一只大象，他手下的人都来看这个稀罕的大动物。有人说这只象足有一千斤重，也有的说它约有两千斤。究竟有多重，谁也说不出来。因为那时候没有那么大的衡器，又不能把大象分成几块上秤称，所以测定象的重量便成了难题。曹操提出悬赏条件，要寻找能够称出大象重量的人。大家你望着我，我望着他，谁也想不出办法来。

这时，曹操那不满 10 岁的儿子曹冲正在旁边玩耍。他对测定大象的重量却是别有一番心计。曹冲征得父亲的应允之后，差人把大象拉到一只木船上。象上船后，船身自然有些下沉。他把这时候的水面位置刻在船帮上。让象离开木船以后，这个刻痕便高出了水面。随后，他又叫人一块又一块地往船上搬运碎石。每搬上一些碎石，木船就向下沉一点，直至使船下沉到刚才刻划的水面位置为止。这时小曹冲犹如大功告成地说："好了！你们一筐一筐地称船上的那些碎石吧！那些碎石的总重量就是大象的重量。"后来从产象的那个国家知道，这只象的重量果然就是曹冲称得的那个数值。

通过这个大家都十分熟悉的例子，我们发现合理的想象是创造性思维的有效保障。

　　人们在思考问题时，除了运用概念进行判断、推理外，还依赖于想象。广义的想象包括：联想、猜测、幻想等。想象把概念与形象、具体与抽象、现实与未来、科学与幻想巧妙结合起来。科学家爱因斯坦在总结自己的科研经验时，深有感触地说："想象比知识更重要，因为知识是有限的，而想象力概括着世界上的一切，推动着科学的进步，并且是知识进化的源泉。严格地说，想象力是科学研究中的实在因素。"[1]

　　必须指出的是：想象的东西在没有为实践证实之前，始终是想象而不是真理。要把想象变成现实，既要有一定的条件，也要有一定的过程。想象本身是以人类旧有的经验为基础，通过对这些经验的有意识重组，进而创造出一个崭新形象来的心理过程。

　　人们在分析和解决问题时，可以通过一系列具有逻辑上因果关系的想象活动，来改善特定的思维空间，从而选择到解决问题的思维方法。

　　联想是想象的核心。

　　联想是通过事物之间的关联、比较，扩展人脑的思维活动，从而获得更多创造设想的思维方法。联想可以通过对若干对象赋予一种巧妙的关系，从而获得新的形象。运用联想，可以使风马牛不相及的事物联系起来。

　　联想是培养创造性心智机能的一种有效的方法，是通向新知识彼岸的桥梁。它可以在已知领域内建立联系，也可能从已知领域出发，向未知领域延伸，获得新的发现。不少成功的发明创造，往往是通过联想获得的。

　　联想不是一般的思考，而是思考的深化，是由此及彼，由表及里的思考。一个人如果不学会联想，学一点就只知道一点，那他的知识不仅是零碎的、孤立的，而且是很有限的。如果善于运用联想，便会由一点扩展开去，使这点活化起来，举一反三，闻一知十，触类旁通，产生认识的飞跃，激发灵感，开出智慧的花朵。

　　联想能够克服两个概念在意义上的差距，把它们联结起来，从而发现某些事物的相同因素或某种联系，揭示出事物的本质。普希金对联想法十分崇尚，他说："我们说的机智，不是深得评论家们青睐的小聪明，而是那种使概念相近，并且从中引出正确新结论的能力。"

　　联想不是想入非非，而是在已有知识、经验的基础上产生的，是对输入到头脑中的各种信息进行编码、加工与换取、输出的活动，其中包含着积极的创造性想象的成分。

[1]《论科学》，《爱因斯坦文集》第一卷，商务印书馆1976年版，第284页。

联想能力是人脑特有的一种能力。不过，并不是每个人都能因联想而有所发明创造，要使联想导向创造，必须懂得联想的类别和规则。

按人脑反映事物之间的关系不同，可把联想分为接近联想、类似联想、对比联想、因果联想和自由联想等。

接近联想，是由在空间和时间上接近的事物形成的联系，而由一种事物想到另一种事物。例如，由江河想到桥梁，由天安门想到天安门广场和人民大会堂，这是对在空间上接近的事物的联想，叫做空间联想。又如，由日落联想到黄昏，由"八一南昌起义"联想到"秋收起义""广州起义"，这是对时间上相接近事物的联想，叫作时间联想。

类比联想，也称为相似联想，是基于具有相似特征的事物之间形成的联系，而由一事物想到另一事物。例如，由春天想到新生，由冬天想到冷酷，由攀登高峰想到向科学现代化进军。文学作品中的比喻，仿生学中的类比，都是借助于类比联想。

对比联想，由具有相反特征的事物之间的联系引起，由一种事物想到另一种事物。例如，由寒冷想到温暖，由黑暗想到光明，由物体"高温膨胀"想到"深冷收缩"。

因果联想，是基于事物之间的因果关系，由一种事物想到另一种事物。例如，由加压想到变形，由高质量想到高销售等。

自由联想，是对事物不受限制的联想。例如，由宇宙飞船在太空航行想到建立空中城市，想到在其他星球上安家落户。

为了训练思维的流畅性，还可以运用急骤式联想法。这种方法要求人们像暴风骤雨那样，在规定的短时间内迅速地说出或写出一些观念来，不要迟疑不决，也不要考虑答得对不对，质量如何。评价是在训练结束后进行的。例如，要求说出砖头的各种用途，就可能答出：砌房子、筑路、磨刀、敲捶物品……又如，哪些是圆形的东西？回答：皮球、纽扣、缺口、茶杯、锅盖、圆桌、车轮……答得越快，越多，表示流畅性越高。这是 20 世纪 60 年代，美国心理学家提出和推广的训练思维流畅性和灵活性的方法。实施经验表明，采用这种快速联想法的训练，对于学生的思维能力，不论从质量方面，还是从流畅性或灵活性方面，都有很大的益处；同时有助于创造性思维的发展。

猜想是想象的重要形式。猜想是指人们发挥思维的能动性，对事物发展进程和未来关系进行预测、设想的一种思维方法。

猜想法基于既有经验又不受既有经验束缚的跳跃性。科学史上新的认识成果往往都首先来自科学家的某种大胆假说和猜想。大胆假设、小心求证，最后付之验证，获得真理性认识，是科学发展的有效途径。

　　猜想的方式是多种多样的，它可以运用事物的相似、相反、相近关系作联想组合；可以用试错的方法将毫无关联的、不相同的知识要素组合起来；也可以运用创造性想象来补充缺少的事实，设想可能存在的联系。总之，在猜想这一过程中，人们可以尽情地猜测、假设、试错、修改，突破原有的知识圈，在既有的感性材料上起飞，把尽可能多的反映物质世界的思路、方案、模式建造起来，然后再加以对比，进行研究和论证，逐步淘汰错误的猜想，形成真理或行动方案。

　　创造想象的"原料"来自丰富的知识和经验，来源于广泛实践基础上的感性想象。要想发展自己的创造想象能力，就必须不断扩大知识范围，增加感性想象的储备，这样才能推动社会实践活动更好地开展。

四、利用非逻辑思维突破传统观念

　　非逻辑思维是突破传统观念的有效途径。非逻辑思维是指在思维过程中有意识地突破形式逻辑的框架，采用直觉的、模糊的和整体的思维方法。

　　非逻辑思维在承认逻辑方法在认识过程中的作用的同时，突出了科学直觉思维的非逻辑性在认识过程中的重要意义。苏联物理学家谢苗诺夫曾经指出："如果认为只有在严格合乎形式数学逻辑的公理、公设和定理的条件下所产生的科学思维才是'合乎逻辑的'和'合理的'（理性的），那么，实际上所产生的科学思维不可避免地开始显出是无理性的（非理性的）。一般地说，科学开始看起来是某种'疯人院'，但无论如何不像'疯人院'中的活人。在'疯人院'，依靠卫生员——逻辑学家的帮助，要遵守的只是表面制度，而'疯人院'中的活人也只有幻想着似乎这种制度遭到了破坏。"

　　非逻辑思维主要包括以下几种：

　　第一种，模糊估量法。在面临一个课题或一道难题时，先对其结果作一种大致的估量与猜测，而不是先动手进行实验设计或逻辑论证。这是一种直觉方法。这种方法的根据是先前的经验和自己的直觉判断能力。这种方法有时会帮助研究者形成一种总体的、战略性的眼光，有时会导致一种假说的提出。

　　第二种，整体把握法。它要求人们暂时不注重于对象系统的某些构成元素的逻辑分析，而是重视元素之间的联系，系统的整体结构。

　　非逻辑思维的典型思维方式是超常思维。所谓超常思维是指遇到问题善于冲破常规和习惯势力的束缚，匠心独运、别出心裁地去思考、探索，寻求异乎寻常的解决途径，争取获得人们意想不到的效果的一种思维方法。

应用超常思维方法，一般有以下几种典型情况。

第一，冲破束缚，另辟蹊径。面对新情况、新问题，敢于冲破旧有的各种束缚，开拓新思路，开辟新境界。

在澳大利亚，流传着一段这样的名言："怎样才算是一个成功的商人呢？如果他连粪都卖得出去，而顾客又乐意花钱去购买，他就是成功者之一。"

这段名言，其实是一位大学老师上课时讲的一个比喻。它的意思是说，真正的商人会给顾客以实惠，给顾客以满足，不应欺骗顾客，不应以不正当的方式去竞争，要以创造性的工作去赢得顾客。当时听讲的学生约翰·马登深刻地理解了这段话的精髓，并且在毕业后不长的时间里实践了这个真理。从而使这段名言流传开来。

马登刚毕业时在悉尼市郊区的一个养马场打工。当他看到一车车马粪被运到附近农村贱价出售时，他真的打起了马粪的主意。他想，如果能以马粪为原料，制成一种高效、无污染、便于运输的肥料，一定能受到农户的欢迎，市场前景广阔。从此，他潜心学习和肥料有关的化学知识和农业知识。他用马粪做实验，从中提取便于农作物吸收的各种化合物。经过两年时间的钻研，马登果然发明了一种方法，能将马粪提炼加工成一种高效、无臭味的颗粒状肥料。他把肥料用塑料包装起来，并注明了农作物所需要的化合物成分，在悉尼以每包2澳元的价格出售。

发明新型肥料的消息不胫而走。这种肥料很快被悉尼的农场所接受，随后在澳大利亚推广，成了供不应求的畅销货。在一年的营销过程中，用马粪制成的肥料竟带来近亿美元的收入。光缴纳的马粪税就达到600万美元。29岁的马登，也因此成了悉尼市的传奇人物。

在传统的观念里，马粪是废物、垃圾，而要改变其用途就要冲破束缚，另辟蹊径。将马粪提炼加工成肥料的成功之处，就是绕过马粪味臭和肮脏的直感缺点，寻求它具有肥田效能的本质，从而开发出一种新产品。

第二，匠心独具，超凡出众。福建姑娘阿华大学毕业后只身闯上海，寻找自己的经商门路。商海茫茫，商机何处寻呢？无奈中，想起了母亲。母亲已经去世，为了纪念，她把母亲的长发剪下，时时带在身边。头发是人生不朽的纪念品，她从此联想到用头发做纪念品的生意。

婴儿的胎毛是人生最原始的头发，对年轻的父母来说，是十分珍贵的纪念。用某种特殊的方式把胎毛保存起来，肯定能满足年轻父母的心愿。经过思考，她选择了制作胎毛笔，并设计了精美的笔杆。笔盒和纪念签。

这是一项前所未有的服务项目。开始时步履艰难，人们都抱着怀疑的态度。为了打开市场，她精心策划了"爱婴义务理发"的公益服务活动，培训了一批专剃胎毛的理发师，走街串巷上门服务。专找阳台晾着尿布的住户访问，从解决胎毛没地方剃的困难入手，赢得年轻父母的信任和好感。然后，向年轻父母宣传收藏胎毛的意义，推介胎毛笔业务。新颖的创意、特别的意义、精美的样品，让绝大多数家长怦然心动，爽快地掏出数百元定做胎毛笔。

就这样，阿华的胎毛笔业务做开了，做大了，并且垄断了上海市场。几年工夫，上海人几乎无人不知"小阿华"，小阿华也赚足了上海人的钱。后来，小阿华又把胎毛笔公司开到了其他城市。

创造性思维不仅是自然科学和生产技术的推动力，同时也是管理科学的推动力量。要实现创造性解决问题，就需要匠心独具，超凡出众的思考。阿华的成功就在于其打破了传统思维中头发作用一般，婴儿头发是没有用的东西等一系列传统习惯。

第三，处惊不变，"以假乱真"。1947年，中国人民解放军在胜利地粉碎了国民党的全面进攻之后，即将转入敌占区作战，为解放全中国做好准备。第二野战军的任务是从豫北横渡黄河，挺进大别山。

此时，国民党沿河屯兵设防，以阻止我军横渡。白天侦察飞机隆隆，夜间探照灯不断照射，唯恐防务疏漏。

在司令员刘伯承和政委邓小平领导下的二野指战员不仅作战英勇，在这里还创造了一个以较少代价歼灭守河顽敌的奇特战绩。

他们向群众征集了几千只葫芦，给每只葫芦扣上一个钢盔放到河面上。夜晚，北风吹来，被葫芦驮着的钢盔徐徐向南岸飘动。黑夜里，敌人在探照灯照射中看到这番情景，急切地向上级报告："共军主力正涉水强行渡河！"由于这里是黄河险段，敌将领不断以"不惜一切代价"的命令叫士兵向这些钢盔射击。在密集的炮火中，还真有一些血一样的颜色染红了河面呢！原来，那是我军用来迷惑敌人的红色颜料。我军指战员们事先用猪尿脬灌了红颜色水，捆在葫芦底下。猪尿脬一旦被枪弹打中，红水就会流撒在河面上。

在炮火中，这些"流血"的钢盔仍然不停地向前移动。正在敌军面对黄河惊恐万状的时候，从他们背后响起了真的刘邓大军的炮声。原来，就在几千只钢盔渡河的时候，二野的一部分主力已在上游一个不引人注意的地方乘木排渡过了黄河。

我军从敌人背后进攻势如破竹，很快歼灭了这些敌军。敌师长也被活捉。这次战役打得干净、利落，代价极小。

刘邓大军"以假乱真"，以葫芦驮钢盔的虚假表象，诱使敌人认识不到我军从上游某处进行横渡的实质。这种超常思维正显示了军事家的处惊不变、镇定自若。

第四，因果关联，纵深突破。从事物因果关系的无限连续性出发，进行纵深式思维，作出突破性决策。

世界上最早的自行车大约是在 1817 年诞生的。那时的自行车没有轮胎，只有两个木头轮子，骑起来很不舒服，速度也低。

1887 年，苏格兰医生邓录普给他的儿子买了自行车。但是他看到儿子在鹅卵石道路上被颠簸得很难受时，十分心疼，总想把自行车改进一下。

邓录普是个花卉爱好者。有一天，他用橡胶水管在花园里浇花时，手握着水管，感觉到了水的流动。他故意把橡胶管握紧、放松，再握紧、再放松，好像感觉到了水管的弹性。于是产生了一个大胆的设想：如果把这带水的橡胶管安装到自行车的轮子上，自行车轮就有了弹性，骑车时就不会颠簸得那么厉害了，骑起来一定舒服得多。

于是，邓录普开始试制。经过多次试验，制成了用浇花的橡胶管做成的注水轮胎。

然而这种装着水的轮胎很不方便。它不仅增加了自行车的重量，而且注水时也很麻烦。于是，邓录普在他原有发明的基础上又继续研究用空气代替水的方法。又经过多次试验，最终发明了充气轮胎。

大多数发明创造都需要多次试验、反复改进的实践过程。然而其最初的思想火花却可能是借助于某一事物的启发，或凭着已知事物基础上的想象而迸发出来的。上述事例就是发明者在浇花的橡胶管和自行车轮胎之间找到了因果关联，进而进行纵深突破，从而发明了自行车轮胎。

第五，巧施联想，出奇制胜。根据事物与周围环境之间的相关性原理，进行全方位思考。例如在听诊器未发明之前，医生总是用手叩击胸腔或用耳朵贴近胸腔，通过听到的声音来进行诊断。

1816 年的一天，法国医生雷内克为一位少妇诊病，病人自称心脏不适，请雷内克帮她检查一下。如果采用当时惯用的叩诊方法，由于病人过于肥胖，无法测得准确。当时没有听诊器，雷内克医生考虑用直接听诊的方法，但病人是位少妇，实在不便用耳朵直接贴附着她的胸部来听诊，雷内克有些为难。正在进退两难之际，灵感的火花突然让雷内克记起一件有趣的小事：一天，一群孩子在一棵圆木的一头用针"乱划"，而另一个小孩把耳朵贴近圆木的另一头，说是听见了"乱划声"，出于好奇，雷内克也把耳朵凑近圆木，果然也听到了清晰的声音。联想到圆木传声，雷内克请人拿来一张纸，并把纸紧紧卷成一个圆筒，一端放在那妇人的心脏部位，另一端贴在自己的耳朵上，果然清晰地听到了病人的心率声，甚至比直接用耳朵紧贴着病人胸部听的效果更好。

从那以后，每逢需要听诊，雷内克都不再用耳朵直接贴近病人的胸部，而是用纸筒来传声了。经过不断地实践和认真思考并根据上面陈述的原理，雷内克又把纸筒改成圆木，圆木的一端削平，适于贴紧患者的胸，而另一端做成小而圆的凸起正好插入耳朵，这就是原始的听诊器。后来，经过人们不断的改进，把贴近患者胸部的平头改成能产生共鸣的小盒，而另一端插入耳朵的凸起头由一个改成两个，用两个耳朵同时听诊，中间的圆木也改成胶管连接，不但使用方便，而且效果更好，这就是现在的听诊器。事实可以证明，大胆巧妙的联想，不断探索钻研的奉献精神就能达到出奇制胜的效果。

应该看到，超常思维方法具有积极取向的方面，也有消极取向的方面。前者是创造性思维，后者则是动歪脑筋，出歪点子。这里起决定作用的是人们的基本观念和文化知识素养，还有实践经验的积累。只有用科学知识武装头脑，树立了科学世界观和优良的道德品质，并善于不断总结经验的人，才能掌握并熟练应用具有积极取向的超常思维方法，创造出丰硕的成果。

第二节　保障逻辑思维的严密性

有这样一个题目：在一个完全封闭并且没有窗户的房间里，房门紧闭，从房间外面无法看到房间内的一切。房间里有三盏灯，在房间外边有三个开关分别控制着三盏灯。你可以在门外随便打开或关闭开关，在进行完操作后，推开房间的门，进入房间，然后判断哪一个开关是控制哪一盏灯的。

上述问题的解决方式是：在门外将三个开关分别编号；接下来，打开其中两个开关；然后，关闭已经打开的两个开关中的一个，并记下编号。在完成上述任务后，进入房间，房间内的三盏灯应为两盏灯关闭，一盏灯亮着。亮着的那一盏灯是受打开而没被关闭的开关控制。用手去触摸两盏关闭着的灯的灯头，其中，一盏灯的"灯头"比另一盏的"灯头"要热一些，这盏灯就是打开并被关闭的开关控制的。另一盏灯则是由一直没有被打开的开关控制的。

表面上看，这个问题有一些难度。因为，灯与开关是一一对应的，而灯的状态只有开着和关闭两种状态。要解决这一问题，就要在灯与开关之间找出三组对应的逻辑关系。

创造性思维是以非常规的思维为基础，但是，真正的创造性的人类成果最终必须是符合逻辑的。因此，要想提高个人的创造性思维能力，就要提高其逻辑思维能力。

人们对事物的把握，由浅显到深入，由低级到高级，由现象到本质或从抽象逐渐到具体的过程。因此，比较典型的逻辑思维方法就要由表及里、层层深入、剥丝抽茧。

马克思的鸿篇巨著《资本论》采用的正是层层深入法。《资本论》在思维形式上的特点类似自然科学中的理想方法，即根据事物抽象形态来考察事物，从抽象逐渐到具体。最初暂时撇开各种复杂而次要的因素，从论述对象的最一般的本质和规律出发来把握事物，然后随着分析的深入，再逐渐地把一些具体的因素加入进去加以考察。从整部《资本论》三大卷的思路结构看，第一卷最为抽象，它撇开流通过程，在纯粹的形态下，从最简单、最基本、最抽象的环节着手来揭示资本主义生产的本质。在第二卷中则是从资本的内部关系转到外部关系的研究，加进了产业资本的流通因素，将生产过程和流通过程统一起来考察，从比较具体的形态进行研究，更加接近于资本主义商品生产的实际。第三卷的第一到第三篇，补充了各产业部门的不等利润以及由于部门竞争而导致的平均利润规律。第四篇讲商业资本及其两个亚种商品经营资本和货币经营资本的运动规律。第五篇在分析过的产业资本和商业资本运动规律的基础上，进一步说明生息资本的特殊运动规律。第六篇深入研究级差地租和绝对地租。第七篇则是全书的总结。《资本论》的思维进程为两条抽象到具体路线的交叉进行。从范畴看：商品—货币—资本—利润—利息—地租；从规律看：价值规律—剩余价值规律—平均利润规律和利润下降规律—利息规律—地租规律。这里，我们可以看到，马克思惊人的逻辑思维能力，来自于对层层深入法技巧高度娴熟地运用。

掌握逻辑思维方法，不仅要学会层层深入，还要善于比较，善于应用比较思维。所谓比较思维是把各种事物和现象加以对比，来确定它们的异同点和关系的思维方法。

任何事物性质的优劣、发展的快慢、数量的多少、规模的大小等等，都是相比较而言的。没有比较，就没有鉴别。比较是一切理解和思维的基础。人们认识事物，把握事物的属性、特征和相互关系，都是通过比较来进行的。只有经过比较，区分事物间的异同点，才能识别事物，把它归到一定的类别中去。

比较，一般可分为两种类别：即同类事物之间的比较和不同类事物之间的比较。同类事物之间进行比较，找出其相同点，可以揭露事物的共性；找出其不同点，可以揭露事物的特殊性。不同类事物之间进行比较，找出相同点，可以揭示事物之间的联系；找出不同点，可以揭示事物之间的区别。

比较，一般可采取顺序比较和对照比较。顺序比较是把现在研究的材料和过去的材料加以比较。这是一种继时性的纵向比较。如今与古比较，新与旧比较等。这种比较，容易说明新事物的优越，新阶段比旧阶段进步等；同时还可以发现优越之特性，进步之表现，从中寻求规律、拓宽思路，预测未来事物的发展进程。对照比较是把同时研究的两种材料，交错地加以比较。这是一种同时性的横向比较。此种比较，可以对空间上同时并存的事物进行对照，以认识事物的异同和优劣。

横向比较必须在同类事物之间进行，如国家与国家比，人与人比，单位与单位比，地区与地区比。进行这种比较时，一定要注意它们的可比性。如在比较社会主义制度和资本主义制度时，只能比那些可比的因素，不可比的因素应当排除在外，这就是所谓"异类不比"。同时，应采取客观、公正的严肃态度。

不论是纵向比较还是横向比较，都要明确为什么而比，并站在正确的立场上，运用正确的观点去比。通过比较作出科学的历史的具体分析。否则，比较中的纵向可能导致单纯地回头看，产生满足现状或今不如昔的偏向；比较中的横向则可能变成现象间的简单笼统的对照罗列，或者导致对自己、对别人、对事物的全盘否定或全盘肯定，得不出合理的科学的结论。

要更好开展思维活动，进行有效的比较对照，就要关注如下几种形式的比较：

首先，进行新知识与旧知识的比较。在比较中了解新旧知识的异同，把新旧知识联系起来，使新知识的掌握建立在旧知识的基础上，加深对新知识的理解。

其次，进行新知识与新知识的比较。在比较中认识事物之间的共同性和特殊性，揭示事物之间的联系和区别，使学生所掌握的知识深刻化和精确化。

再次，进行旧知识与旧知识的比较。在工作中，把已经拥有的知识相互比较，以加深理解，加强巩固，并把知识系统化起来，形成解决问题的方案。

最后，进行理论与事实比较。使思考者根据事实了解理论，并检验理论的正确或错误，把理论和实际联系起来。

一般地说，确定事物之间的相异点比确定事物之间的相同点要容易一些，经常一些。所以，在进行比较时，最好先从寻找相异点开始，再过渡到寻找相同点，最后，明确异同之所在，达到既能看出同中之异，又能看出异中之同。

在对事物进行比较时，必须围绕着主题进行。当比较事物某一方面的特征时，不能把其他方面的因素掺杂到里面去。要经常注意找出哪些是事物的主要因素，哪些是事物的次要因素，不能将事物的次要因素当作主要因素。分清了事物的主要因素和次要因素，有利于把握事物的本质特征。

逻辑上的层层深入和比较分析仅仅是创造性思维的基础，而提高理解力、判断力则是创造性解决问题的关键。

所谓"理解"就是对某个问题、某件事搞懂了、弄明白了。而"理解力"就是衡量一个人对这个问题、这件事搞懂、弄明白所用的时间长短。用时短，相对来说这个人理解力强，反之则这个人理解力弱。一个人的理解力大小、强弱不是天生的，它是人类在从事各种社会实践中不断学习、不断处理与解决各种问题，不断总结正反两方面经验所取得的。在各种实践中，锻炼了人的智力，使人不断聪明起来，从而才有可能使人类的理解力不断提高。这里要指出的是，一个人应该养成坚持学习、热爱学习的良好习惯，坚持活到老、学到老，这样才能给一个人持久地保持敏捷的理解力提供良好的智力基础。所谓判断力是通过人类对某个问题或某些现象的观察、分析，然后进行综合和推理，得出正确与否、是非与否，或者通过观察、分析、综合和推理又延伸得到新的结论。人类发明创造的历史证明：一个人的理解力和判断力的大小是人类取得创造成果或事业成功的重要的先决条件。

1971年9月13日，林彪阴谋武装政变失败后，仓皇北逃，自取灭亡，这就是当时绝密的"9·13事件"。然而，这件事却被日本防卫厅很快察觉。1971年9月20日日本防卫厅官员对记者说："中国国内发生了重大事件。"那么日本军界是如何得出这样的结论呢？原来，防卫厅二部特别室发现中国无线电通讯异常，"9月13日以来，中国所有军用、民用飞机都停飞了。这几天中国正把成千上万份内容相同的电报，由北京发往全国各地，命令正在探亲、休假的官兵火速归队。那么中国与苏联是否又要发生边界冲突呢？不是。因为我们也发现了苏联的无线电通讯没什么改变，苏方没有异常军事行动"。因此，日本军界通过观察、分析进行判断，得出了"中国国内情况反常，中国发生了大事"的正确结论。这是国际上对我国"9·13事件"的最早反响。

日本对"9·13事件"的判断，就是基于获得的很少的信息，通过我国的某些蛛丝马迹来分析判断，进行合理的逻辑推理，得出的结论。

掌握思维的方向是更好地运用逻辑思维的关键。要掌握好思维的方向，就要应用循踪追迹思维，沿着一个不被人关注的现象进行逻辑思考。

循踪追迹思维法是指在科学研究或其他工作中，对于呈现在面前的某种现象紧追不舍，作深入细致地观察和寻根究底的研究，从而透过现象揭示事物的本质和规律的一种思维方法。

应用这种思维方法有助于人们做到有所发现、有所发明、有所创造、有所前进。例如从事细菌学研究的英国科学家弗莱明在1928年某日上班时，忽然发现在葡萄球菌的培养器皿中，有一小块如土碴一般的尘埃物，培养液受到破坏。通常的处理方法是，清除污染，重新培养。弗莱明则不然。他并不轻易放过这个现象，认真地加以观察，进而发现"土碴"周围的球菌不仅没有生长，而且变成一滴滴露水的样子，于是他反复思考这"土碴"为什么对球菌有特殊的抑制作用？"土碴"里面究竟含有什么东西？最后他终于从中分离出一种能抑制球菌生长的抗菌素——青霉素。后来根据这项发现，人们研制成一种新药——青霉素针剂，用于医学临床，对于球菌感染引起的疾病有特殊疗效。有人估计，青霉素的发现使全人类的平均寿命延长了10岁。要是有人对现在世界上三大疾病——心脏病、高血压和癌症发明某种特效药，人类平均寿命也不过延长10年。弗莱明对人类的重大贡献终于在1945年获得了诺贝尔医学生物学奖。弗莱明此项重大发现同他应用循踪追迹思维方法是分不开的。

同弗莱明形成鲜明对比的是日本科学家古在由直，他对这种青霉素现象的发现早在弗莱明之前，然而他没有从中发现青霉素，这同他没有应用循踪追迹思维方法有关。他认为这种污染现象是一种普通的、熟悉的现象，这是由于被污染的霉菌迅速繁衍，消耗了器皿中的养分而导致球菌的消失。因此，本来具有重要研究价值的现象，就悄悄地在自己眼皮底下溜走了。

更好的运用逻辑思维就要加强对外界信息的收集，并充分利用这些信息进行分析，做出判断、预测、决策。这一过程，被称为反馈思维。反馈思维又可以分为前馈思维和后馈思维。

反馈思维是指控制系统把信息输送出去，又把其作用结果运送回来，并对信息的再输出发生影响，起到控制调节作用，以达到预定目的的思维方法。

反馈是自然界的一种普遍现象。在自然现象中，人和动物必须呼吸，吸进新鲜氧气，呼出二氧化碳。如果没有绿色植物吸进二氧化碳、放出氧气这样一种"反馈"，生命运动就会停止。在人体运动中，大脑通过信息输出，指挥人的各种活动，同时，大脑又接受来自人体各部分与外界接触所发回的反馈信息，不断调节并发出新的指令。如果没有反馈信息不断输入大脑，那么人体运动就是不可设想的。在生产体系中，从投入原料到制成产品，历经各道工序，每道工序在半制品输出后，都要检验样品，并把检验数值与计划指标、技术参数作对比，得出误差数值，然后反馈到有关工序。有关工序根据偏离程度，及时调整工艺，使次品消灭在生产过程中。

反馈思维方法被广泛应用于自然科学、社会科学等各个领域。任何一个系统，只有通过反馈信息，才能实现控制，达到预定的目标。没有反馈信息，要实现调节、控制是不可能的。例如，人类复杂的反射活动都是通过神经系统的反馈而实现的。实现反射活动的神经通路称为反射弧，它包括感受器、传入神经、神经中枢、传出神经和效应器（肌肉和腺体）五个环节。前三个环节（感受器、传入神经、神经中枢）的任务是接受信息，后两个环节（传出神经和效应器）是执行机构。但复杂的反射活动，并不是一次单向传导所能完成的，而是经过传入和传出部分来回就近传导，借助大脑多次反馈调节的结果。正是依靠这种反馈调节，才保证了人类对外界精确、完整、连续的反应和对自身活动的准确控制。人的任何有意识的活动，无不含有反馈。简而言之，没有反馈，就没有生命，更谈不上人类的智慧和创造。

人学习知识的过程，首先是获取大量信息，然后由大脑对它们进行编码、改造，而后将思维的产物利用各种途径输送出去，公之于众，回收外界对它的评价，从而检验学习效果和学习深度，进而在原有知识基础上，有针对性地进行再学习，再思考，再创造，使之更趋全面和成熟。这一过程也就是反馈思维过程。对一个学习者来说，通常存在两种反馈信息：一是由输入引起的感受器官的反应，称为"内反馈信息"；一是通过输出（即知识的运用），获得来自外界的反应，称为"外反馈信息"。无论哪一种反馈都具有调节学习和激发动机的功能。当反馈信息揭示了学习中的不足时，它就能为调节学习、重新制订学习计划、改进学习方法提供依据；当反馈揭示了学习的成效时，它便能激发学习的积极性，起到鼓舞和鞭策作用，使学习兴趣更浓，信心更足，也更大。

成功的创造者和发明者都善于进行反馈思维。例如，他们在掌握知识的过程中，能向能者求教，交流探讨，并运用知识于实践，发现问题，总结经验；又能把别人对自己知识的评价，加以整理分析，提取有益成分，反馈至知识的输入端，实现对学习内容、方法和学习目标的选择和控制。由于他们能勤于输出信息，从中获取反馈，所以能获得成功。

总之，反馈思维可以使学习和创造者找到不足，弥补缺陷，改进方法。同时寻找良师益友，加以指导，少走弯路，找到捷径。所以，反馈思维法是加速学习成功的要诀，是人才创造活动的重要智力因素。在学习和创造中，为了取得成功，必须学会反馈思维，如主动质疑，寻师求教，不耻下问，运用知识，同学间相互切磋等等，都是强化反馈信息的有效方法。

以反馈思维对已有的现象进行分析，就可能发现矛盾；而以矛盾分析为基础，就可以揭示新的现象，引发新的发现。亚当斯和勒维烈发现海王星就是这样一个典型事例。

开普勒总结出了行星运动定律以后，人们对于行星如何围绕太阳运动这个问题已经知道得相当清楚了。

19世纪初，法国天文学家布瓦尔受法国当局委托，计算了木星、土星和天王星的"星历表"（星历表就是预报一批星球每天某些时刻处在天穹上什么位置的数据表格）。对于木星和土星，计算结果与观测十分相符。唯独对于当时所知道的最远行星——天王星，其计算结果不能令人满意。布瓦尔的"表"是在1821年公布的，过了 9 年，表中的数据就和观测结果差 20″，而到了 1845 年，这个差值便超过了 2′。

面对这种计算与实测不符的现状，科学家们有不同的猜测和想象：一种猜测认为，牛顿万有引力定律不适用于遥远的天体，因而根据这个定律计算出来的"运行时刻表"与事实有差异；另一种则想象在天王星以外，存在着一颗人们尚未观测到的行星，是这颗行星的引力影响了天王星的运行规律。虽然持后一种观点的人是多数，但是没有人能拿出确凿的证据。

英国剑桥大学的学生亚当斯，1843 年他才 24 岁的时候，就开始对这个问题进行深入的研究。在此之前，人们所解决的问题都是根据观测到的已知行星来计算它的轨道；而现在所要解决的是根据天王星运行的偏差反过来推算这颗未知行星的位置，这是前人所未遇到过的逆向推理课题。1845 年 9 月，他根据对天王星"运动失常"的研究，推算出该未知行星的轨道、质量和当时的位置。一年后，他又改进了这个结果。

住在巴黎的法国天文学家勒维烈，在不知道亚当斯的研究工作的情况下，也钻研着同一难题。1846 年 8 月，勒维烈发表了他的研究结果。实际上，他所预言的未知行星位置与亚当斯所预言的只相差 1°。勒维烈写信给欧洲的一些天文台，请他们在宝瓶星座中黄道经度 326″ 的地方，用望远镜寻找这颗未知的行星。

当年 9 月 23 日，柏林的青年天文学家加勒在收到来信的当天晚上，按照勒维烈指定的位置，果然搜索到了这颗前所未知的行星。这就是现在所说的海王星。

后人风趣地说："别的星球都是用望远镜发现的，唯独海王星是在纸上推算出来的。"

在创造活动中，具有创造性的想象、联想是重要的，但是要形成现实的有创造性地发现或发明，就必须通过翔实的考察、考证、搜集、推理、实验等诸多实际工作，在这些工作中，反馈思维是使考证、推理得以顺利进行的有效保障。这些实际工作往往非常艰辛浩大。人们在发现天王星的运行与星历表不一致以后，产生了"在天王星之外还有一颗行星"的创造想象。然而真正捕捉到这颗亮度很低的行星，还需通过亚当斯和勒维烈的以反馈思维作引导实施的创造性计算。

有些人在学习中，很少有成果输出，遇到难题，往往闷在肚子里，不敢进行质疑，其主要原因，就是缺乏输出的反馈意识，或者缺乏自信，怯于"现丑"，长此以往，不仅使运用知识的能力受到抑制，而且对自己掌握知识的程度也不甚了解，因而无法实现自我控制，达到预期的学习目标。要改变这种状况，只有增强反馈意识，克服怯于输出的不良心理，才能做出有创造价值的成果。

反馈思维按照思维方式可以分为前馈思维、后馈思维。

前馈思维指人们在工作过程中，注意在客观情况发生新的变化之前，争取时间，搜集信息，从中洞幽察微、见微知著，从而超前构思相应的对策，超前做好必要的调节控制准备的一种思维方法，也称超前反馈思维方法。

前馈思维方法早就引起古人的注意。所谓"凡事预则立，不预则废"。我国春秋后期的范蠡就是善于预测市场供求和物价的变化而取得成功的。他发现"贵上极则反贱，贱下极则反贵"的价格摆动现象，进而提出了"水则资车，旱则资舟""夏则资裘，冬则资絺"的策略。本，指桑木，即农业。絺，意为薄的东西。范蠡这段话的意思是：靠江河湖水的地方，渔业变得普通，那么养桑种田的人反而能把农产品卖个好价钱；缺少水的地方，撑船打渔的人更能挣到钱。夏天，别人都卖夏衣，只有你卖冬衣，冬天，别人卖冬衣，你卖薄薄的夏衣。物以稀为贵，反向经营反而得大利，这就是事物变化的辩证法。

受到当时的生产条件的影响，古人的前馈思维大多数是经验型的，现代的前馈思维必须与科学地分析、推理相关联。

20世纪60年代初，日本人敏感地发现，北京大街上公共汽车上的煤气包不见了，这表明中国汽油缺乏已告缓解，但中国是从何处采出石油的，日本人一直蒙在鼓里。1964年4月20日，《人民日报》发表文章《大庆精神大庆人》后，日本企业界才知道中国有了新的油田，而且在大庆，但大庆在哪里呢？两年后，日本人从《中国画报》上看到刊登铁人王进喜的照片。从他戴的狗皮帽子判断出大庆在东北，他们又利用到北京洽谈生意的机会，观察原油火车上灰尘的厚度，估算出大庆到北京的距离。1966年10月，《人民中国》又登出王铁人同石油工人扛着钻机部件行进在风雪中的照片。从照片中依稀可见小火车站名"马家窑"，日本人查遍中国东北地图也找不到这个地方，但是，日本人分析，如果要将钻机人拉肩扛运抵井位，可以断定油田离火车站不远。他们沿中国东北铁路线逐段估测，比较准确地推知大庆油田是在中国东北松嫩平原人迹罕至的地带。日本人还推测出中国大庆油田开发时间是在1959年以后，因为中国报刊登载国庆10周年王铁人从玉门到北京观礼，从那以后他便在报刊上消失了。而在此之前，1960年7月《中国画报》曾刊登了大庆炼油厂的图片，日本企业界人士从中推测炼油塔的外径和内径，从而判断出其加工能力，估算出大庆年产原油约3600万吨。日本企业界根据上述蛛丝马迹，断定我国要大规模开发油田，必须进口技术和设备。事实证明：日本人不但比西方人想得早，甚至比中国人还想得早。结果，四年后我国就炼油成套设备向国外招标，其他国家在一无所知的情况下参加竞投，日本人却轻易夺了标。

1982年在我国足球队参加第十二届世界杯"亚太区"出线权的决赛阶段比赛，最后和新西兰队争夺最后一个出线名额，在新加坡参加附加赛失利，举国为之震动。邓小平同志随即做出了"足球要从娃娃抓起"的重要批示。江苏省一个从事橡胶业生产的乡镇企业的负责人在报纸上看到这一消息后，就和专家们一起共同分析，预测到我国将会兴起儿童足球运动，于是做出了一项超前决策，研制了标准型中国儿童足球"贝贝球"，并不惜重金，通过各种渠道做广告，扩大影响，使该企业名声大振，蜚声域外。仅仅几年时间，产值就从 176 万元增长到 6000 万元，出口额 600 余万元。

该企业在儿童足球生产上取得成功后，马上抓住了我国约有 12%～15% 的少年儿童是扁平足这一现象，开发学生运动鞋市场，又获得了成功。

后馈思维就是用历史的联系、传统的力量和以前的原则来制约现在，使现在按照历史的样子继续重演的思维方法。

后馈思维又可称为习惯性思维，是一种循轨思维。它面向历史，总是用过去怎么做、祖先怎么样、以前的经验怎么样来要求现在。故后馈思维也是一种反馈式思维，它是思维的一种惯性运动，把思维方式固定化、绝对化。后馈思维总是要把"现在"反馈为"历史"的重复。所以，它也是一种"滞后型"的思维。它的向心力和惯性力的基础在历史。后馈思维的一般模式如图 3-2 所示。

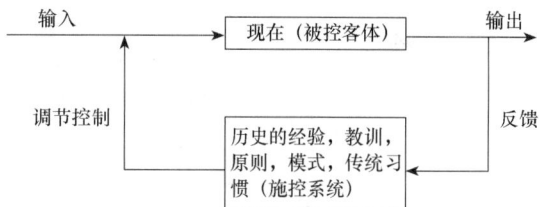

图 3-2　后馈思维的一般模式

后馈思维具有的典型特点是指向性。一般来说思维都具有一定的指向性，所不同的是，后馈思维是把现在往历史上引导的指向性思维。它的"兴奋中心"总是历史上的某个阶段、某种情况，是一个通过"想当年""要恢复到某某时的情况"的思维过程。后馈思维的指向性产生两种结果：一种是对现在的缺陷、弊病感到不满，要以历史的成功经验和优良传统"改变"现在，这是积极的；因为，创造是必须以固有的事物为基础。后馈思维的另一种指向性是对历史"理想化""厚古薄今"，其结果是以历史来"今变"现在，这是消极的。对此，要进行具体分析。当一件事情已经发生，又对于事情的某些细节不十分清楚，而又要求了解这些细节的时候，就需要以后馈思维对已有的现象进行分析。因为，在后馈思维的指导下，人们就可以进行适当的还原性的模拟工作。这一方法，在科学研究工作中应用十分广泛，在地球演化研究中还原性的模拟作用巨大。不仅如此，在刑事案件的侦破过程中，在后馈思维的指导下的还原性的模拟也十分有效，下面的故事就是这样一个典型事例：

东汉时期，句章县衙受理了这样一桩人命案：弟弟状告嫂子谋杀亲夫，要求偿命。而嫂子披麻戴孝泣不成声，疾呼喊冤。并且边说边哭"丈夫命苦！"说是丈夫醉酒后睡在床上，家中失火，丈夫没有跑出来，被烧死了。

原告则完全不理会这些陈词，一口咬定是嫂子害死了哥哥之后，故意纵火烧房子，以制造假象。

原告被告各执一词，僵持不下。

按照当时衙门里的惯例，知县可以下令对被告施刑，逼她招供。但是审判此案的知县张举却没有这样做。他用了一个非常科学的办法，明断了这桩案件的真情。

张举叫差人弄来两头猪。杀死其中的一头，另一头还活着。把它们都放在猪圈里用柴火烧。烧完以后，拿来做比较。结果发现：那头活活被烧死的猪嘴里有灰，而事先杀死的那一头，嘴里没有灰。根据现象分析，活着的猪在被烧死之前还一口一口地吸着带烟的空气，而被杀死的那头猪没有这个过程。这样，张举就得到了判断死者是否被害的客观标准。

根据这个标准再去验尸。发现死者嘴里没有灰。因此，张举断定被告是先害死了丈夫，而后再烧的房子。在事实面前，被告再也抵赖不了，承认了自己的杀夫之罪。其他官吏、差人以及附近的老百姓，也都为张举创造了这样一个明断真情的办法而赞叹不已。

知县张举根据人和猪的共性，想到用猪做实验的模拟方法。从死猪和活猪被烧后的对比中，找到了它们之间的差异，断案使众人心服口服。特别是故事发生在近两千年前，他发明的这种断案新技术就显得更具创造性。

后馈思维既有消极因素，也含有一定的积极成分。我们要发挥它的积极作用，联系客观实际，正确对待传统的文化遗产，以实现思维的创造性。

第三节　变换思维角度

阿西莫夫是美籍俄国人，世界著名的科普作家。他曾经讲过这样一个关于自己的故事。

阿西莫夫从小就很聪明，在年轻时多次参加"智商测试"，得分总在160左右，属于"天赋极高"之列。有一次，他遇到一位汽车修理工，是他的老熟人。修理工对阿西莫夫说："嗨，博士！我来考考你的智力，出一道题，看你能不能回答正确。"

阿西莫夫点头同意。修理工便开始说："有一位聋哑人，想买几根钉子，就来到五金商店，对售货员做了这样一个手势：左手食指立在柜台上，右手握拳做出敲击的样子。售货员见状，先给他拿来一把锤子，聋哑人摇摇头。于是售货员就明白了，他想买的是钉子。聋哑人买好钉子，刚走出商店，接着进来一位盲人。这位盲人想买一把剪刀，请问：盲人将会怎样做？"

阿西莫夫顺口答道："盲人肯定会这样——"他伸出食指和中指，做出剪刀的形状。听了阿西莫夫的回答，汽车修理工开心地笑起来："哈哈，答错了吧！盲人想买剪刀，只需要开口说'我买剪刀'就行了，他干嘛要做手势呀？"

阿西莫夫之所以答错，就在于他在思考问题时没有及时变化思维的角度。

古人在《题西林壁》诗中这样写道："横看成岭侧成峰，远近高低各不同。不识庐山真面目，只缘身在此山中。"在实际的生活中，人的思维正如诗中写到的那样，往往受到自己所处的环境和传统思维习惯的影响，而不善于变换思维角度。请看下面的两幅歧义画，图 3-3 是 J·亚斯德罗的《鸭子和兔子》，图 3-4 是 W·希尔的《年轻的妻子和岳母》。

图 3-3　鸭子和兔子　　　　　　　　图 3-4　年轻的妻子和岳母

如果把埋在大衣领间的白色部分看成是没了牙的嘴巴和下颌，接着向上看去，就会看到一个戴白头巾穿毛领大衣的老太婆。如果把老太婆的鼻子看成一个侧过去的脸的下颌，将老太婆的嘴巴看成脖子和套在脖子上的项链，老太婆的眼睛被看作耳朵，于是，就出现了一个漂亮的少妇像，虽然大衣和头巾对于头有些比例失调，但是谁也不会计较这一点。又是少妇，又是老妪，一个形态被看成了两个不同的形象，只有变换思维角度，才能看到这样两个不同的形象。

要实现创造性思维，就要适当改变思维的方向、变换思维的角度。传统的思维是一种正向的思维方式，要变换思维角度，就要采用逆向思维、侧向思维、合向思维和水平思考法，增加思维形式，促进思维的多样化。

一、逆向思维

有这样一个题目：有两支香，粗细、长短各不相同，但它们的完全燃烧完毕的时间都是一小时。现在除了火柴以外没有任何工具，请测出半小时和四十五分钟。

上述问题的解决方案是：用火柴同时点燃两支香，一支香点燃一头，另一支香点燃两头；当点燃两头的一支香燃烧尽时，将另一支香的另一头点燃。这样，第一支香燃烧尽时，时间为半个小时；第二支香燃烧尽时，时间为四十五分钟。

在习惯的思维里，香是从一个方向点燃并燃烧的，而使香从两个方向点燃并燃烧，需要的不仅仅是突破思维习惯，更需要变换思维角度。而逆向思维就是一种典型的变角度思维。

逆向思维也称为反向思维，是一种创造性思维，它强调要从事物的反面或对立面来思考问题。逆向思维与正向思维相对应。正向思维是指人们运用过去的知识和经验，在已有理论指导下思考问题和解决问题的一种能力或方法。正向思维在人们日常思考和科学研究中起着巨大的作用。但是，由于人们受心理倾向、心理定势的影响，即在思考问题时，采取一次特定的思路，下一次采取同一种思路的可能性就很大。在一连串的思想中，一个个观念之间形成了联系，这种联系紧紧地建立起来，以至于它们的联结很难破坏，这样，就容易导致人们形成一种固定的思维模式，即习惯性思路或思维定势，如"守株待兔"的千古笑谈就是其中一例。

逆向思维则需要突破这种习惯性思路或思维定势。它是从事物常规的相反方面去探索思考问题和解决问题的一种思维方法。根据唯物辩证法的基本原理，事物都存在着正反两个对立面，所以，人们在对待事物的时候就需要既看到正面也要看到反面，既看到前面又看到后面，既看到外面又看到里面。这就是逆向思维得以成立的基础。

人们的思维，在主流上是正向思维，即凭借以往的经验、知识、理论来分析和思考问题，这是人类文明得以源远流长和发扬光大的内在源泉，也是每一个体系得以逐步完善的根本所在。但是，其中的负效应也助长了人们思维定势或习惯思路的形成，知识越多，经验越丰富，思路也就越教条、越循规蹈矩。天才和聪明人正是心中藏着逆向思维才获得成功的。相反，一个知识或经验十分丰富的人，如果堵死了逆向思维的通道，遇到难题就只能一条思路走到底，最后陷入死胡同而不能自拔。由此可见，逆向思维对于开阔人们的思路是非常重要的。

（一）逆向思维的基本形式

首先，在思维活动中，通过正视事物矛盾的对立认识和把握事物。事物都包含着对立的两方面，人们的认识和主观思维必须符合事物的实际，如果只注重一个方面而忽视了另一个方面，只看到矛盾的正面作用或正效应，而忽视了矛盾的反面作用或负效应，就会在实践中碰壁。只有看到事物矛盾着的两个方面，在事物对立着的两极中思维，才能全面而正确地反映事物、认识事物，在实践中取得成功。爱因斯坦正是有意寻求对立双方的同时存在和相互联结的情形，才能从对立事物中找到完美的统一，从表面上看来似乎不合逻辑的情况提出合乎逻辑的假说。

其次，在思维过程中，通过从事物矛盾的反面来思考，以达到认识事物、表达思想、进行发明创造和实现科学决策的目的。

事物都有正面和反面，相反的方面不仅相互排斥，而且可以互相联结，具有同一性。从事物的反面进行思考，比起从事物的正面进行思考来说，显得思考的角度更加广泛。认识事物不是只有一个角度，也不是只有两个角度，而是可以从多个侧面、多种不同的角度来揭示。各种事物、现象之间既有必然的联系，又有偶然的联系；一种原因可以产生多种结果，一个主攻方向上屡攻不克时，应研究背逆以往的分析、解决问题的途径，把问题的重点从一个方面转向另一个方面，从而打开一条新的思路。也就是说，思维在一个方面受阻时，就可以从相反的方向试试；反向思考如果不能解决问题，还可以再改换一下角度，另找几个侧面去试探。就如打仗一样，正面攻击敌人不利，就可以从后面或侧面发动进攻。

圆珠笔漏油问题的解决就充分显示了从事物的反面进行思考的巨大作用。早期生产的圆珠笔，由于笔珠磨损导致漏油而未得到广泛应用。为了解决这个问题，人们按照常规的思维方式进行思考，即从分析圆珠笔漏油的原因入手来寻求解决问题的办法。漏油的主要原因是由于笔珠受磨损而增大笔球与笔芯头部的间隙或蹦出，油墨就随之流出。因此，人们首先想到的解决办法就是增强圆珠笔的耐磨性。于是按照这个思路，人们在增强圆珠笔的耐磨性的研究上投入了大量的精力，甚至有人想用耐磨性极强的宝石和不锈钢作笔珠。经过反复试验，这种思路又引发了新的问题，由于笔芯头部内侧与笔珠接触的部分被磨损，仍然可以使笔珠蹦出，也能导致油墨流出，漏油的问题还是没有解决。正当人们对漏油问题一筹莫展之时，日本发明家中田鹰三郎打破了思维常规，运用逆向思维解决了圆珠笔漏油问题。他认为不管使用什么材料作笔珠，圆珠笔都会在写到两万多字的时候开始漏油，那么，解决问题的关键便不是选取什么材料作笔珠，而如果控制圆珠笔的油墨量，使所装的油墨量在漏油前已经用完，不就可以解决漏油的问题了吗？于是他便改变圆珠笔的油墨量，使所装的油墨量只能写到一万五千字左右便用完了，漏油的问题迎刃而解。从这个例子里，我们不难体会到逆向思维的巨大作用。

在社会生活中，从反面来思考，有时是通过利用人们的逆向心理来实现的。逆向心理即抗拒心理，也称为心理抵抗，是指人们对某种行为、思想或宣传采取方向相反的态度，或仍保持原来的状态。有人认为，逆向思维与逆反心理无关，其实这种说法有些欠考虑，因为逆反心理正好为逆向思维提供了社会心理基础。三国时诸葛亮玩"空城计"，也正是在一筹莫展之际，充分利用了司马懿的逆反心理而获得成功的。司马懿以为诸葛亮向来用兵谨慎，怎么会在此设一空城呢？想来必有伏兵，赶快撤退，恰好中了诸葛亮的计策，过后司马懿追悔莫及。

最后，凡做一件事情都从反面想想，可以弥补只从正面思考的不足。

在分析问题、进行决策时，逆向思维的作用不可低估，人们常用"凡事预则立，不预则废"的古训来提醒自己，这里的"预"，也包括着把事情反过来想一想。二战结束之后，有一个英国人和一个美国人同时到一个岛上去推销鞋。他们到了该岛之后，发现该岛上的人全都赤着脚，根本就不穿鞋。于是英国人向总部发回电报：该岛上的人根本不穿鞋，没有销售市场。而美国人则相反，报告总部说，该岛上目前还没有人穿鞋，极具市场潜力。后来，美国公司免费赠送给该岛居民许多鞋子，并且教会他们如何穿用，让岛上居民逐渐体会到穿鞋的好处，从而占有了整个鞋业市场，大大赚了一笔。

由此可见，在商业竞争中，谁能从反方向来思考一下问题，谁就可能抓住商机。日本的丰田第一任老板田章一郎说：我这个人如果说取得了一点成功的话，是因为我对什么问题都倒过来思考。倒过来思考，才能不断提出新问题，比别人想得更深、更全面，找出更多的"第二正确答案"。对于一个濒临破产的企业，如果能找出第二种正确答案，就能起死回生，卷土重来。一个优秀的企业家往往能突破单一的思维定势，找出第二个正确答案，使企业在竞争中立于不败之地。

在体育比赛中更是如此，正如奥斯本所说，最好莫过于提出这样的问题：我们的竞争对手为了超过我们会做什么？ 1981 年世界杯之前，中国女排为了迎战世界强敌前苏联队，主教练袁伟民专门从全国男排冠军队——江苏男排调来 3 名主力队员，模仿前苏联队的打法给中国女排作陪练，从技战术等方面加强自己队伍。终于在该年度的世界杯赛中战胜了前苏联队，第一次夺得了世界冠军。众多的球队在比赛之前，都是把对手的比赛录像拿过来反复研究，包括球队惯用阵形、打法乃至对每个队员都进行分析，从而制定出克敌制胜的奇招。

美国微软公司的总裁比尔·盖茨在开始创业之时，只是一个大二学生，既无资金，也无厂房。当时，大型计算机几乎控制着整个计算机行业，而小型机也只是刚刚占有一席之地，微机还是个人可望而不可即的奢侈品。比尔和他的同事另辟蹊径，把注意力放在个人计算机系统软件的开发上，开发出个人计算机不可缺少的操作系统——DOS，使个人计算机的使用上了一个新台阶。而后，他又大胆地逆向思维对

DOS 不加密，占领市场，当个人计算机普及之时，他利用独有的市场条件，提出了与个人计算机捆绑销售的策略，获取了巨大的财富。

总之，逆向思维告诉我们，在优越感中要警惕危机的因素，而在危机中又要看到优越的所在；在顺利的环境中要看到逆境的存在，在逆境中要看到顺利的可能；在成功中看到有失败的部分，在失败中更要看到成功的基因；富裕和贫乏，团结和分裂，前进与倒退等等都是相互渗透、相互依存、相互交融的。

（二）逆向思维应用实例

逆向思维好比开汽车需要学会倒车技术一样。如果不学会倒车技术，一旦你的汽车钻进了死胡同，就出不来了。思考问题时，人们有时也会钻进死胡同出不来，逆向思考就能帮你退出来。正像我们用不着总开倒车来显示自己的倒车技术一样，我们也用不着总使用逆向思维方法，但是一旦需要时，如果不会使用它，你就会陷入困境。

逆向思维主要表现为思维逻辑逆推、方向、位置、顺序等的逆向思考。在具体的应用过程中，主要有如下表现形式：

第一，思维逻辑逆推。所谓思维逻辑逆推，就是指从要解决问题的结果出发，从结果推向解决问题的方法。邓小平理论中的很多论断就是这种逆向思维。

1978 年 10 月开始，在中国大地上展开了一场关于真理标准问题的讨论。这场全党全国范围的大讨论，冲破了"两个凡是"的教条主义禁锢，推动了全国性马克思主义思想解放的运动，也为邓小平理论的创立提供了条件。在研读小平理论时，我们不难发现小平理论的许多方面论断都体现着逆向思维的特点。

第一，"三个有利于"标准体现着典型的逆向思维。

1992 年春，邓小平同志在南行谈话中，精辟地分析国际国内形势，科学地总结了十一届三中全会以来党的基本实践和经验，明确地回答了经常困扰和束缚我们思想的许多重大认识问题。并且郑重告诫全党全国人民，判断是非的标准，应该主要看是否有利于发展社会主义生产力，是否有利于增强社会主义国家的综合国力，是否有利于提高人民群众的生活水平。这"三个有利于"后来被写进十四大报告和中国共产党党章总纲，成为判断各方面工作是非得失的根本标准。

从这里我们不难发现如图 3-5 这样一个模式。

从图 3-5 我们可以清楚地看到这"三个有利于"标准体现着典型的逆向思维。因为一个社会主义国家的目标便是发展生产力、增强综合国力、提

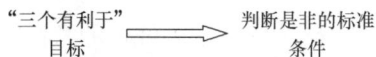

"三个有利于"目标 ⟹ 判断是非的标准条件

图 3-5　逆向思维模式

高人民群众的生活水平。所以，我们可以从这个目标出发，逆向推出我们应该采取的路线、方针和政策，然后再按照已经确定的路线、方针和政策去实现我们的目标。

第二，逆向思维在邓小平理论中是以总的目标为前提的，是决不可以理解为实用主义的。

邓小平理论中有许多很风趣的论断，在认识中我们争论最多的就是"黑猫白猫，抓住耗子便是好猫"的论断。"猫论"是典型的逆向思维观点，这是不言而喻的。但有人认为"猫论"中体现着实用主义的哲学思想，这是对"猫论"这一问题的曲解。

"猫论"这一问题的最早提出本身就是有明确目标的前提下完成的。在中原野战军挺进大别山的战斗中，"中野"血战南汝河，刘伯承元帅提出必须打过南汝河，并且以"猫论"举例。这里我们可以清楚地认识到"猫论"的首次提出便是在战胜敌人的总前提下的产物。

而在新的历史背景下，邓小平同志提出"猫论"和"三个有利于"都是在"一个中心两个基本点"不动摇的前提下提出的。因此，我们说在社会主义方向性的关键问题不动摇的前提下谈"猫论"本身就和实用主义不沾边。

第三，方向反向。所谓方向反向就是通过改变事物的方向，来解决问题。我国北宋大臣、史学家司马光在幼年时候砸碎水缸救人就是利用方向反向，从逆方向思考获得成功的典型实例。

儿时的司马光，和许多同龄的孩子们一起玩耍。一次，一个孩子不慎跌进了盛满水的水缸里，眼看就要被水淹死。在场的孩子们都因为没办法救他，被急得手足无措，哇哇乱叫。只有小司马光沉着冷静地举起一块大石头砸向水缸。水缸被砸破了，缸里的水流了出来，跌进缸里的孩子得救了。为什么多数孩子急得手足无措呢？那是他们习惯于传统的正向思路，想把被淹的孩子从水里捞出来。孩子们没有那么大力气，也没有那么高个子，所以只是着急。司马光的砸缸救人，就是从反方向考虑，实现了位置方向的反向：不必让人躲开水，而是叫水躲开人，同样能够达到救人的目的。用这种方法救人，只要用石头把缸砸破就行了。工业设计中的液压泵与液压马达、吹风机与排气扇、空气压缩机与活塞泵、电磁原理等均属方向相反的逆向思维的实例。

第四，位置反向。所谓位置反向就是通过改变事物中组成部分所处的位置，来解决问题。日本在修筑大阪城时，解决从海岛搬运重量巨大的原材料——"巨石"的办法就是典型性的位置反向。

在日本，有个著名的"巨石载船"故事。日本大正11年（即1522年），丰臣秀吉平定了战乱之后，准备修筑大阪城。为了把大阪修成一座固若金汤的名城，需要很多巨大的石头。经过调查，得知在日本西部的一个海岛上可以采到合格的石块。它每块有 50 张席子那么大，搬运很不方便。特别是装船东运时，一装船，就要把船压沉到水下，试了几次，都不能把这样的巨石运走。就在大家无计可施的时候，一个人站出来说："看来用船载石是不可能了，那就用石载船吧！"大家按照他的说法，把巨石捆在船底，使石头完全淹没在水中，而船却有一部分露在水面之上，这样果然顺利地把石头运到了大阪。

为什么这样能使船正常地航行呢？大家知道，水作用于物体的浮力，等于该物体所排开的水的重量。石头在船上时，如果石头很重，船所排开的水不足以使其浮力与总重量达到平衡，船必然沉入水下。而石头在船下时，首先把大体积的石头全部淹没，产生了相当的浮力，而后船体再排开一部分水，又产生一定的浮力，这样，总浮力就可以和总重量平衡了。

"巨石载船"的妙计，就是打破传统思路，运用逆向思维的结果。

第五，顺序反向。所谓顺序反向就是通过改变事物顺序来解决问题。下面的例子就是一个典型的问题：

海南省崖县的农民孙会照，1982 年开始养鸭，每只都养到 6～7 斤以上才出售，结果因鸭大而滞销，顾客嫌一次性花钱太多不想买。孙会照反向经营，变大为小，把鸭养到 2～4 斤左右就上市，滞销变畅销。通常情况下，人们的思路是鸭养的越大越能赚钱，如果滞销了，只会怪顾客中吃鸭的人少了。而孙会照不仅细细琢磨顾客的心理，还来个逆向思维，巧妙地解决了这个问题。

后来，孙会照又从市场供需中得到启示，每年鸭上市，都集中在夏秋两个季节，这时鸭旺价贱，旺季一过，价格回升。能不能再进行逆向思考，反季节养鸭呢？于是，他通过大胆实践，饲养的鸭在淡季上市，从中获得较高的效益。

孙会照所使用的方法叫时差反弹——与季节相反，推出产品。目前在北方比较流行的反季节蔬菜种植也是典型的顺序反向。物以稀为贵，反向经营反而得大利，这就是事物变化的辩证法。

第六，优缺点反向。

中国有句古话，叫做"有则改之，无则加勉"。就是说，有了缺点和错误，一定要想办法改正；即使没有缺点和错误，也要时刻提醒自己，不要犯类似的错误。因此，一提到"缺点"，人们就习惯地抱以否定的态度。有谁会喜欢缺点呢？然而世界上没有十全十美的事物，因而事物的缺点在所难免。如果我们能化解对缺点认识的抵触情绪，想到巧用缺点的办法，不但能将损失降到最低点，而且有可能取得意想不到的效果。

  詹姆士·杨是新墨西哥州高原上经营果园的果农。每年他都把成箱的苹果以邮递的方式零售给顾客。有一年冬天，新墨西哥高原下了场罕见的大冰雹，一个个色彩鲜艳的大苹果被打得疤痕累累，詹姆士心疼极了。"是冒着会被退货的危险呢，还是干脆退还订金？"他越想越懊恼，歇斯底里地抓起受伤的苹果拼命地咬。忽然，他发觉这苹果比以往更甜更脆，汁多味美，但外表的确非常难看。"唉，多矛盾！好吃却不好看"。他辗转反侧，夜不能寐。一天，他忽然产生了一个创意。第二天，他根据构想的方法，把苹果装好箱，并在每个箱子里附了一张纸条，上面写着："这次寄送的苹果，表皮上虽然有点受伤，但请不要介意，那是冰雹的伤痕，这是真正在高原上生产的证据呢！在高原因气温较低，因此苹果的肉质较平时结实，而且产生一种风味独特的果糖。"在好奇心驱使下，顾客莫不迫不及待地拿起苹果，想尝尝味道。"嗯，好极了！高原苹果的味道原来是这样！"顾客们交口称赞。

  陷入绝望的詹姆士·杨所想出来的创意，不但挽救了他重大的危机，而且大量订单专为这种受伤的苹果而来。

  追求完美，是人之常情。对于事物的缺陷，是否就该一概排斥呢？詹姆士·杨的成功给了我们一个特别的启示：巧用缺陷也是一个能助你走向成功的好方法。

  优缺点反向也称"缺点逆用""巧用缺陷"，它的目的是要化弊为利。使用这一思维方法，首先要发现事物可利用的缺点。一般说来，发现事物的缺陷并不困难，要找可以利用的缺陷却不容易。因为缺陷多是人们在特定场合要排斥的，所以，人们往往习惯地认为在其他场合也应加以排斥而不考虑运用。在发现可利用的缺陷后，紧接着要分析缺陷，抽象出这种被认定为缺陷的现象后面所隐藏的可以利用的原理和特性。在一定科学原理的指导下，便可构思巧用缺陷或设想的方案了。

  第七，无用、有用反向。无用、有用反向就是把无用之物变成有用之物，生活中有很多物品往往由于为它寻找到新的适用位置而获得新价值，也可以说是变废为宝。

  战国时惠施有一次对庄子说，别人送给我一个大葫芦种子，我种下后结出个百多斤重的大葫芦，用它盛水，重得拿都拿不动，剖开做瓢，又想不出该用它盛什么，实在是太大了，因为没什么用我就把它砸碎了。庄子听了之后说，其实每件事物都有它自己的用场，你认为它无用，是因为你没把它安排到合适的位置，假使有朝一日派上用场了，无用的就能变成有用的了。像你的大葫芦，如果让它浮在江湖之中，做个盛酒用的酒器不是很好吗？

  1859 年，只有 20 岁的美国药剂师切斯博罗在参观宾州新发现的油田时，遇到了一件值得思考的事：在油田里，石油工人们非常讨厌"杆蜡"，杆蜡是油井抽油杆上的蜡垢，是一种毫无用处的废物，工人们必须经常清除这种废物，才能使抽油杆有效地工作。

切斯博罗想，杆蜡是和石油一起生成的矿物质，说不定在什么地方会有用的。于是便进一步问道："这东西难道真的一点儿用处也没有吗了？"工人们告诉他说："杆蜡对钻井或许是一无是处，但用它来治疗烫伤和割伤倒还有点用。"切斯博罗听了心里一动，他收集了一些杆蜡的样品带了回去。

他研究提炼、净化这些渣滓的方法。终于从这些石油渣滓中提炼出了一种油脂，并把它净化成半透明的膏状物。这膏状的油脂有什么用呢？因为他是个药剂师，自然往医药方面想得多一些。

有一次，他的手腕碰伤了，找来一盒药膏准备敷伤。可他打开药盒时，发现药膏变质了，上面有绿色的霉点。他向卖药的药房主管询问，主管说："药膏是用动物油和植物油调制的，时间长了就要腐坏。"切斯博罗听了心中豁然开朗，连声说："谢谢，非常感谢！"捂着手腕就往回跑。药房主管非常诧异，心想：药膏变霉不要求赔偿，还说谢谢，真是个怪人！

切斯博罗弄来了一些药物，开始用他制作的油膏做调制药膏的实验。第一个被试验的就是他自己。他把这种药膏涂在自己的手腕上，很快就养好了。为了完善这项发明，他还不只一次地把自己割伤、刮伤、烫伤，看看这种药膏对不同伤口的作用如何。经过一些改进，效果也都不错。

1870 年，他完成了研究工作，建立了第一座制造这种油膏的工厂，并把油膏定名为"凡士林"。现在，凡士林油膏行销 140 多个国家，消费者找出了上千种方法使用它。

（三）应用逆向思维的注意事项

应用逆向思维要注意以下几方面问题：

首先，逆向思维的运用有其限度，这个限度就是要符合逆向思维的方便性原则。即在正向思维能充分起作用的限度内，一般不动用逆向思维，只有在正向思维使用不灵便时才起用逆向思维。在数学的证明中就充分体现出这一点，只有当直接证明不能实现时才使用间接证明。正如反证法的运用，先假定需要证明的问题为假，然后由此推导出逻辑矛盾，从而得出原假设论题为假，即原命题为真。反证法是直接证明方法的有效补充，是逆向思维方法的典型应用。

其次，逆向思维的作用方式有其规范性。虽然，逆向思维既可以从事物矛盾的反面进行逆向思考；但是，其反面必须与事物矛盾的正面相关，否则这种逆向思考将不成立。对待不同的具体问题，需要进行不同形式的逆向思维。

最后，逆向思维的作用具有不扩散性。逆向思维并不要求对任何的小事都来一番思考，恰恰相反，在大量常规场合，都是正向思维在起作用。比如一个企业的规章制度在制定之后，必须坚决地加以执行，这与逆向思维并不矛盾。

总之，我们在使用逆向思维时，需要的是科学的怀疑态度和叛逆精神，而不是逆历史潮流而动；需要的是敏捷创新，而不是畏缩不前，左右摇摆而不进。

二、侧向思维

在 20 世纪 50 年代，有一次外国记者问周恩来总理，"中国银行有多少钱？"面对这一不友好的询问，若从正面无论怎样回答，都不会产生良好的效果。只见周总理坦然地笑笑说："中国银行嘛，共有拾捌元捌角捌分钱，人民币是中央人民政府发行的货币，具有极高的信誉。"在场的中外人士经过短暂的惊讶而反应过来之后，立即钦佩地报以热烈的掌声。因为当时流通的人民币共有 10 种面值，即：拾元、伍元、贰元、壹元；伍角、贰角、壹角；伍分、贰分、壹分，它们相加的总和正好是"拾捌元捌角捌分钱"。外国记者本意是想让总理说中国银行里没多少钱，进而产生尴尬局面，但周总理改变思维方向运用侧向思维作出的巧妙回答，可谓语惊四座。这种出神入化的思维既无懈可击，又极大地维护了中国金融的威信。

发明家莫尔斯在发明电报的过程中，遇到了一个极大的问题，即电报信号在长途传输过程中发生衰减现象。他一直陷在苦思冥想之中。一天，他坐驿车从纽约到巴尔的摩，一路上都在沉思他的问题，当驿车到达驿站时，车夫更换了马匹，又重新以极大的速度奔向前方。莫尔斯望着奔驰的骏马，望着飞快掠过的路面，眼睛一亮：驿站换马，解决了马在长途奔跑中力量衰减的问题，那么在电报的线路沿途设置放大站，不断放大信号，不就解决了电信在长途传播过程中的衰减问题吗？他经过实验，终于获得了成功，发明了电报。驿车换马与电报信号传输，原本毫不相干，但由于"驿站换马"这个诱因的刺激、启发，引导了莫尔斯向另外的方向去思考，侧向思维使发明家产生灵感，联想到电信传播，从而解决了问题。

由此可见，侧向思维是指从其他离得很远的事物中，通过联想，获得启示，从而产生新设想的一种创造性思维方法。

"任意角等分仪"的发明，就是运用侧向思维法的结果。一开始，研究者感到需要简便地等分任意角时，并不知道这是一道著名的世界难题，即用圆规和直尺不能三等分已知角。当研究者知道这是一道著名的世界难题后，并没有退却，而是想尽各种办法，决心使这项研究继续下去。一天，研究者无意中打开扇子，突然受到启发，惊奇地发现，把几个等腰三角形连接起来就像一把扇子，而打开扇子就看到许多等分角，扇子的轴就是几个角的公共点，从而使研究者联想到等分角的办法。经过进一步研究发现，沿着等腰三角形底边上的高，开一条导向槽，用一枚大头针配合，公共顶点就可以沿槽任意移动，这样就可以任意等分角了。用此方法，就发明了非常精致简单而又经济实用的任意角等分仪。

我国杰出的科学家、地质学创始人李四光，有一次看见家里的狗跟小猫钻洞，但怎么也钻不进去，急得汪汪直叫，他的女儿跑来赶狗，李四光笑着说："你是否学学牛顿，在这个洞口的旁边再开一个阿龙（狗名）可以通过的大一点的门呢？"一提到牛顿，当时正在进行地质力学研究的李四光受到启发，想起了反作用力，从而提出"地应力"这个概念。

研究免疫力而获得诺贝尔奖的俄国生理学家梅契尼科夫曾为机体同感染作斗争的机理问题绞尽脑汁。一天，他对海盘车的透明幼虫进行观察，还把几个蔷薇刺投进一堆幼虫中，那些幼虫马上把蔷薇包围起来吞食掉。他立刻联想到刺扎进手指时，白血球就把刺包围起来，把这个异物溶解掉。经进一步研究，于是产生了吞噬作用学说，从而揭示了高等动物身上的吞噬细胞，在炎症过程中起着保护机体的作用。

自古以来，西瓜的瓜蔓都是趴在地上，长出来的西瓜也是躺卧在地上。中国有句古谚："瓜田不纳履，李下不整冠。"（出自汉朝古乐府）说明西瓜匍匐在地上的现实至少存在 1800 年了。长久的存在，使人们认定这是一种必然现象。

河北省新乐市邯郜镇是个产西瓜的地方。为了改善西瓜的质地和产量，镇政府组织科技人员和老瓜农成立了专题研究组。他们从黄瓜、丝瓜、冬瓜等都是在架子上开花结果的现实，联想到西瓜也有这种可能。并且想象，西瓜一旦爬上了架子，由于光照的均匀和空气的畅通，西瓜的质地和产量都将大幅度提高。就是根据这些基本设想，从 1996 年开始，他们进行了试验研究。

经过 3 年试种，他们积累了丰富经验，创造了奇特的业绩：①躺卧在地上的西瓜，在和地面接触的地方有一块颜色浅淡，这里面瓜瓤口感欠佳。而在架子结的西瓜处处都非常鲜美。引来许多瓜商千里迢迢前来订购。②爬架的西瓜种植密度高。平均亩产由原来的 3000～3500 公斤增加到 5000 公斤左右；③上市时间提前。按 1999 年的情况，爬架西瓜上市时间提前了 20 天，经济效益显著提高。

由于研究组的创造性工作，爬架西瓜种植面积年年扩大，群众受益不断提高，种植西瓜成了邯郜镇的支柱产业之一。

邯郜镇的科技人员和老瓜农从西瓜和黄瓜、冬瓜的类比中，根据它们的共性和个性，创造了种植爬架西瓜的新技术，使产量和质量都大幅度提高。

由于他们能冲破传统观念，源于和有关事物类比的联想，发现了新规律，创造了新办法。

侧向思维法不仅在生产领域中起着非常重要的作用，也是艺术创造的一个重要思维方法。如 19 世纪俄国著名作家列夫·托尔斯泰在他的世界名著《安娜·卡列尼娜》中详细地描绘了出色的肖像画家米海依洛夫的一个创作故事。一天，米海依洛夫着手作画，他想画出一个人的盛怒面孔，可怎么也画不好。这时他想起了以前曾画过一幅类似的画，也许可以做些参考，便让小女儿把那幅弃置一旁的画取来。他眯起眼睛，盯着这幅沾满蜡烛油渍的旧作，忽然，他从油脂污点的奇形怪状中得到启发，随即信手挥毫，妙笔所至，画中人平添了几许怒色。这是侧向思维法帮助艺术创造取得成功的一个例子。

侧向思维方法的一种有效方法是趋势外推法。趋势外推法又称趋势外括法或趋势分析法。是一种属于探索型预测的思维方法。

趋势外推法的前提是：过去发生的某一事件，如果没有特殊的障碍，在将来仍会继续发生，它是依据于事物从过去发展到现在再发展到未来的因果联系，认为人们只要认识了这种规律，就可以预见未来。正因为如此，在运用趋势外推法时，对于事物的未来环境并不作具体的规定，而是基于这样一种假说，即影响过去时期发展的主要因素和趋势，在推测时期中是基本不变的，或其变化的趋势和方向是可以认识的。因而未来仍将按从过去到现在的趋势发展下去，人们也就可以从现实的可能出发，从现在推向未来。

趋势外推法是以普遍联系为其理论根据的。根据普遍联系的观点，客观世界的事物都是相互联系，彼此影响的。从横向看，每一事物都处于普遍联系的链条中，都是普遍联系的一个环节，认识和把握其中一个环节，可以认识到其他的事物；从纵向看，每一事物都有其自身发展的历程，即都有过去、现在和将来的发展过程。可见，趋势外推法有两个方面。

首先，趋势外推一般从横向联系来预测事物发展的趋势。著名历史小说《三国演义》里"孔明借东风"的故事就是一个生动的例证。曹操大军已到江边，迫使孙刘联合。由于敌强我弱，不能硬拼，只能智取，于是决定用火攻摧毁对方的船只。但火攻须借助风力，当时真是"万事俱备，只欠东风"。正在这关键时刻，孔明答应可以"借东风"。结果到进攻敌人那一天，果真刮起了东风，一举烧毁了曹操的船只。孔明为什么能"借东风"？因为他精通天文地理，能根据天气的变化趋势，预测到那一天具备刮东风的条件。

其次，要更好的实现侧向思维，仅仅可以通过"趋势外推"是远远不够的，通过加强外界刺激来促进思维方向的转移则是更有效的策略，而要更好地加强外界刺激就要寻求诱因。寻求诱因是以某种信息为媒介，从而刺激、启发大脑而产生灵感的创造性思维方法。

寻求诱因方法往往是以某个偶然事件（信息）为媒介，它通过刺激大脑而产生联想，豁然开朗，迸发出创造性的新设想而解决问题。当一个问题百思不得其解时，诱发因素是极其重要的，所谓"一触即发"，就包含了诱因的媒触作用。

诗仙李白的诗人人皆知，百读不厌，他的许多绝句都是在饮酒时创作的。李白只要一喝酒，灵感就会迸发，因此有"李白斗酒诗百篇"之说。

以诺贝尔奖闻名于世的艾佛雷德·诺贝尔是一位杰出的化学家和语言学者。他的最大贡献是发明了"达纳炸药"，给世界工业的发展开拓出美好的前景。与此同时，也使诺贝尔家族发了大财，为以后设奖奠定了经济基础。

诺贝尔父亲的火药制造工厂由诺贝尔管理，他一边经营一边研究比火药威力更大的炸药。开始，他开发出硝化甘油液体炸药。尽管这种炸药有极大的爆炸力，但是受到冲击时极易爆炸，安全性很差。工厂接连发生几次爆炸事故，因此运输时要格外小心。

有一次，工厂把装着硝化甘油的油桶堆在海滩上以备装船。不知为什么，有一个桶底出现了漏洞，把"硝化甘油"漏到了海滩的砂子上。诺贝尔想，硝化甘油是炸药，那么，被硝化甘油浸湿的砂子会不会也是炸药呢？于是他悄悄地把带油的砂子带回去做试验。出人意料的是，这些被硝化甘油浸过的砂子不怕冲击和敲砸，但是在用火靠近时发生了爆炸。就这样，在油桶底漏油之后，偶然地发现了既不怕冲击又能够爆炸的物质。在这个基础上，又经过多次试验研究，最后在 1867 年发明了既有爆炸力又安全可靠的一种新炸药，这就是"达纳炸药"。

"达纳炸药"的发明虽然出于一个偶然机会，但正是这个诱因与诺贝尔富于想象力思维的有机结合，硝化甘油从桶底漏掉才成为发明"达纳炸药"的关键环节。

X 射线的发现，是物理学的一项重大突破。在 19 世纪末，物理学中的力学、热学、光学和电磁学都已经建立了比较完整的理论。而 X 射线的发现，引发了一系列重大发现，揭开了现代物理学的序幕。它的发现者伦琴因此获得了 1901 年的首届诺贝尔物理奖。

X 射线是德国物理学家 W·K·伦琴在用真空管产生阴极射线时偶然发现的。据他本人回忆，1895 年的 11 月，他在连续几天的阴极射线实验之后，突然发觉，在通电流时旁边凳子上的亚铂氰化钡纸产生了一条荧光。按常理说，这种纸只有受到光线照射时才能产生荧光。现在电子管被黑纸蒙得严严实实的，光线透不出来，为什么还能产生荧光呢？伦琴毕竟是伦琴，他抓住这个奇怪现象穷追不舍。在多次实验中证实，这是眼睛看不见的一种特殊光线。它的穿透力极强，不仅能穿透黑纸，还能透过金属。伦琴又用他的夫人的手，拍出了第一张人体透视照片，这种特殊的光线称之为 X 射线。人们把它叫做伦琴射线。后来证明，X 射线实质上就是波长极短的电磁波。现在它在医疗诊断、海关检查、产品质量检验以及许多科学研究领域都有广泛的应用。

在偶然现象中获得的重大发现和发明，这类成果中凝聚着科学家们的敏锐观察和超凡思维。装好待运的硝化甘油被漏在沙滩上，一般人对此多限于可惜，而诺贝尔把思维扩展到被浸泡过的沙子上。伦琴发现不受光线照射而产生荧光的怪现象时，联想到可能产生了一种超常的射线。这些成功都是面对偶然现象带来的诱因引发极具创造性的侧向思维。科学史上的记载表明，在伦琴发现 X 射线之前，汤姆生、勒纳德等好几位物理学家碰到了这种现象。他们都与发现 X 射线的机会擦肩而过。只有经过长期磨炼、在研究中一贯严谨自觉、摆脱了思维定势的伦琴，才抓住了外界诱因赐予的机遇，做出了杰出的新发现。

科学史上，牛顿从苹果落地展开侧向思维，导致了万有引力定律的提出；哈维借鉴大自然中水的循环体系而提出人体的血液循环；邓录普在浇花草时由水管的弹性受启发而制造了轮胎；秦观受到苏东坡"投石于水"的提示而对出了苏小妹的对联等等，都是由于偶然事件的刺激，而产生创造性思维。表面上看，有诱因就可以解决一切问题，似乎"机遇就可以带来成功"。事实上，诱因并不是引发侧向思维的关键，"机遇可以是导致成功的重要因素，但机遇绝不是导致成功的完全因素"。面对诱因，要保持高度敏感、并且积极调动自己的固有知识。而侧向思维并非在任何情况下都能发挥作用，必须具备一定的条件。这个条件就是：所研究的问题必须成为研究者孜孜以求、坚定不移的研究目标，一直悬念在心。只有在这种情况下，人的大脑皮层才会建立起一个相应的优势灶。由于优势灶有两个基本特征，即神经细胞对刺激的敏感性大大提高和脑细胞长时间保持兴奋状态。因此，一旦当侧向思维受到某个偶然事件的刺激，就容易产生与思维相联系的反应，从而对所研究的问题形成新的设想，或者提出新的问题，使侧向思维在创造活动中发挥重要作用。这一点，正如法国化学家巴斯德所指出的："机遇偏爱那些头脑有准备的人！"

三、合向思维

一个古老的寓言故事讲，有位神秘的智者，具有非常丰富的知识和洞悉事物的前因后果的能力。他答复任何问题从来不会答错。

有一个调皮的男孩对其他男孩子说："我想到了一个问题，一定可以难倒那个智者。我抓一只小鸟藏在手中，然后问他，这只小鸟是死的还是活的？如果他回答是活的，我就立刻将手里的小鸟捏死，丢到他脚边；如果他说小鸟是死的，我就放开手让小鸟飞走。不论他怎样回答，他都肯定是错。"

打定主意之后，这群男孩子跑去找到那位智者。调皮的男孩子立刻问他："聪明人啊，请你告诉我，我手上的小鸟是死的，还是活的？"

那位长者沉思了一下，回答说："亲爱的孩子，这个问题的答案就掌握在你手中。"

智者的回答看起来好像是一个两头堵的方法，而实际上却考虑了事物的一切可能，是一个典型的合向思维。

沈括在他的名著《梦溪笔谈》之中记录这样一个典型事例。

宋朝真宗年间（公元 11 世纪初），皇宫曾经被焚。皇帝急命大臣丁渭负责重建，限期完成。丁渭深知重建皇宫的工程浩大：一要从城外取来大量泥土做地基；二要从外地运来大批的建筑材料，最后还要把用剩下的废料污土运出城外。工作量惊人，时间又紧，无论是工程质量出问题，还是延误了工期，都是要杀头的。

怎样完成这个浩大的工程呢？他想，如果能统一筹划，在实施第一步工程的同时，为第二步工作做好准备；在进行第二步工作时，又为下一步工作打下基础。这样，各项工作互相补充、互相依存，就可以达到既快速又保证质量的目的了。于是，他制定了以下的统筹方案，进行建设。

一开工，丁渭就命令民工"借道铺基"，在城里通往城外的大道上取土，用来铺设皇宫的地基。土沿着大道运来，没几天就把地基铺好了。这时大道成了又宽又深的大深沟。

接下来，"开河引水"。就是把取土造成的大沟和城外的汴水河挖通，使原来的大道成了一条河，这条河和汴水河通着。于是，外地的大批建筑材料可以沿着这条河一直运到工地旁边，使取用材料极为方便。在这样的条件下，工程建设日夜不停，进展很快。

最后，在皇宫建成之后，丁渭命令："断水填沟。"就是把汴水河与大沟截断，在排水之后，把一切废料、垃圾全部扔进大沟。很快，大沟又变成了一条新的大道。

丁渭的这一套妙计创造了投入少、工期短、质量合格的工程建设奇迹。按现代的说法，就是创造性地应用"运筹学"的典范。1000 年前，世界上还没有运筹学这门科学，当时我们的祖先运用这门学科的思想就已经很精湛了。

丁渭的这一成果，从科学理论应用角度看属于"运筹学"应用，而从思维角度看则是典型的合向思维方法应用。所谓合向思维就是将思考对象有关部分的功能或特点汇集组合起来，从而产生新设想的一种创造思考方法，又称合并思维法、组合法。

合向思维法是一种简单实用的创造性构思法，人们在发明创造中经常运用，在科学实践中取得了广泛的成果。美国画家海曼·利普曼是个粗心的人。他在工作室作画的时候常常丢掉橡皮。想用橡皮的时候又不知它掉到什么地方，或许被埋在纸堆里，也许被放在什么角落，添了不少麻烦。有时他用细绳把橡皮拴在铅笔后端。这样一来，只要手中握着铅笔，便不会把橡皮丢掉，什么时候都不用为找橡皮花工夫。

他的朋友威廉看到了拴着橡皮的铅笔。心想，何不索性把橡皮和铅笔融为一体，成为一件东西呢？经过几次试制、改进，生产出了带橡皮头的铅笔。它比把橡皮拴在笔上更方便。威廉为这件小发明申请了专利，并向生产这种铅笔的厂家收取了技术转让费。由于这种产品受到了广大消费者的认可，销量连年递增，威廉靠这项专利技术转让赚了大钱。

这就是历史上最简单而又很成功的组合发明成果。事实上，在发明史上，这样的例子很多，例如，拖拉机与大炮的合并，出现了坦克；闪光灯加上自动调节器，再加上照相机，组成了"傻瓜"照相机；收音机加上录音机，再加上音箱，便成了组合式收音机；汉语拼音和扑克结合，发明了在娱乐中增强学生记忆的"汉语拼音扑克"；蘸水笔与墨水瓶的组合，出现了书写方便的自来水笔；电子计算机技术和机械技术的组合，发明了数控机床等。

合向思维在不同领域中的表现形式各不相同，在科学研究、调查决策活动、技术发明中常用的合向思维表现为下列形式。

合向思维在科学研究中的表现形式为"辏合显同"法。所谓"辏合显同"法是通过把原来是杂乱的零散的材料聚合在一起，再从中抽象出一种显示它们本质的新特征的创造性思维活动和方法。

"辏"，原是指车轮聚集到中心上，后引申为聚集，"辏合显同"就是把所感知到的对象依据一定的标准"聚合"起来，显示出它们的共性和本质。

"辏合显同"在科学研究中是非常有用的。1742年，德国数学家哥德巴赫写信给当时著名的数学家欧拉，提出了两个猜想。其一，任何一个大于2的偶数，均是两个素数之和；其二，任何一个大于5的奇数，均是三个素数之和。这就是著名的哥德巴赫猜想。从猜想形成的思维过程来看，主要是"辏合显同"的作用。我们以第一个猜想为例，"辏合显同"的步骤可表述为下面的过程：

$$4 = 1 + 3 \text{（两素数之和）}$$

$$6=3+3（两素数之和）$$
$$8=3+5（两素数之和）$$
$$10=5+5（两素数之和）$$
$$12=5+7（两素数之和）$$

这样，通过对很多偶数的分解，"两素数之和"这个共性就显示出来了。

"辏合显同"法主要有以下几种类型。

第一种，审视法。这是"辏合显同"的先行方法，即对研究的对象用审视的眼光去分析，为能显同打下基础。世界上的事物尽管形形色色，各不相同，但只要我们对研究对象的形态、属性、结构、功能以及运动过程等等进行抽象概括，就能找出同类事物的共同点，确定其共性。

第二种，综合法。即通过把原来是杂乱的零散的材料聚合在一起，并进行综合考察，分析研究，从而得出创造性效果的方法。比如，在1935年，有一个名叫雅各布的德国新闻记者，出版了一本小册子，书中详尽地描绘了希特勒德国军队的组织机构、参谋部的人员分布、160多名部队指挥官的姓名和简历、各个军区的情况，甚至还谈到了最新成立的装甲师里的步兵小队。这些极端重要的军事秘密，是怎样泄露出去的呢？希特勒勃然大怒，下令追查此事，德国情报机关设法将雅各布绑架到柏林审讯他。雅各布说，他这本小册子里说的每一件事情都是德国公开的报纸上登过的，而且把证据都拿出来。原来，雅各布长期搜集德国报刊上发表的所有涉及军事情况的消息报道，做成卡片，进行细致的分析，就连丧葬讣告或结婚启事之类也不放过。日积月累，零星材料越来越多，雅各布再经过分析、比较、推断，综合成了一幅德国军队组织状况的清晰图画，而这幅图画与真实情况竟然相差无几。

第三种，集注法。即集中力量贯注于研究对象的思考方法。法国昆虫学家法布尔用毕生精力对昆虫世界进行观察，鲁迅称他是一个在科学上"肯下死功夫"的人。一次，他在路上行走，突然看见许多蚂蚁正在齐心协力搬运几只死苍蝇，立即抓住这个观察和研究蚂蚁生活习性的好机会。他不顾潮湿肮脏，趴在地上，用放大镜专心致志地一口气观察了4个小时。行人觉得他的行为怪异，纷纷前来围观，说他是"呆子"和"怪人"。法布尔对此全不在意。为了观察雄性蚕蛾如何向雌蛾求偶，竟用了3年时间，他的观察正要取得结果，"新娘"不巧被一只螳螂吃掉了。法布尔很难过，但没有泄气，从头再来，又用了大约3年时间，终于获得了完整准确的观察资料。根据自己对400多种昆虫的猎食、营巢、生育、抚幼、搏斗等现象的研究，法布尔写出了十卷本巨著《昆虫记》，揭示了昆虫世界的种种规律。

在进行按"辏合显同"的思维活动时，必须对大量杂乱零散的材料进行"去粗取精、去伪存真、由此及彼、由表及里"的加工改造制作，即要选择材料、鉴别材料、联系材料和深化材料，只有这样，才能在异中显同，抓住事物的本质和规律。

KJ法是在调查、决策活动中常用的一种典型的合向思维方法，可以在以调查为主的社会实践活动中使用。KJ法是日本东京工大教授川喜多二郎在尼泊尔喜马拉雅山从事多年的探险所积累的经验的产物。1964年提出来以后，作为一种新的思维方法，被广泛运用。KJ是川喜多二郎英文名字的字头。

这种方法，首先将收集到的大量事实以及与课题有关的分散想法进行组合、归纳、整理，找出课题的全貌，从而发展成一种新的想法。

KJ法的程序如图3-6所示。这种方法，一般多用于全面考虑一个课题时使用，在使用这种思维方法时，往往要考虑的问题是较为复杂的。且参与的人员较多，尤其是有许多评价要参与其中时使用。KJ法应用的范围很广，使用此方法可以使原来零乱的材料自然地编成整体，从细碎的情报中挖掘潜能，使用此方法可以使使用者养成重视收集零星材料的习惯，提高分析和综合问题的能力。

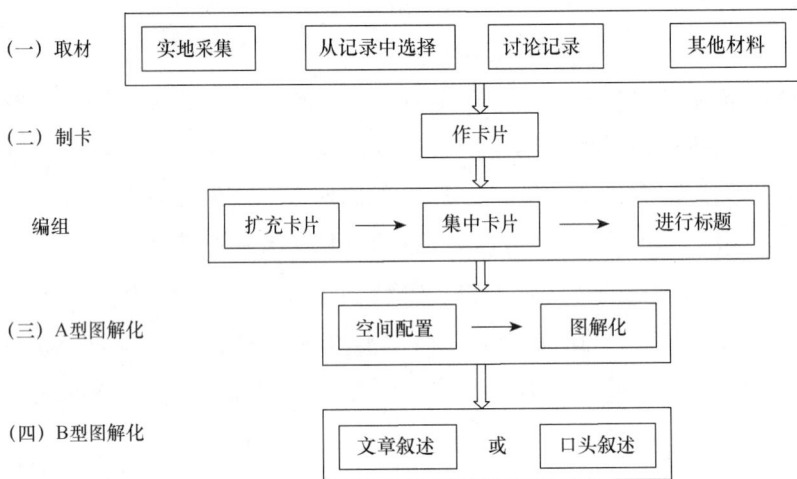

图3-6　KJ法程序

例如，对一个待解问题的方案进行评价，就可以采用该方法。一般在应用的时候采用如下步骤：

第一步，取材。即通过多种渠道，采取各种方式调查搜集与该课题相关的情况和材料。

第二步，制卡。参加评价的人员制作卡片，通过所掌握的材料，将自己的分析和结论写在卡片上，但作者在卡片上不署名。卡片制作好以后，主持人将卡片收起来进行混合，再发给每个人；这时，要尽量使每个人拿到的不是自己的卡片。然后，主持人任意叫一个人读手中的卡片，读完后，问有没有与此相同的卡片，如果有，也读一遍，以加深印象，再将这些内容相同的卡片放在一起，重复这一过程，直到所有卡片都读完为止。这一过程结束后，对每一组卡片进行总结，确定一个标题。

第三步是 A 型图解化，将这些分好组的卡片放在一张大白纸上，内容有联系的放在一起，然后再将各张卡片贴在纸上，按照评审方案的标准，划出各张卡片的范围。这样，通过空间配置和图解化，对方案的评价结论就基本上出来了。

第四步是 B 型图解化。将卡片上的意思写成书面材料或者作口头叙述，得出对这个方案的评价结果，以确定该方案的去留。通过 KJ 法，一方面对方案进行评价，另一方面，在评价过程中使参加评价的人员培养了自己的思维能力。

合向思维看似简单，但是如能尽量把不同质的、意想不到的东西加以组合，这个想法便是前所未有的、崭新的了，用合向思维可以使社会实践工作的天地无限广阔。

第四节　社会实践所需的问题意识

下面几个日常生活中的例子都可以说明创造性解决问题无处不在：

一个三角形求面积的问题对于有小学高年级文化水平的人可以说是一个没有问题的"问题"，而对于一个没有学过面积计算方法的人（无论是成年人还是儿童）他们都将面临一个计算难题，如果他们没有借助外来的知识或帮助而准确的计算出三角形的面积来，尽管方法可能笨拙但对本人计算的结果和方法无疑是一次创新的过程。

一位野外旅行者行进中鞋跟脱落了一只，继续走路便成了问题。要解决问题首先应当想到的是修复。当缺少修复条件时，拆掉另一只鞋跟变成了一双平跟鞋以解决突发的问题，也不失为一个绝妙的创举。

如果是遇到一段泥泞的道路而又不想脏了你的新鞋呢？完全可以利用路边的秸秆捆成束，再紧紧地绑在鞋底变成高底鞋，帮你渡过难关，其中也同样存在创意的构想。

引发创造动机的因素是各式各样的，而激发其创造火花的触媒却只有一个，那就是"问题"！

问题也是多种多样的，从内容到形式，都是千差万别的，但它们有一个共性：都是由人们面临一项任务或某种需求，而又没有直接的手段去完成时所产生的。问题是人们遇到的一个情境，一个没有直接、明显的方法、想法或途径可以遵循的情境。志愿服务活动中产生了问题，就必努力须解决。要做好志愿服务工作，首先也必须研究问题。

"问题"一般说来有三个要素：

① "问题"的初始状态：是指一组已经明确知道的，关于问题的条件的描述。

比如汽车"舒适性"问题，其条件是汽车作为弹性系统，在刚性（实际也有弹性，只是很小）路面上行驶，路面纵横方向均有不平度，人坐在汽车上（座椅可能是弹性的，也可能是刚性的），人与汽车均有一定的重量，汽车行驶系承担全车重量，承受和传递路面作用于车轮的各种力和力矩，吸收振动和冲击。这些初始条件都直接影响到汽车的舒适性问题。

初始条件是问题产生的原因，要解决问题也必然与初始条件密切相关。

菜刀由钢制成，一面开有刃，这就是刀锋利还是不锋利问题的初始条件。要解决刀不锋利问题，就必须了解初始条件——钢的牌号、成分、厚薄、热处理规范，以及最好的磨砺方法等。

② 问题的目标状态（目的）是构成问题结论的明确描述，即问题要求的答案。

在前面的例子中，汽车"舒适性"问题的目标是乘坐者无不舒适感觉。刀刃问题的目标是锋利。两者都要求达到要求的指标。

③ 差距。差距是指问题的给定目标与初始状态之间的直接或间接的距离。差距必须通过一定的思维活动和具体措施才能找到答案，并进一步通过技术措施达到目标。差距的大小直接反映了"问题"解决的程度。

问题有不同的类型，依据性质可把问题归结为明确的问题和模糊的问题，按问题情境分类可以划分为呈现型问题、发现型问题和创造型问题。按问题的目的又可划分为研究型问题和应用型问题。

解决问题的过程是千变万化的，一般可以分为四个阶段：提出问题，确定问题，解决问题和评价。因此，我们认为要提升大学生展会、赛会志愿者能力，就要沿着解决问题的过程进行相应训练。

一、提出问题和确定问题训练

提出问题又称为形成问题，是创造的起点。形成问题就是在以前经验或直觉分析的基础上，对问题情境的认知状态，是发现与组织问题的过程。

在研究型的问题中，往往提出一个创意，就在很大程度上解决了一个问题。

在发现型问题和创造型问题情境下，提出新问题、新的可能性和以新的角度去考虑老问题，则必须有创造性的想象，也是科学创造取得进展的标志。如果人们发现了前人未知的思维产品：如设计出某种新产品，或一个问题的解决模式，一个新的概念等，就是一种创造性的活动。

提出问题不是简单的概念描述。为使创造过程的深入发展和取得创造性成果，必须明确创造的目标（寻求的结果）和阻止解决问题的各种因素（障碍），这样才能更清楚创造开发的努力方向，并且更进一步的提出有价值的问题。提出问题的具体策略与方法有如下几种：

（一）发散加工

发散加工就是采用发散性思维，以寻求思维的广阔性，尽可能在求解中产生尽可能多的设想性方案或问题。一般采用以下方法。

（1）提问法

提问法是发散加工的基本方法，通过对问题的结果和障碍进行提问。并仔细查问这些疑问，发现有价值的新问题作为创造活动中的求解目标。

（2）列举缺点和希望点

列举缺点和希望点是提问法的一个变式。

列举缺点即首先将问题层次化，然后分析事实、发现缺点并从中找出可能克服或改进的方式方法。

列举希望点是通过提出对事物的希望或理想，将问题的目的聚合成焦点来加以考虑。

列举缺点和希望点是一个问题的两个侧面，但这两种方法在程序上的相似性和应用上的相同目标性，使两者可以融合在一起对创造性开发起到同样的启发作用。

缺点和希望点列举法最适合于硬件领域，但也可适用于软件领域。在硬件领域可以用来寻找产品质量、产品性能等当中的问题点，在软件领域可以用来寻找政策、管理、实施方案等问题。

（3）列举属性

列举属性是一种提出问题的技术。进行属性列举时，首先将事物对象分解成各个组成部分，并针对每个组成部分，寻找其属性与功能特征，再按属性特征找出对应的可行性方案和替代办法。

事物的属性是客观的，事物单元分得越小，就越容易发现问题。比如：刀是钢的，细化为刀体是钢的，进一步细化为刀刃是 $45^{\#}$ 钢的，就可以根据 $45^{\#}$ 钢的特性解决刀不锋利的问题。

属性列举法应用范围很广泛，既可用于寻找问题，又可用于创造性训练。

（二）收敛加工

在发散加工中提出了很多问题，这些问题中有些可能是无意义的（不客观、不具备实施条件、超出想象等），收敛加工的目的就是在众多问题中，根据客观条件，选择具有重要意义的领域，进行创造性活动，以追求最好的结果。

选择的领域应当是客观的、有价值的和现有条件能有所作为的。收敛加工具体有两个方面：

（1）关系收敛

关系收敛是问题领域与研究人员主体的协调问题。收敛加工的标准是：第一，选择的问题领域是研究主体影响力足够的范围；第二，和研究主体的动机是一致的。本着上述原则，对研究主体力所不及的应坚决剔除或以后再行考虑。

（2）展望收敛

展望收敛是指运用一定的选择标准，选择最有价值的问题，其标准是：第一，熟悉程度。越熟悉的问题解决起来越容易；因此，应尽量选择较熟悉的领域，以避免半途而废。第二，重要性。通过需求状况、理论价值、经济效益等方面分析；应尽可能选择比较重要的问题，争取获得较有价值的成果。第三，紧迫性。就是分清轻重缓急，注意时间和进度，将急迫的问题放到优先位置考虑。第四，稳定性。就是摆正时空位置，优先考虑时空、结构环境等变化，保证解决问题结果的稳定性。

（三）运用创新技巧

正确运用创新技巧，可以更好的发现有研究和开发价值的问题。运用创新技巧，主要要关注如下几方面问题：

1．增强问题意识

问题意识就是对问题的感受能力。创造活动首先源于问题意识，没有问题意识，也就难以注意和提出新的问题。创造活动也就无从谈起了。日常工作与生活中随时都会遇到问题，有些问题是稍纵即逝的，因而只有保持对问题的敏感性，才能为提出问题奠定基础。

2．保持好奇心与提高观察力

好奇的人不一定都有创造力，而有创造力的人大多数都很好奇，真正的好奇心经常带来意想不到的创新。好奇会给人带来机会，而得到机会还要观察和思考，否则也难以发现问题，而只能是走马观花。有好奇心还要坚持探索，才能深入某个领域，加深了解。这样，常常会得到意想不到的结果。

3．掌握问题产生的途径

掌握问题产生的常见途径可以有效地提高一个人对问题的敏感度。提高对问题的敏感度的方法主要有如下几种：

（1）抓住经验事实同已有理论的矛盾

抓住经验事实同已有理论的矛盾是科学问题产生常见的途径。新的观察和实验结果，以及多数反常现象，都可能与现有的理论概念发生冲突；冲突积累到一定程度，现有理论及辅助原理、假设等难以解释这些经验事实时，新的科学问题就必然会产生。最重要的是要能从一些变化中洞察到其中不相容的程度，从而提出新的问题。

（2）抓住理论的逻辑矛盾

理论的一个基本要求应该是自洽的，如果理论内部出现逻辑矛盾，就将产生矛盾的论断。因此，抓住理论的逻辑矛盾是实现理论突破的关键。必须要牢牢抓住此类问题。

（3）抓住规律性的不良现象（故障、次品、缺陷等）

规律性的现象，反映了本质上的联系和问题。找到规律及其现实条件，在质疑中寻找问题。

（4）注意争论

不同学术观点的争论是科学史上的常事，争论的焦点问题，也是学术研究的重点问题。

（5）注意不同知识领域的交叉地带

科学的发展呈现出细化、交叉、综合的大趋势，在交叉区域边缘之处，也是有意义的课题潜在之处，从中寻求有意义的课题，可以为科学发展做出开拓性贡献。

（6）从急待开发的领域寻找问题

急待开发的领域，因为"新"，也是问题比较集中的地方。开发过程，就是创新的过程，开设的关键部位，也是问题突破的重点和取得成果之处。

（7）在拓宽研究领域和应用领域中寻求问题

在拓宽研究领域和应用领域中寻求问题有三个主要方向：

第一，寻求领域拓宽的途径。眼睛只盯着一个问题领域，往往会阻碍发现更新鲜、更充分、更值得探讨的问题。当思维的惯性使自己在一个特定领域中循环思索时，要努力使自己从循环中跳出来，从其他方向寻找材料得到启发，就会有新的问题展现出来。

第二，在拓宽研究和应用领域过程把障碍作为问题研究。因为，对于可以拓宽的领域，遇到的障碍就是问题。

第三，把由外部世界观察到的刺激强制地与正在考虑的问题建立起联系，使其原本不相关的要素变成相关，进而产生待研究开发的问题。

总之，提出问题的策略与方法很多，只要认真去寻找并形成问题，就找到了创造的起点。

确定问题实际上是一个问题的重新组合的过程。在这一过程中，为了更好的重组问题，就要对问题的要求进行研究，一方面，可以通过对目标要求进行分析，找出问题的实质目标；另一方面，可以通过对目标要求进行分析，转化要求。

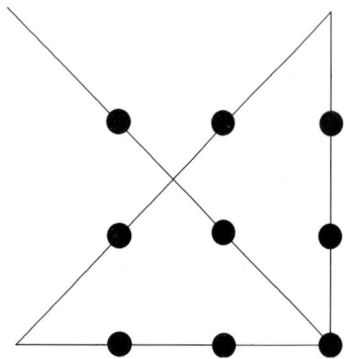

有一个著名的九点问题："用铅笔把九个点用最少的直线联结起来，在画线时，铅笔不准离开纸面。"很多人都设想画的直线只能在九个点组成的直线内，尽管这种限制在问题中并没有被提到过。如果画线的人让自己把直线拓展到图形之外，那么只要用四条线就可以完成任务。这个问题曾引起了诺贝尔物理学奖获得者，"夸克"的提出者盖尔曼的兴趣（图3-7）。他总结说"问题的阐述涉及发现问题的真正边界"。九点问题给我们最大的启发是，许多难题产生于解决者在潜意识中将问题的规则作了过严的规定。这也是一种思维的惯性，自己很难打破它，除非别人点拨。因为这些规则是无意识中认定的，自己很难发现。

图3-7　九点连线

九点连线的问题，就是通过找出问题的实质目标，找到解决方案的实例。前文提到的亚历山大王到了哥丹城，一剑劈开"绳结"的故事就是通过对目标要求进行分析、转化要求使问题得以解决的实例。

二、解决问题训练

在解决问题阶段，首先要从需要解决问题的整体思考问题，分析整体中各要素的结构是否达到合理配置优化。

中国历史上有一个著名的孙膑赛马的故事。春秋战国时，一次鲁国和齐国比马，各牵上、中、下三匹马进行比赛。孙膑分析，如果着眼于局部，齐国的上马未必比得上鲁国的上马，中马、下马也是如此。但从整体考虑，只要胜两局就赢了全局。

于是他用上马与鲁国的中马比，用中马与鲁国的下马比，用下马与鲁国的上马比，虽然一局输的惨，但是却胜了两局，从而在整体上超过了鲁国。这就是从整体考虑，得出一个得胜的最佳方案，他不过是把赛马的顺序给调整了一下。

其次，面对问题，可以利用规则去解决问题。

从前有两个相邻国家关系很好，不仅互通贸易，而且货币也互用，即甲国的 100 元就等于乙国的 100 元。一次，两国发生摩擦而导致关系恶化，虽然两国人民还可自由往来，但甲国国王却宣布乙国的 100 元货币只能兑换甲国的 90 元货币。随即乙国国王也宣布甲国的 100 元货币只能兑换乙国的 90 元货币。某人虽然手中只有甲国货币 1000 元，却乘机大捞了一把，发了横财。他的具体做法如下：先在甲国用甲国钞票 1000 元购物 100 元，并声称自己将到乙国办事，要求找给乙国的钞票。由于甲国钞票的 90 元等于乙国的 100 元，所以找回乙国钞票 1000 元。然后，他跑到乙国又用乙国钞票 1000 元购物 100 元，再要求找回甲国钞票。此后又到甲国购物……如此往返下去，他自然要发一笔横财。

这个例子正说明，有时解决问题的规则是存在漏洞的，只要利用规则，就可以创造性地解决问题。

再次，面对较难的问题，可以通过改变规则和打破规则去解决问题。

古时候，阿拉伯有一个大财主，家财万贯。财主的两个儿子为了能在财主死后多分得财产，你争我斗、绞尽脑汁。财主担心自己死后儿子将因争夺财产而互相残杀，决定用一个公平的方法解决财产分配问题。一天，财主将儿子都叫到跟前，对他们说："你们骑马跑到沙漠里的绿洲去吧，谁的马胜了，我就把财产传给谁。但这场比赛不比往常，不是比快而是比慢。我先到绿洲去等你们，看谁的马后到。"

兄弟俩听了财主的话后，骑着各自的马开始慢吞吞地上路进行赛跑了。可是在干燥炎热的沙漠里，骄阳似火，慢吞吞地赛马叫人无法忍受。两人正在痛苦难耐、下马歇息的时候，一位智者过来开导了他们几句，兄弟俩听了之后都非常高兴。稍后他们上马开始快马加鞭、绝尘而去。智者给兄弟二人的建议就是让兄弟俩互换马匹。由于财主父亲为两个儿子设立的比赛是以谁的马迟到为胜，所以让自己的马迟到就相当于让对手的马早到。因此，互换马匹以后，两兄弟都会策马飞奔。

这个例子正说明，有时解决问题的规则可能是没有活力的，只要改变规则，就可以创造性地解决问题。中国当代的农村联产承包责任制给农村带来的变化，正是以邓小平为领导的党中央创造性地改变了农村土地使用规则取得的成功。

一天，小酒店里进来 3 个身佩手枪的牛仔。在喝了几瓶烈酒以后，其中一个牛仔指着桌上的四个空酒瓶说他能用三枪将其全部打碎；他把其中的两只酒瓶摆成一条线，用三枪将四个空酒瓶全部打碎。第二个牛仔则说他两枪就可以打碎四个瓶子；他把四个空酒瓶分别以两只酒瓶为一组摆成一条线，用两枪将四个空酒瓶全部打碎。第二个牛仔说他一枪就行了。这时，第一个牛仔和第二个牛仔提出摆成一条线的空酒瓶最多不能超过三只，第三个牛仔仍然说可以实现。他举起枪，一枪打断了桌子腿，桌子被打坏了，桌子上的所用的酒瓶都被摔到地上而砸碎了。

这个例子正说明，有时解决问题的固有规则可能是没有办法直接解决问题，只有打破规则，才可以创造性地解决问题。

三、评价问题训练

解决问题过程中，除了独特性、新颖性的追求外，还要保证方案的适宜性。因此需要在提出解决方案以后，对其进行评价。评价的标准侧重于有效性、恰当性、实施性和可行性。因此，对问题的评价就显得十分重要。

对于实际生产、生活中的问题的评价一般包括技术评价、经济评价和社会评价三个方面。社会工作领域中问题评价最关键的标准是社会满意程度。

社会评价是评定方案实施后对社会带来的利益和影响。社会评价考虑的因素相当多，一般视不同情况而有所侧重。要评价的方面有：

是否符合国家科技政策和国家科技发展规划的目标。

是否有益于改善劳动环境和社会环境，如考虑空气、水、噪音污染；减少工伤事故和产品事故；防止交通堵塞；防止对心理、风俗和习惯的不良影响等。

是否有益于提高人民生活，包括有利于人民生活的多样化、高效化；有利于扩展人们的活动范围；有利于提高文化教养。

是否有益于提高生产力，包括扩大生产规模、提高生产率、加工制造的高效化、节省人力、物力。

是否有益于资源利用，包括节省资源和能源，扩大资源利用范围和程度，开发新能源，可否回收再利用等。

评价方案社会效果的内容较多，有些内容一时难以权衡利弊得失。例如，第二次世界大战期间发明了 DDT，对防治虫害起了巨大作用，发明者获得了诺贝尔奖。但是人们何曾想到它的广泛施用威胁了生态平衡，以致最后不得不禁止使用。此外，遗传工程和人工智能的发展也都出现过争论。可见，同前两种评价相比，社会评价更为复杂，非确定性因素更多，它与生态平衡、社会发展，人的生理、心理和生活习惯等都有密切关系。因此，社会评价更要求评价者有广博的社会知识和战略眼光。

在方案设计和挑选的过程中，常常要进行多次评价。在创造性地提出解决问题的种种初步设想或初步方案之后，要先进行概略评价，把不可行的或水平不高的方案舍掉，留下少数较好的方案；然后，对少数方案做技术设计或施工图设计；再行详细评价、选出供实施的最好方案。不论概略评价还是详细评价，都是从技术先进、经济可行、社会有益三方面着眼的，并把这些指标联系起来进行综合比较的。

四、问题意识及其相关训练

（一）问题意识训练

一切人类创新均来自于问题。发现和认识问题有着同等重要的意义。待解问题的目标就是使消费者可以使用上更优质的产品，这就要求解题者善于发现和提出问题，根据问题，解题者才会不断寻找新的目标、有意识地及时研究和解决新问题。

培养问题意识，在解题训练中需要注意一些问题：有些选题可能在原理和方案可行性、新颖性上都没有问题，但却没有市场或社会使用价值，因此是不可选的。在计算机汉字录入系统开发的过程中，各界人士开发的录入方法有几千种之多（软件也号称"万码奔腾"），但最终被大家所使用的仅仅几种而已，究其原因就是选题确定的方案不实用。因此，在选题训练阶段，要注意选题是否容易被大众所接受。同时，还要充分考虑解题方案的原理和结构是否成熟、现实。因为原理正确技术不成熟也会使工作失败。计算机的思想模型——"图灵机"早在几百年前就已经被提出，但由于物理学的不发达，"图灵机"的设计思想根本无法实现。

要防止这种现象的发生，在进行训练时，就要培养大学生的问题意识，针对一个设想多问几个为什么。以公益志愿服务活动设计为例，就可以问：

公益志愿服务活动与国家倡导的理念吻合吗？

公益志愿服务的方案所需的技术或方法早已成熟了吗？

公益志愿服务带来的结果对居民的利处在哪里？

本项公益志愿服务活动有持续开展的价值吗？

本项公益志愿服务活动有多大的推广范围？

本项公益志愿服务活动容易被别的活动替代吗？

本项公益志愿服务活动会受到被服务者欢迎吗？

本项公益志愿服务活动会收到良好的社会效益并形成较好的口碑吗？

大学生应当常常将上述问题提出来，不断提醒自己，渐渐的就可以养成良好的问题意识。技术创新来自于丰富的想象，但并不是每一个设想都会变成现实的产品；要提高解题的成功率，就要提高问题的针对性。因此，在社会实践活动开始前，大学生应该将可以想到的问题问过自己以后，连同方案一起交给其他合作者进行再次推敲。

（二）问题明确训练

创新源于问题，但问题不等于具体题目和创新的具体任务。要实现解决问题的目标，就必须明确任务，也就是在众多信息中确立目标问题。

问题明确主要包括两种情况：第一种是由一个问题转化成另一个问题；第二种是将一个较难求解的问题转化成一个相对容易求解的问题。

如果问题明确的情况属于前一种，就需要解题者不断缩小思考范围，一步一步地达到目标。这样就可以把与核心问题关系不大的枝节性问题一点一点地剥离掉，进而发现关键问题。

需要指出的是，当面临问题是一个大问题时，它大多是一系列问题的组合，要把大问题转化成小问题，就要归纳问题涉及的范围，指出该问题的核心内容，再构造一个新的问题表达方式。如果转化后的新问题仍然能够准确表示解题目标，就用该问题替代原来的问题。问题确定不一定是一次就能完成的，因此，该工作是一个循环往复的过程，当最后的目标使解题者认为满意了，待解的问题就可以确定了。

而对于一些较难解决的问题，往往因为看起来较难，问题一被提出就会被一部分人放弃；但是，如果把比较难的问题分解或转化，就可能解决问题。

一个较难的求解问题，经过转化以后同样是可能解决的；因此，解题者要实现目标就敢于提出设想，并且努力寻找将设想转化成可以实现的表达方式。

待解问题目标明确以后，要解决问题，还必须建立一个具体的实施方案，并且要对方案加以细化这，就是方案细化工作。

第四章 社会实践所需的创造性解决
问题方法和安全知识

要提高社会实践活动所需的创新能力，就要研究创造技法，也就是创造性解决问题的方法。按照美国加利福尼亚州立大学教授吉尔福德（J. P. Guilford）的思维分类法，思维可分为"扩散思维"（Divergent Thinking）和"集中思维"（Convergent Thinking）。因此，我们就沿着这一思路把创造技法分为扩散发现技法和综合集中技法。

扩散发现技法的主要作用是寻找问题所在，然后提出设想。在社会工作领域中，典型的扩散发现技法主要有如下两种：思维激励法、联想方法。综合集中技法的主要作用是收集情报，或者按照顺序来解决问题。综合集中的工作主要包括方法收集情报技法、逻辑推理、预测技法等。比较典型的方法是运用逻辑推理解决问题的方法。思维激励法我们将后面结合社团领导能力介绍。下面，我们将重点介绍上述能力。

第一节 提高联系能力的方法

某位老板在国道边开了一个饭店，但开业后并不景气，眼看众多车辆过去，却很少有人光顾饭店。他就思考为什么自己物美价廉的经营却并不能招揽顾客。后来，他换了一个方位和着眼点，想到在饭店旁建起一个很好的厕所，做了一个很醒目的标志。这样，许多司机为了方便而停下车，也同时就光顾了饭店。

从这个看起来像笑话的案例中，我们可以发现，正是饭店老板，在转换思维角度的基础上大胆地展开联想，才解决了问题。在实际生活和发明创造活动中，提高人的联想能力十分重要。

典型的联想技法有如下几种：

一、检核表法

当思考某一问题时，为了不漏掉要点、便于逐项检查核对而做成的表，就是检核表。例如外出长期旅行时，事先准备一个携带物品明细表，临出发前，进行一番检查核对。使用"检核表"同样可以提出创造设想和解决问题。在进行创造性设想时，检核表法是个很有效的方法。典型的检核表法有奥斯本检核表法、特性列举法和扩大功能法。

1．奥斯本检核表法

迄今为止所有的检核表中最著名的是奥斯本最早使用的方法，即"奥斯本检核表法"。此法主要选择 9 个项目作为检核表的核心：

① 有无其他用途。按原有现状，有无新的用途？改革后，有无其他用途？

② 能否应用。有无与此相似的其他东西？能否启发出其他创造设想？有无与过去相似的东西？能否仿效什么？能否应用他人的成功经验？

③ 能否修改。有什么新主意？意义、颜色、活动、音响、香味、式样、形状等能否改变？能否做其他改变？

④ 能否扩大。能否增加什么？时间、频度、强度、高度、长度、厚度、附加价值、材料等能否增加？能否复制？扩张？

⑤ 能否缩小。能否减少什么？再小点？浓缩？微型化？再低些？再短些？再轻些？省略？改流线型？能否分割化小？能否采取内装？

⑥ 能否代用。谁能代？什么能够代用？其他材料？其他原料？其他制造工艺？其他动力？其他场所？其他方法？其他颜色？

⑦ 能否重新调整。可否改换元件？用其他的型号？用其他设计方案？用其他顺序？可否倒置因果？能否改变速度？能否改变程序？

⑧ 能否颠倒过来。可否变换正负？颠倒会怎样？使它向后？上下翻转？反向的作用？更换瓦形块？转动工作台？同其他的相向？

⑨ 能否组合。混成品、合金、成套东西、是否统一协调？单位、部分能否组合？目的能否综合？主张能否综合？创造设想能否综合？

2．特性列举法

特性列举法是美国内布拉斯加大学克拉福德教授所提倡的捕捉问题的分析方法。特性列举法是把"问题越缩小越容易产生创造性设想"，以及各种物件（产品部件）中都有它自己的特性，这两个观点加以组合而研究出来的创造技法。

运用特性列举法，首先要按照名词特性、动词特性、形容词特性对物体的特性进行分类。因此，把问题尽量集中到很小的一点上，然后再去逐个研究改进办法。这是一种非常有效的思考方法。

下面以生活中改进烟灰缸为例分析这种解决问题方法。

第一步，把烟灰缸特性，分名词特性、形容词特性、动词特性三类连续列举出来。当特性列举到一定程度时，按以下两个观点进行整理：

其一，内容重复的合成为一个。

其二，互相矛盾的意见统一到某一个方面。这样，烟灰缸的性质就体现出来了：坚固的、小的、轻的、可做纪念品、容易损坏、烧不燃的、材料为金属（玻璃、木、纸、陶瓷等）、不一定用烟灰缸、用纸烟盒也可以做烟灰缸（代用）、烟蒂容易丢出、有凹处放未吸完的烟、可用作装饰、底部未开孔、易倒、易引起火灾、烟灰缸上放烟的地方容易出水珠。

第二步，在此基础上，按各种特性分类。

名词特性：材料是金属（玻璃、木、纸、陶瓷等）；

形容词特性：坚固的、有凹处、小的、底部无孔、轻的、易倒、容易损坏、易引起火灾、烧不燃、容易出水珠、容易丢掉烟蒂；

动词特性：当纪念品、有代替性、能作装饰用。

经过如上分类整理之后，再想想每种特性有无遗漏，如有新的，就追加上去。例如，动词特性方面：熄灭烟火、处理烟蒂……

第三步，对每个分类中所列举项目的性质，或者加以利用，或者改变为其他性质，这样去探索最佳烟灰缸的创造性设想。

根据处理烟蒂的特性，可以产生如下设想：不采取密闭状态熄灭，相反地，制作一个易燃部分来处理烟蒂。例如能否在烟灰缸上装一个乙烷气体的小型筒状容器，把烟蒂完全烧掉？

根据底部无孔的特性，可以产生如下设想：在底部开个孔，装进一个搅拌器，把丢进的烟蒂完全搅碎。

根据有失火危险的特性，可以产生如下设想：把燃着的烟蒂丢进时，烟灰缸自动出水熄灭。

最后，对各种特性可以想出种种设想，再经过仔细推敲，就可设计出能够实际利用的新的烟灰缸。比如关于使烟灰缸自动出水的设想怎样实现的问题，可以考虑利用电动吸水管使烟灰缸中的水不断循环。于是，这个改革方案就形成了。

二、强制联想法

强制联想法，就是通过媒介，把关系不大的两事物通过联想进行联结。强制联想法主要有两种表现形式："商品目录法"和焦点法。

"商品目录法"是在思索某一问题的解决办法时，一面迅速翻阅作为资料的目录性质的素材，一面把偶然出现在眼前的情报同正在思考的主题强制结合（强制联想），以期获得创造性设想。由于使用的目录性质的素材像商品目录一样，因此，该方法被称为"商品目录法"。

使用"商品目录法"，要根据解决的课题性质，准备好适当的商品目录（为适应临时需要，平常就要准备妥当），这是一件很重要的事情。这个所谓"商品目录法"最好具有以下条件：

第一，常有许多照片、插图等容易产生联想的东西；

第二，主题要面宽些，避免偏颇；

第三，翻阅下去，每页都有主题的飞跃。

焦点法是指研究某种特定事物时，以一个特定事物作为焦点，把任意选出的要素同它强制结合，由此产生出新的创造性设想的方法。

如果要为居民推荐某些物品写宣传词，只依靠对那个物品形象的联想，很难出现突然的思想飞跃和产生新颖的设想。使用焦点法，就可以想象人们最感兴趣的是什么，把联想到的内容一个一个地作为"由头"，然后全部同物品相联结，就可能写出引人入胜的宣传词。

便民新产品的设计与开发，也是从多方面任意选择一些和产品无关的东西，把它们同产品强制地联系在一起。就是说，把选出的要素特性，由这些特性产生的联想连接下去就可以了。虽然这样，也有联结不起来的时候，那就要从那个联想再进一步地继续联想，不断地引申下去，同输出相联结。

使用焦点法的要领是：继续不断地自由联想，巧妙地与输出相结合。结合对象最好选择那种能够引起人们兴趣的东西：

● 首先确定应成为焦点的商品或课题。这就是输出。

● 任意寻找可能成为输入的启迪。

● 把商品或课题同输入用联想结合起来，诱发创造性设想。

● 如果离得太远不能顺利进行联结时，就进一步扩大自由联想，试行联结。

● 归纳成一目了然的思考表，提出结果。

如果想使用焦点法设计一把社区活动所需的新式椅子，就可以采取如下步骤：

选择"灯泡"作为输入的要素。首先，从灯泡具有的特性想起，由此产生下列设想：

① 玻璃的椅子

② 薄椅子

③ 球形椅子

④ 螺旋式插入组装的椅子

⑤ 电气保温椅子

⑥ 电动椅子

……

其次，联想进一步发展下去，就会从这个"球形椅子"产生出"球""形"之类的联想。从"球"产生的联想，会发展到"球根"花→设计镶花的椅子→花香→带香味的椅子→花茎→设计花茎或花叶的椅腿→花名，联想到"玫瑰红"之类的椅子。再从关于"形"的联想可以产生"适合人体的椅子""带有星形标志的椅子"等各种各样的设想。

这样就不仅仅是从"椅子"进行思考，而是从"灯泡"这个要素想起，并通过这些从根本想不到的角度产生出创造性思维的飞跃。

第二节　运用逻辑推理解决问题的方法

三段论是逻辑学基本理论。第一个对三段论进行研究的是亚里士多德，他明确地将三段论表述为："三段论就是议论，其中若干事物被陈述，被陈述的事物以外的事物必然因而产生。"

为简单起见，在此不引进数理逻辑的"量词"概念，用语言简述为：

所有的 s 是 p

$$p 是 q$$
$$s 是 q$$

由此可见，三段论由三个概念"s""p""q"和三个判断"所有的 s 是 p""p 是 q"及"s 是 q"构成。在前提中出现而在结论中不出现的概念 p 称为"中项"，在结论中做主项的概念 s 为"小项"，结论中做谓项的概念 q 为"大项"。用一个具体的例子说明三段论的推理原则：

所有的昆虫都有六条腿

蝈蝈是昆虫

蝈蝈有六条腿

但是，如果人的逻辑推理能力得不到提高的话，就会出现问题。仅以三段论为例：

金钱如粪土

朋友值千金

难道结论是：朋友如粪土？

其实，三段论并没有问题，是您的逻辑推理能力需要提高了！

社会工作中的逻辑思维方法是以逻辑推理为表现形式，而社会实践工作创新过程中，逻辑推理的表现形式也各不相同。在社会实践领域，运用逻辑推理解决问题的方法主要包括归纳推理方法、演绎推理方法和应用预测推理解决问题三种典型方法。

一、归纳推理方法

可把归纳推理分为完全归纳推理和不完全归纳推理。完全归纳推理的结论可靠，但它只适用于考察数量有限的对象。枚举所有个别事例的完全归纳法没有创造性。

没有或者不可能完全枚举个别事例的不完全归纳，虽然得出的结果具有或然性，却是一种具有探索性的方法，因而在科学发现中起着重要作用。正是因为不完全归纳法没有穷尽这一类事物中的所有个别对象，在做出一般性结论时，就需要人的想象力和逻辑力量来弥补这未知的部分，因此运用不完全归纳推理提出猜想和假设，是实现社会实践工作创新的主要方法。

不完全归纳推理有两种，一种是简单枚举归纳推理，另一种是科学归纳推理。简单枚举归纳推理是列举某一类事物中的一部分对象；如果没有遇到矛盾的情况，便可以提出一个关于这一类事物的一般性结论。如临床医学上许多化验检查数值的确定，就是仅根据部分人群的测定结果推断出来的。由于简单枚举归纳推理的结论大于前提，因此，其结论具有或然性。

科学归纳推理是列举某一类事物一部分对象，并分析出制约原因，以因果联系做根据，提出一个关于这一类事物的一般性结论。科学归纳推理的要点是找出现象间的因果联系，有时它所根据的事例虽不多，但结论仍然是可靠的。科学归纳推理与简单枚举归纳推理的区别在于，不但知其然，而且知其所以然。要探求事物的本质，发现事物的规律，把感性认识提高到理性认识，就须运用这种方法。

科学归纳推理是引进因果联系作为逻辑推理的依据，它是根据已知结果寻求未知原因的归纳推理，具体模式有以下五种：

第一种，求同法。求同法是在不同的事例中寻找共同现象以探明原因的方法。求同法也可能把真正的原因忽略掉，因其是在先行现象中找共同点，而该共同点可能是不相干的现象，因而掩盖了真正的原因。

第二种，求异法。求异法是在差异中寻求原因的推理方法。在一组事例中，只有一个先行现象不同，这个先行现象出现了，某现象也随之出现，反之亦然。于是，得出结论：这个先行现象就是某现象的原因。因为是从先行现象的有无两个方面进行考察的，所以，通过差异寻求原因的结论比较可靠。但和求同法一样，它也可能把真正的原因忽略。

第三种，求同求异法。实施求同求异法的具体过程是：考察被研究现象a出现的一组事例中，如果有一个共同的先行现象A，再考察被研究现象的一组事例，其中如果没有这个先行现象A，比较上述两组事例后，便可以得出结论：A和a有因果联系。求同求异法是从正反两方面进行推论，虽然结论是或然的，但是结论会可靠得多。

第四种，共变法。当研究者考察到某一现象发生某种方式的变化时，另一现象也随之发生某种方式的变化。于是便使研究者得出结论：认为这两个现象有因果联系，临床上某些"激发试验"，就是人为地造成某一现象，观察另一现象是否变化来诊断某些疾病。

第五种，剩余法。剩余法是指研究者找出某一被研究现象的一组可能的原因，一一研究后，除了一个以外，其他原因都不是这个被研究现象的原因，于是这个剩余的可能原因便是引起某一被研究现象的真正原因。如临床诊断中的排除法就是这样的方法。

二、演绎推理方法

典型的演绎推理方法是笛卡儿提出的假设演绎法，又可被称为"假设验证法"。假设演绎法是对近代欧洲科学技术文明贡献最大的科学方法论，开始根据因果律提出"假设"。不管是自然科学，还是社会科学，之所以有今天的成就，都是这种"假设"概念的功用，因此怎么评价都不过分。演绎推理方法是哲学的"否定之否定"的原则，在社会和自然生活中典型应用。

根据某种原因会产生某种结果的原则，从理论上设想"一个主张"，这就是假设的提出依据和方法。要验证这种假设的正确性，有正面论证和反面论证两种方法。

正面论证将这种理论（假设）作为一般的结论。这种假设也分类型：①在某种程度上查明原因和结果的两个方面，然后提出普遍的理论假设；②原因和结果中的某一个不太明确，根据推论提出假设，这时有两种假设。

例如，有一只狗吃了一张纸，狗吃纸可能有两种原因，一种原因是狗喜欢吃纸，另一种原因是狗喜欢吃纸上边的东西。当人们看到的结果是"狗吃纸"，作为原因起初推断"那狗爱吃纸"，将作为假设的"狗也吃纸"理论化了。然后加以验证，可以用另外的一张纸喂那只狗，如果狗不吃，那么作为反馈，认为有第二个原因"纸上涂着什么"，因此假设是"狗不吃纸"。因为这个假设得到了证实，那么第二个假设可认为是一般的结论。

虽然这是一个逻辑上的例子，但是实际上却是符合社会工作规律的。根据现象进行大胆的假设，根据因果律进行的逻辑思考，通过严密的逻辑推理，验证假设的正确与否，是社会实践工作创新过程中常用的方法。

运用假设检证就是首先对被研究的对象、性质或规律做出推测，推出假设，从假设中推出可验证法、结论，再用实验去验证。运用这种方法可以使我们的创造成为更能动自觉的活动。尤其社会实践工作中，在资料不充足、数据不完备，且缺少借鉴的情况下，这种方法可以为你提供一把打开工作创新之门的金钥匙。

三、应用预测推理解决问题

1944 年 4 月，苏联卫国战争已经进行到第四年。苏联以一个集团军的兵力，试图消灭彼列科普的守敌，解放克里木半岛。

彼列科普是通往克里木半岛的要塞，易守难攻。德军妄图凭借天险，依托坚固的阵地，用一支四万多人的部队长期坚守，以吸引一定数量的苏联部队，阻止其全面进攻。

为了保证战役的胜利，苏军决定用一个星期的时间对德军实施侦察。4 月 6 日夜，天气骤变，彼列科普突然降了一场大雪。早晨，集团军炮兵司令在掩蔽部里，注意到刚从外面进来的参谋长双肩上落的雪花，其边缘部分有些溶化，水珠清晰地勾画出肩章的轮廓。炮兵司令通过这个现象想到，气温转暖了，敌人掩体内的积雪也将融化。他进一步推断，为了避免泥泞，德军必然要清理掩体里的积雪。带雪的湿土被抛到掩体周围，容易与其他自然积雪的地方区分开来。通过湿土就能够了解到敌军的兵力部署。于是，他立即命令对德军阵地上的湿土实施侦察和航空照相。

果然不出司令员所料，一会儿，德军开始清扫掩体里的积雪了。从掩体旁的湿土看得出来，原来德军的第一道防线并没有多少兵力。大部分兵力都集中在第二道和第三道防线。从外表上看到的许多碉堡，有些是虚设的。这样，苏军只用 3 个小时就查明了德军的真正兵力部署。于是骤然发起了准确而又猛烈的炮火攻击，经过 8 天的殊死战斗，取得了俘敌 38000 多名的辉煌战果，解放了克里木半岛。

炮兵司令的决策能以较短的时间、较小的代价取得重大战绩，成功的关键是他以尽人皆知的事实根据，积雪即将融化，推导出不寻常的战役决策来。炮兵司令的准确判断，是通过一系列正确推理进行大胆预测得出的结论。在使用预测技法时，选择好推理的出发点，通过连锁推理，就可以创造出辉煌的成绩来。

而在思考者提出问题、分析问题、解决问题的过程中，要借助人的直观、飞跃的设想、逻辑的展开等方法作辅助。在此基础上，利用问题之间的关联性对所研究的问题进行整理；经过对问题进行合理的整理，就可以对问题进行有效的预测。要更好进行预测，主要按照如下步骤思考问题：第一步，提出并界定待解决的问题。第二步，对待解决的问题的重要性、紧急性、互相关联性进行初步分析。第三步，以对问题的初步分析为依据对课题的若干问题进行分析，到专家和有识之士那里去请教，进行测验调查。第四步，根据测验调查的结果进行问题间的关联分析，归纳课题。典型的预测的方法很多，一般来说可以分为定性分析预测方法和定量分析预测方法。

在社会工作领域中，经常要处理大量数据；对于一个规模较大的社会系统，"大数据"是不可避免的，借助计算机专业对数据的处理是一项重要的工作。数据处理就是以成对互相对应的逻辑关系来实现的，这在该领域中被称为离散型变量。而要把这些离散型变量形象的表现出来，研究人员根据树木的特点，以树根、树枝、树叶的关系设计了一种树型结构，在实际的应用中，比较典型的结构的"树木"往往由"树根"开始逐步被分成两"枝"（专业术语中被称为"二叉树"），"树根"往往被称为"根节点"，与"树根"相连的两个元素分别被称为"根节点"的"左孩子节点"和"右孩子节点"；而又由两个节点作为"根节点"形成的相对小的"树"分别被称为"根节点"的"左子树"和"右子树"。当然，树木的叉也可以更多，专业术语中被称为"多叉树"。

利用这一方法，人们借助这一类结构形式，用它来辅助定性分析预测；因此，这种方法又称关联树木法。使用关联树木法进行分析预测时，一般选用的是"多叉树"。

关联树木法有很多种类，比较典型的有如下几种：

第一种，决策树木法。当企业要对产品开发、销售战略、技术引进等各方面做出决策时，就可以应用由关联树木法派生出来的决策树木法。使用决策树木法进行决策时，通常按照如下步骤操作：首先，把问题界定清楚，确定一个待解的目标；其次，提出与原有的解决问题方案所不同的代替方案；最后，对提出的代替方案进行评价。通过上述三个阶段的工作，决策树木法对互相关联的若干问题，拥有了各种各样的解题方案，进而根据不同外界环境，选出最适合的方案付诸实施。

第二种，目标树木法。当要解决的问题确定之后，可以以问题的目标为出发点，分析为了达到这种目标必须考虑什么样的战略，而为了实现这种战略必须有什么样的战术，按顺序把目标分解，分开的同时制成的东西就是目标树。同时评价各个级别之间的相对重要程度，根据这种评价得出的关系，确定它们在整个项目中的地位，并且假定在各个级别中总和（即整个项目的重要性）为 1，确定每一个问题在整个项目中的重要性，这一量化指标称为它的"权"将一个子项目涉及的每一个问题"权"的值相乘，就可以计算这个子项目在全体中所占的值。

第三种，远景树木法。企业在开发新产品时，有必要预测这种产品销售时的环境。这种方法就称为远景树木法。

第四种，森林法。对于大型的项目，可以将小问题建立成树木，再将这些树木转化成更大树木的"枝叶"，这样，树木就变成了森林。

第五种，定量化关联树木法。使用这一方法，就是在定性分析的基础上，把相关参数细化、量化。进行相关的计算、推导，提出解决问题的方案。

第三节　运用思维激励法筛选社会实践方案

人是有血有肉有感情的，许多细微的心理活动影响着大学生参与社会实践活动的效果。好的心理环境使碰撞产生新的火花，不好的心理环境使创造的火花熄灭。参与社会实践活动的大学生要迅速形成一个有凝聚力的集体，在准备过程中，创造良好环境，促进大学生积极参与十分重要，这就需要使用思维激励法实现目标。

一、头脑风暴法

最典型的思维激励法就是头脑风暴法。"头脑风暴"（Brainstorming）原意是"突发性的精神错乱"。该技法的发明者 A·F·奥斯本（Alex. F. Osborn）是美国大型广告公司 BBDO（Batten Barton Durstine and Osborn）的创始人，他在介绍该技法的命名过程时写道："1939 年，当时在我担任经理的公司里，首先采用了有组织地提建议的方法。最初的参加者把它叫做闪电构思会议。这一名称相当确切。因为，在这种场合所说的闪电构思是针对突击解决独创性问题需要开动脑筋而言的。这就是说，每一个人都要像突击队员那样勇敢地向共同的目标突进。"

"头脑风暴法"这个名称最初是为集体举行献计献策会议而制定的。之后，由于人们发现，应用相同的原则和规则，即使是在单独提出设想的时候，它也十分有效。于是，在集体活动以外的场合，也使用"头脑风暴"这个名称。奥斯本从广告界引退后，在美国纽约州的布法罗创立了"创造教育基金会"（Creative Education Foundation），并成为该会的理事长，献身于创造教育事业，把"头脑风暴"当作创造教育体系中的一个部分，并且对创造技法的本质进行了研究。奥斯本去世后，布法罗大学的 S·帕内斯伯教授继续进行研究和教育实践活动。他对"头脑风暴"阐述为："为避免语义上的混乱，应提出延迟判断（在解决问题的设想探索阶段要延迟判断）这一基本原则。集体遵循这一原则时的过程就叫做智力激励。"

"头脑风暴法"有两个基本特征：

第一，延迟判断（Deferred Judgment）。所谓延迟判断，是指在提出设想阶段，只专心提出设想而不进行评价。

第二，量变引起质变。据奥斯本在他的论述中指出：在同一时间内思考出多达两倍的设想的人，可以产生两倍以上的好设想，并且，即使是在同一献计献策会议中，后半期也可以产生多达 78% 的好设想。由此可见，该原则不仅是概率论方面的问题，而是显示出量变产生质变的问题。

在进行"头脑风暴"时，还必须遵循四条基本规则。这四条基本规则是两条基本特征的具体化，其他附加的规则可以根据具体情况而相应地发生变化。正因为这四条规则是基本原则的具体化，所以，违反这些规则的就不能称为"头脑风暴"，并且，也无法得到"头脑风暴"所能产生的效果。这四条基本规则是：

第一，不做任何有关优缺点的评价。如果对自己的设想提出疑问，那么，这个人往往会保持自己的设想，而不去考虑新的更好的设想。

第二，欢迎"自由奔放"。这样可以开拓通往有独创性的独特设想的道路，同时要进行自我控制，不要说废话，以免浪费过多的时间。贯彻这一原则，一方面，要防止会上出现那些束缚人思考的扼杀句。如"这不可能""这根本行不通""真是异想天开"等。同时，也要禁止赞扬溢美之词的出现。如"妙极了！""你这个想法简直绝了！"另一方面，一些自我扼杀的，即自谦的语言也要避免。如"我的想法不一定对，请大家指正""我提一个不成熟的想法，目的在于抛砖引玉"这种自谦之语虽然没有直接压制别人的意思，但与会议活跃、热情、畅所欲言的气氛不谐调，会影响别人敢想敢说的情绪。此外，主持人对每个人所提设想的评价，如"挺好！""不错！"，以及他的目的，神情所流露的肯定或否定的态度，都会不同程度地起到扼杀设想的作用。

第三，追求设想的数量。这是基本原则的直接应用。

第四，鼓励巧妙地利用或改善他人的设想。对已经产生的设想进行综合和修正，可以不断地引申出好设想来。

"头脑风暴"之所以可以行之有效主要基于以下五条原因。

第一，根据禁止批评的规则，消除了过去妨碍自由想象的各种清规戒律，这一点在四条基本规则的第一和第二项中得到了双重的保障。

第二，让过去从各自的专业角度参加献计献策会议的成员，站在怀有共同目标的同一立场上提出设想。这一点可以由四条基本规则的第三、第四项来体现。

第三，在开会时增添一些余兴，使会议有轻松愉快的气氛。

第四，把他人的设想加以综合和修正，造成敢于打破清规戒律的局面，因此，通过综合而进行设想就变得轻而易举了。

第五，如能理解规则（排除心里的障碍自当别论），那么，在技术上就不会感到太难。

"头脑风暴"会议的成功或失败在很大程度上取决于会议组织者掌握会议的方法。会议组织者应当特别注意的是：

第一，必须彻底地实行四项规定。

第二，必须注意保持会上的活跃气氛。

第三，必须注意让全体成员都能很好地参加等。既要深化头脑风暴的经验，又要充分掌握问题的性质。要事先准备好问题性质的检核表，当会议将要偏离方向的时候，主持人要委婉地示意引导。

在会议中使用"头脑风暴"的步骤如下：

第一阶段，准备阶段。准备阶段要选择主持人，理想的主持人应对此法的运用和要解决的问题熟悉，能在必要时恰当地启发和引导大家。

第二阶段，会议人员的遴选。参加头脑风暴法会议的人数以5～10人为宜，一般包括主持人和记录人员在内，以6、7人效果为最好，可根据待解决问题的性质确定人员。人选的原则是：专业构成合理，但不宜有很多专家，专家过多容易在头脑风暴过程中发生评论的现象，影响自由思考；多数是熟悉专业和有经验的内行，少数是来自其他专业的"外行"；成员之间的知识水平和"职务"不应相差太悬殊；成员之间年龄差异不宜过大；注意选择对问题有实践经验的人，这对提高会议的效果有益。

指定人员负责作会议记录，记录人员要把会上提出的设想全部写下来。会议的记录最好有两名记录人员同时记，以保障会议的顺利进行。主持人自己也可以承担记录工作。

因为，会议参加者提出的设想是供改进的素材，必须放在全体参加者都能看得到的地方。所以要把纸张挂在大画架上，或者将质地较好的纸贴在壁上。也可以写在黑板上，不过这要另外有人同时做记录，当然还可以用录像机录像。记录时一定要对提出的设想标好序号。

应选择安静的开会地点，要讨论的题目由主持人在头脑风暴会议的两三天前通知参加人员。同时要加以必要说明，以便于参加人员有搜集适当资料和把握正确方向的思想准备。指定课题的范围不宜过宽，使参加人员能够朝着同一目标集中努力。

如果由问题提出人直接向参加头脑风暴的人解释题目时，在解释完了后应当离席，完全听凭头脑风暴小组自行处理。

第三阶段，热身活动。

为了让与会者尽快进入"角色"，减少会议中僵局冷场的时间，制造轻松的气氛很重要。可播放音乐或放些香烟、糖果，茶水等，使与会者放松心情。之后，主持人便可提出一个与讨论课题对象无关的简单而有趣的问题，以激活与会者大脑的思维。比如讨论"如何纠正中学生迷恋上网的习惯？""如果出差到了一个陌生的城市丢了钱怎么办？"之类的既与会议议题无关又需发挥想象力的问题。待与会者全都积极地投入进来，气氛亦活跃起来了，主持人便可调转话题，切入正题。

第四阶段，明确问题。

首先，主持人向与会者简明扼要地介绍所要解决的问题，之后，可让与会者简单讨论一下，以取得对问题的一致理解。在这一过程中，把准备好的设想提完，再进一步地把来自经验和记忆中的想法也全部提出。从这阶段开始就要按照适用、调整等提出新的设想。

其次，重新叙述问题，即改变对问题的表述方式。目的是加深对问题实质了解，使问题的重要方面不致被遗漏。同时，启发多种解题思路，为提出设想做准备。在此要鼓励与会者从多方面、多角度去审视问题，然后对每一方面都用"怎样……"语句来表述。例如，假定要解决的问题是如何增加某贫困地区农产品无法销售，则可重新叙述如下：怎样降低成本？怎样扩大货源？怎样战胜竞争者？怎样做广告宣传？怎样完善售后服务，怎样推销高档或滞销商品？等。这些新的提问方式，要由记录员记下，按顺序编号，并置于醒目的地方，让与会者随时从中受到启发，全面思考。

最后，要注意两点：一是不要急于提出设想，二是应鼓动与会者尽可能多的对问题提出重新叙述形式。

第五阶段，自由畅谈。

这是头脑风暴法的核心步骤。要求与会者突破种种思维羁绊，克服种种心理障碍，任思维自由驰骋。应借助于与会者之间的知识互补，信息刺激和热情感染，并通过联想和想象等思维形式提出大量创造性设想。

第六阶段，加工整理。

会议提出的解题设想大都未经仔细斟酌，也未作出认真评价，还需要加工整理使之完善才有实用价值。

首先，设想的增加。会议的第二天，主持人应及时收集与会者在会后产生的新设想。因为通过会后的休息，思路往往会有新的转换或发展，又能提出一些有价值的设想。有的会议提出了百余条设想，第二天又增补了 20 余条，其中有 4 条设想比头一天提出的所有设想都更有实用价值。

其次，评价筛选。首先提出评价标准，诸如新颖性要求、实施条件要求、经济条件限制、市场需求等，然后可把设想分为三类：实用性设想（目前技术手段可实现的设想）、幻想性设想（目前技术手段无法实现的设想），平凡及重复的设想。

最后，形成最佳方案。将被筛选出来的少数方案逐一进行推敲斟酌，发展完善，分析比较，选出最佳方案，或将几个方案的优点组合成最佳方案。

头脑风暴在解决问题方面被广泛应用于各领域。在不同的国家和地区头脑风暴被因地制宜的改造，形成了如下几种技法。中国人往往希望把问题考虑成熟了再表态，因此下面介绍两种适合与中国人在会议沟通中使用的头脑风暴改进方法。

二、"635 法"

"635 法"是智力激励法被前联邦德国引进后研究改变了形态的一种技法。德国人的国民性决定了他们习惯于逻辑性的、有步骤的思维方法，而对于许多人吵吵嚷嚷地开展自由联想的智力激励会议，似乎稍有抵触。因此，"635 法"既不妨碍别人发言，自己也不需要发言，是一种吸取了智力激励法长处的设想法。它的命名来源于以下过程的重复，即：6 人参加，每人提 3 条设想，在 5 分钟内完成。

"635 法"主要按以下步骤进行：

参加者为 6 人（6 人比较理想，但也可以不是 6 人）。

每人面前放一张专用于填写设想的纸。纸张是八开横格，上面标有 1、2、3 号码，并留有较大空白。每条设想写 3 行。这当然也可用其他纸张代替。

A～F6 人，每人必须在自己面前的纸上写出 3 条设想，而且在 5 分钟内完成。但事前出题人必须把课题告诉大家，把所有疑问都弄清楚。

5 分钟后，每人把自己面前的纸按顺时针顺序传给邻座，在下一个 5 分钟内，也是每人在传到自己面前的纸上填写 3 条设想。这样 30 分钟 6 次为一个循环，可产生 108 条设想。

与智力激励法类似之点是同样地要遵守四项规定。严禁批评，由于都不作声所以完全不存在这个问题。自由奔放也是同样，从提出的设想越多越好这点来说，30 分钟 108 条设想是不算少的。与其在智力激励会议上不可能几个人同时发言的情形相比，这种 6 人同时作业的方式，也许可以说是一种密度更大的设想法。在结合与改进他人意见这一点上，由于传到自己面前的纸上就写有他人意见供作参考，同样的可以进行结合与改进。

与智力激励法不同之点，最主要的是默不作声。这种方式，可以改变一些人因为地位不同或性格懦弱不敢发言的现状，对于性格内向的人，以及更关注秩序的东方民族更有意义。

三、"是、否、也许法"

新产生的设想，有的很粗糙，有的考虑不周，而最后下判断时，往往是最年长、最具权威的人。久而久之，大家就形成了一个误解，即提出设想不如下判断。为了避免在产生设想时过早下判断，我们可采用"是、否、也许法"。

是：同意。

否：不同意。

也许：对事物暂不判断，并创造性地对待它。

是否也许法，即对任何陈述都暂不做"是"和"否"的判断，并以创造性的态度对待它。这一方法，就是头脑风暴法中延迟判断观点的体现。

每一种审慎的工作方法，都要求我们对一开始提出的初步设想推迟做最后的判断。没有批评和判断，我们就不可能挑选出最佳的设想，我们的聪明才智就会被挥霍浪费掉，无法用在刀刃上。在解决问题的过程中，是应该给批评留出余地的。但更重要的是，应该给任何一种意见留有申辩的机会。一边鼓励畅所欲言，一边又横加批评指责，就等于原地踏步。等于一边加大油门，一边踩住刹车，那样我们就永远别想赶超先进水平。

提出高解决问题水平的关键在于，当你试图产生新思想、新起点时，应推迟判断。在没有充分考虑你所能想出的尽可能多的观念之前，切莫阻塞向各种观念开放的道路，切莫随意将某种观念拒之于千里之外，切莫作茧自缚，把宝押在某一种观念上。

第四节　社会实践所需的安全知识

正如前文所述，社会实践是大学生必须参与的重要活动。在开展社会实践安全策略同样十分重要。下面将具体介绍社会实践所需的安全知识。

一、社会实践安全总体对策

要确立社会实践中的安全总体对策，就需要了解社会实践中的安全隐患。社会实践中典型的影响安全因素包括如下几种：

第一，交通安全隐患。主要指参加社会实践的大学生在马路上行走随意穿行，不走人行横道，闯红灯；乘坐不具有营运资格的"黑车"；骑自行车、电力车或助力车时，车速过快，不注意避让过往行人、车辆等问题。

第二，疾病、卫生安全隐患。主要指参加社会实践的大学生初到陌生环境，水土不服，患上感冒等日常疾病；由于高温、高湿、蚊虫叮咬等原因引起皮肤病；作息时间不合理，过度劳累，身体虚脱；在不具备卫生许可条件或条件较差的场所用餐；食用过期变质的食品、饮用生水，食用和饮用野外采集的食物和水源，发生肠道传染病；暴饮暴食，引起肠胃不适等问题。

第三，交往安全隐患。主要指参加社会实践的大学不了解或不尊重当地的风俗与礼仪；随便与陌生人打交道；与他人产生误解，引起矛盾甚至冲突；因参与酗酒、赌博等行为与他人发生纠纷；围观打架斗殴行为，和他人发生冲突；卷入各种群体性事件，被人利用和胁迫等问题。

第四，环境安全隐患。一方面包括由于通信不畅造成的安全隐患；另一方面由于不熟当地灾害环境，导致的隐患；私自下河游泳造成溺水身亡；被狗等动物咬伤；参与大型社会活动时，人群发生拥挤、踩踏并可能由此产生伤害；活动中发生火灾等突发事件等问题。

要解决上述隐患需要采取如下保障措施，确保社会实践活动顺利开展。

第一，做好安全思想和信息准备。一方面，要牢固树立"安全第一、预防为主、综合治理"的思想，贯彻"预防为主"的方针，加强自身修养，把安全摆在工作和学习的首位。另一方面，要做好调研工作，避免隐患，防止上当受骗。

第二，遵纪守法，预防交通事故。大学生在社会实践开始前要加强交通法则的学习，树立交通安全观念。乘坐交通工具，要注意上下车（船）、飞机的安全和遵守城市交通规则；行走和骑自行车要自觉遵守交通规则，严禁酒后或无证驾驶机动车。若发生交通安全事故，要依靠当地交通安全管理部门，依照交通安全法律、法规进行妥善处理。

第三，提高治安、消防意识。注意保管好自己的财物，贵重背包做到包不离身；队员之间互相熟悉携带的行李，互相照看；外出行走时注意防范飞车抢夺、抢劫等行为，尽量不佩戴首饰；实践活动后应及时返回驻地，夜间宿舍寝室门要及时上锁；尽量避免夜间外出或夜不归宿，如遇例外情况，应向团队的同伴告知外出理由、前往地点、返回时间并确保联络畅通。在实践活动中严禁吸毒赌博、打架斗殴等行为，要互帮互助，自尊自爱，自觉维护学校声誉；不看不健康的书刊、音像；尽量不接触陌生人，如有外出活动需接触的，应结伴或请接待单位安排人员随行，防范不良后果。加强安全用火、用电的安全意识，掌握基本的安全消防知识，做到"三知"：知火灾的危险性，知防火防爆知识，知灭火知识；"四会"，即会报警，会使用消防器材，会扑灭初期火灾，会逃生自救。

第四，预防疾病，防止食物中毒。尽量避免在高温、高湿、高热等环境下开展活动，如无法避免，应做好防护措施，备足饮水，备好防暑、防热、防蚊、防虫药品，努力减少中暑、蚊虫叮咬等引起的疾病和其他不利情况的发生。合理安排作息时间，保证睡眠；避免高强度活动，如无法避免，应保证活动后充分休息。注意饮食卫生，选择新鲜、安全的食品，增强食品安全防范意识；不要到无证照的饭馆和小摊就餐；不购买"三无"食品；不食用过期的食品与饮料；少吃生冷食品，少饮用生水。要自带一些常备药物，出现一般常见病可对症下药，严重时立即到医院就诊。

第五，注意交往的技巧。大学生要遵守社会实践所在地的风俗习惯，避免因违背风俗习惯而导致的冲突；注意文明礼仪，自我保护；要学会与人交往，谈话态度要好，要谦逊谨慎，问路问事要有称谓；一般不要和陌生人说话，特别是和一些"十分热情"的陌生人交谈或结伴而行；遇到不顺心的事情，受到不公道的礼遇，要忍耐，要善解人意，学会换位思考。

第六，保障联络、通信顺畅。参加社会实践活动前，学生应征得家长同意，告知家长实践地点、实践内容、实践时间、带队教师的联系方式等信息，以便随时联系；实践的学生应带好手机、充电器等设备，确保手机话费充足，要确保手机、QQ等联系方式的畅通；实践期间如更换手机号码或改变活动方案，要及时告知相关人员；保存好带队教师和队员的手机号码，确保联络顺畅；了解实践地点接待单位的联系方式、地理方位；熟悉掌握 110、120、119 等紧急电话的使用方法。

开展实践活动期间遇到突发事件时，要保持沉着冷静，保护好自身安全，及时与有关救援部门联系，并在第一时间向相关人员和学校汇报。同时，需要熟悉如下紧急处理技巧：

第一，冷静处理意外和突发事件。发生交通意外，立即拨打 110，并做好现场的保护工作。随后将交通事故告知老师和学校，并配合当地交管部门处理事故。发生食物中毒事件，或队员发生重大疾病，或因意外严重受伤，立即拨打 120，及时到当地医院就诊。如遇队员溺水，不习水性的人不应入水施救，应大声呼救，立即寻求帮助。

第二，理性面对自然灾害。遇到暴雨、洪水、泥石流、山体滑坡等自然灾害，要保持镇定，快速转移到较为安全的地带，必要时报警，并服从当地有关部门的指挥。如有人不幸遭遇雷击，应马上进行抢救，若伤者虽失去意识，但仍有呼吸或心跳，则自行恢复的可能性很大，应让伤者舒适平卧，安静休息后，再送医院治疗。若伤者已停止呼吸或心脏跳动，应迅速对其进行口对口人工呼吸和心脏按压，在送往医院的途中要继续进行心肺复苏的急救。

第三，稳妥处理"失联"事件。若与外出人员失去联系，必要时可拨打 110，寻求当地警方帮助。

第四，机智化解冲突。若与他人发生冲突，必须保持冷静、忍让、克制，如与社会人员发生争吵甚至斗殴，现场同学应及时制止，防止事态恶化；如不听劝阻，应迅速联系公安部门共同处理。

二、保障社会实践安全典型注意事项

在社会实践活动中除了前文提到的安全策略时还要注意如下问题。

（一）远离暴力事件

当代大学生的大多是 18~23 岁的青年人，血气方刚、心理和思想尚未完全成熟，往往可能在社会交往中由于性格不合、利益冲突、见解不一、言语冲突、情感冲突等原因，引发各种各样的矛盾和纠纷；在处理矛盾和纠纷时，可能会出现不理智行为，无视他人危险，导致打架斗殴现象，对他人造成人身安全伤害。

青年人的打架斗殴现象往往呈现如下特点：

首先，引发事件的导火索可能是一些小事，事件起因简单。在人的社会生活中，难免会发生一些纠纷和矛盾。独生子女个性张扬，自我意识强烈，很多人受不得半点委屈，这直接导致他们在与人相处时，很少站在别人的角度去思考，遇到问题时往往各执己见，互不相让。有时，男同学在球场上的一个小摩擦，就可能演变成一场打架斗殴事件。

其次，引发冲突的事件往往十分突然，无规律可循。即将开始的大学生活寝室、教室活动空间不大，又使突发事件发生的概率加大。

再次，青年人对解决冲突的方法有错误的认识。青年人由于涉世未深，容易感情用事，很多的时候是经不住现场气氛的煽动，或经不住其他人的鼓动做出错误的举动，导致严重的后果。在一些年轻人的观念中对待矛盾纠纷的一个错误认识就是用暴力解决问题。

最后，冲突事件可能造成严重的后果，通常包括如下几方面：第一，打架斗殴可能对参与者造成身体上的伤害，轻则受皮肉之苦，重则危及生命；第二，打架斗殴可能影响参与者的前途，在校生轻者容易受到校规的处分，被记录到档案中影响到未来就业，重者可能触犯国家法律，直接断送学业。

青年人打架危害严重，主要表现为如下几方面：

首先，严重损害大学生的美好形象。虽然高校不断扩招，但是大学生仍然是当代相对优秀的青年群体，也应该成为社会文明礼貌的楷模。如果因为发生纠纷就诉诸暴力，互相斗殴，不仅损害个人人格和尊严，而且容易影响和损害整个大学生群体的美好形象。

其次，打架容易破坏社会稳定，影响安定团结。大学是社会的组成部分，高校的稳定与整个社会的稳定密切相关。校园治安秩序的好坏，直接影响到社会的秩序。如果大学校园经常出现打架斗殴事件，造成人身伤害，势必影响校园稳定、危及师生生命财产安全，绵延到校外影响更坏。这样，不仅会破坏校园治安秩序，影响同学之间的团结，还会损害学校形象，影响社会安定的局面，严重的还会造成涉外影响，损害学校和国家在国际上的形象和声誉。

最后，严重的打架事件还会变成治安、刑事案件，后果难以估计。

要防范打架事件需要注意以下几点：

首先，要对解决问题的方法有正确认识，不用暴力，尽量采取和谈协商的办法化解矛盾。

其次，遇到事情要宽容大度，不莽撞。不管纠纷因何而起，都要持冷静态度，防止情绪冲动。努力让自己具备容忍的气度，虚怀若谷；对于可能发生摩擦的小事，要宽容，妥善处理。牢记"忍一时风平浪静，退一步海阔天空"，大家互相忍让，很多纠纷就可能不会发生。

再次，以德服人。在与他人相处时，诚实、谦虚是加强团结、增进友谊的基础，也是消除纠纷的灵丹妙药。革命家、教育家徐特立说过："任何人都应该有自尊心、自信心、独立性，不然就是奴才，但自尊不是轻人，自信不是自满，独立不是孤立。"培根说过："经得起各种诱惑和烦恼的考验，才算达到了最完美的心灵健康。"高尔基也说："每一次的克制自己，就意味着比以前更加强大。"具备诚实、谦虚的品质，在发生纠纷的时候，就比较容易认真听取他人意见，进行认真的自我批评，宽容他人的过失，处理好相互间的争执。

最后，确保语言文明，避免冲突。很多发生在年轻人中的纠纷是由口角引起，避免口角就是从语言文明开始的。和气、文雅、谦逊的语言十分重要，说话态度和蔼，语气温和，使人感到温暖亲切；交谈中应对得体，充分尊重对方，不自以为是，不狂妄自大，态度诚恳，语言朴实，虚心谦恭，不强词夺理，不盛气凌人，不浮夸粉饰，不哗众取宠就可能把冲突消解在萌芽。

如果遇到他人打架，最好做到如下几点：

首先，遇到不熟悉的人打架，不围观，不起哄，不介入任何一方。

其次，遇到熟悉的人，如亲友、同学与别人打架，应尽力劝解，但是要注意不可偏袒。

最后，当有关部门调查打架情况时，现场目击人要勇于出来提供线索和证据，以保护受害人的合法权益，使肇事者受到应有的惩处。

（二）防止诈骗敲诈

诈骗是危害公民财产安全的一种违法犯罪行为，是指以非法占有为目的，用虚构事实或者隐瞒真相的方法，骗取公私财物的行为。

2016年8月19日，临沂市罗庄区发生一起电信诈骗案，18岁的准大学生徐玉玉（高考以568分考入了南京邮电大学）被他人以发放助学金为由，通过银行ATM机转账的方式诈骗走9900元。徐玉玉与其父一起到公安机关报案，回家途中晕倒，出现心脏骤停，送医院抢救无效死亡。案件发生后，公安部立即组织山东、福建、江西、广东等地公安机关开展侦查工作。经查明，此案为犯罪嫌疑人陈文辉、郑金锋、陈福地、熊超、郑贤聪、黄进春等人所为。公安部发布A级通缉令。8月26日，主要犯罪嫌疑人熊超（男，19岁，重庆丰都人）、郑金锋（男，29岁，福建永春人）、陈福地（男，29岁，福建安溪人）、黄进春（男，35岁，福建安溪人）4人被抓获。

在此，我们还原徐玉玉被骗的经过。

徐玉玉母亲李自云的回忆："电话里说，要发放什么助学金，我怕自己听不明白，就让闺女来接电话。我记得那天下午好像要下雨，女儿说想明天再去办理，但电话里说19日是发放助学金的最后一天，晚了就拿不到了。"骗子让徐玉玉在20分钟内赶到ATM机旁，并称通过ATM机就可拿到这笔助学金，"女儿当时没有怀疑，抓起家里的雨披，骑着车就去了附近的一家银行。"

徐玉玉到银行后，按照电话中那人的提示，在ATM机上进行了一番操作，但并未成功。骗子又问她身上是否有其他银行卡，而此时，徐玉玉身上刚好装着交学费的银行卡，里面存有1万块钱，她就把这事给对方说了。接着，对方称那张交学费的银行卡还未激活，要她通过ATM机取出9900元，通过这种方式激活银行卡，再把钱汇入指定的账号，还声称会在半个小时内，把这9900元连同助学金的2600元一起重新汇回来。徐玉玉没有怀疑，按照骗子说的完成了操作。过了一会儿，徐玉玉开始意识到有些不对，便给对方打电话，谁知电话那头已经关机。此时，徐玉玉多么希望对方能如其承诺的那样，把钱再汇回来。此时，天空已经下起大雨，徐玉玉一个人苦苦地等着，等待奇迹的发生，然而半个小时过去了，徐玉玉绝望了。

雨中，徐玉玉骑着自行车，用最快的速度赶回家。见到母亲，徐玉玉说的第一句话就是："妈，我被人骗了，学费全没了！"说完就哭了起来。"我看她哭得伤心，也没再责怪她，就安慰她说，'全当花钱买了个教训''学费没了再给你凑，咱家供得起'。"

可母亲的话并没有让徐玉玉心里好受些。也许，一万块钱对于很多家庭可能并不是大事，但在徐玉玉心里，母亲腿部残疾无法工作，父亲在外打零工挣钱，平均一个月只有三四千的收入，每个月刨去一家人的开销，已所剩无几，一万块钱意味着父母要省吃俭用大半年才能凑出来。贫困的家境不允许她发生这种"花钱买教训"的错误，因为这太奢侈了……在她当时的心里，这一万块钱也许就是她的全部，自责、懊悔，还有说不出的绝望，让她一遍遍地喊着，"咱家都这样了，为什么还有人来骗我！"

"从派出所出来之后，我骑着三轮车带着闺女，走了还没几分钟，寻思着刚下完雨有点凉，想叮嘱她穿上外套，结果一回头发现闺女头一歪，倒在车上，不省人事。"徐连彬赶紧停车，"我一抱她，发现身子都软了，赶紧拨打了120。"后来经过医院一系列抢救，虽然暂时保住了生命，但仍未脱离危险。到21日晚上9点30分左右，徐玉玉最终离世。

反思徐玉玉，也许有人会分析出如下原因，诸如：思想单纯，防范意识较差；

贪小便宜，急功近利；缺乏社会生活经验和判别能力。在其他事件中也会总结出年轻人有求于人，轻率行事，不加选择地结交朋友等原因。

但是一个值得注意的问题是，由于徐玉玉 2016 年 8 月 18 日曾接到过教育部门关于发放助学金的通知，而且是确有其事，所以 19 日这则诈骗电话并没有让徐玉玉产生怀疑，并一步步走入了骗子的陷阱。根据 2015 年的统计数据，我国公民个人信息泄露数量已经达到 40 亿条左右。看数字如果没有感觉，我们回忆一下生活中面临的现象—— 刚取了通知书就有助学金诈骗电话；刚买了房就有无数装修公司的电话；刚买了车就有数不清的保险公司电话；刚办了张信用卡，就收到别的银行的开卡宣传……我们并不是因为一个骚扰短信、陌生电话就狂躁呐喊，恐慌不已，只是，生活在信息碎片夹缝中的我们，同时意识到一个无法逃避的问题：我们每天都处于"裸奔"状态，个人信息都可能在任何环节被低价出售，这些"信息被出卖"的后果，我们必须自己承担。随着互联网的发展，侵犯个人隐私、窃取个人信息、诈骗网民钱财等违法犯罪行为不断出现，已经成为影响国家公共安全的突出问题。

比较典型诈骗手段主要有以下几种：

第一，投其所好，引诱上钩。一些诈骗分子往往利用被害人急于获得某些资源，投其所好、应其所急施展诡计而骗取财物。

第二，利用虚假合同实施诈骗。一些骗子利用青年人经验少、法律意识差、急于赚钱补贴生活的心理，常以公司名义、真实的身份让学生为其推销产品，事后却不兑现诺言和酬金而使学生上当受骗。由于没有完备的合同手续，追索酬金十分困难。

第三，借贷为名，骗钱为实。个别人常以"急于用钱"为借口向其他同学借钱，然后挥霍一空，要债的追紧了就再向其他同学借款补洞，拖到毕业一走了之。

第四，推销伪劣商品行骗。一些骗子推销各种伪劣商品行骗。还有的以推销为名寻机作案盗窃。

第五，以招聘勤工助学大学生行骗。一些大学生为了减轻家庭负担，参与勤工俭学活动。诈骗分子往往用招聘的名义，骗取介绍费、押金、报名费、培训费等。

警方曾经为了帮助识别诈骗，总结出"八个凡是"帮助防止诈骗的辅助手段，值得大家参考。

① 凡是自称公检法要求汇款的；

② 凡是叫你汇款到"安全账户"的；

③ 凡是通知中奖、领取补贴要你先交钱的；

④ 凡是通知"家属"出事要先汇款的；

⑤ 凡是在电话中索要个人和银行卡信息及短信验证码的；

⑥ 凡是让你开通网银接受检查的；

⑦ 凡是自称领导（老板）要求打款的；

⑧ 凡是陌生网站（链接）要登记银行卡信息的。

针对上面"八个凡是"的情况都要慎重对待，其中大多是诈骗伎俩。

同时，要提醒青年朋友注意的是，还要留心新的诈骗形式。例如根据央行的新规，从 2016 年 12 月 1 日起，银行开始全面提供转账受理后 24 小时内可撤销和延迟到账服务。这一防范电信诈骗的新措施，在执行第一天就发挥了效果，多起电信诈骗被成功堵截。然而，也有民众反映，为新规"量身定制"的新型诈骗手法也随之而出，需要警惕。

敲诈勒索是指以非法占有为目的，对他人实行威胁，索取数额较大的公私财物的行为。其基本构成是：行为人以非法占有为目的对他人实行威胁，使被害人产生恐惧心理并基于恐惧心理被动做出交付财产的决定，导致行为人取得财产。

大学生要有效地预防被敲诈勒索，应注意以下几点。

首先，不贪不义之财，不做违法乱纪之事，不授人以柄。做到行为端正，心底坦荡无私，这就在很大程度上消除了预谋性的敲诈勒索产生的条件。

其次，注意隐私保密。对于不相识的人，不可随意倾诉自己的真实情况，更不能留下自己的姓名、地址，随时注意保护自己的隐私，也不要去关心别人的隐私。

再次，面对要挟和恐吓时，要保持清醒和冷静，应严厉斥责，大胆反抗，同时向公安机关报案，切不可"私了"。因为"私了"只会使犯罪分子得寸进尺，不要相信犯罪分子还有什么信用可言。受害人越害怕暴露隐私，犯罪分子就越嚣张。另外，不用担心报警后会使个人隐私公之于众，对于隐私，公安机关是有义务和责任保密的。

最后，要积极配合公安保卫部门工作。报案后，要大胆、详尽地回答侦查人员的问题，不能因顾及面子而隐瞒情况。同时要与公安机关保持密切联系，及时对犯罪分子提出的新要求、出现的新情况向公安机关报告，切不可单独行事。只有这样，才能坚决地打击违法犯罪行为，更好地保护自身合法权益。

（三）交通与旅行安全注意事项

社会实践活动走出校园甚至去另外一个城市的机会较多，因此，注重交通与旅行安全意义重大。在交通与旅行中应当注意乘车时财物安全、住宿安全以及常见病的防止。

（1）财物安全

在使用公共交通工具时需要注意的犯罪手段有如下几种：

第一，利用相似物盗窃。盗窃者往往事先物色好目标，在乘客的行李（旅行袋、提包、密码箱）旁边，放置一个相似的行李（里面装上一些极不值钱的东西），然后寻找机会或制造机会进行调包。如果当场被失主发现，犯罪分子则会很"客气"地向你赔礼道歉，佯装拿错而掩盖自己的罪行。

第二，利用车（船）到站（码头）上下旅客较多且拥挤时，或车船上发生纠纷吵闹、乘客与送行者话别时，进行盗窃。同时，有的盗窃者还会有意制造混乱，然后伺机行窃。这些都需要引起注意。在普客列车乘务员查验车票时，一男青年自称没有买票，钻到座位底下躲避检查，在场的旅客只觉好笑。后来才发现，一位旅客放在座位底下的旅行袋被割开，里面的钱及票证被盗走。

第三，与乘客拉关系，套近乎，设诱饵，骗取信任，趁便利之机或专门寻找便利的时机，随手拿走人家的东西，盗走财物。还有的设圈套、花言巧语、骗取钱财。

要保障财物安全需要做好如下工作：

首先，时刻提高警惕。"害人之心不可有，防人之心不可无"，时刻提高警惕是需要做的。同时，一旦发现有人违法犯罪或行窃，要勇敢机智地取得群众和乘务人员的支持，同犯罪分子做斗争。

其次，做好财务保障措施。尽量把物品集中放在可以经常照看得到的地方，使物品随时在你的视线内，不要乱堆放，或放得过于零散。要事先准备好零用钱，将暂时不用的钱及贵重物品清点整理好，放在身上或其他可靠的地方，如身上穿着的内衣口袋里。不要当众频繁地打开钱包，以免暴露给他人。

再次，在上下车船提高警惕。上下车船时提前做好准备，把行李归拢在一起，清点一下。车（船）到站（码头）时，不要慌张，不用拥挤。

最后，发现问题及时举报。当已经知道谁是作案者或有可疑人员时，要及时大胆地向车（船）上公安人员或乘务员报告、检举，并争取其他旅客支持，从而制服违法犯罪分子。

（2）住宿安全

要保障住宿安全。首先要选择合适的住宿的旅馆。一般说要注意两方面：一方面，交通要方便。旅行者时间比较紧迫，往往一天里要逛好几个景点，所以交通问题要放在重要位置。另一方面，收费要经济。在同一住宿条件下，收费便宜的旅店往往交通不方便，需要努力找到其中的平衡，尽量选择合适的旅馆。

入住之后需要注意如下问题：

第一，随身带好身份证。

第二，贵重物品随身携带，离开房间时关好房门和窗户。

第三，住宿期间旅客如有贵重物品而又携带不便，可交到服务台办理保管手续

（一般的星级宾馆都有这项服务）。

第四，不要躺在床上吸烟，防止因烟灰掉落在床上而引起火灾。

第五，不要携带易燃易爆品、放射性危险品带进入酒店。

第六，不要从事嫖娼、吸毒、赌博等活动。

第七，一旦发生失窃，尽快通知服务台并报警。

（3）旅行途中易发生的疾病及简易预防治疗方法

旅途中易发的疾病有晕动病、急性胃炎、伤风感冒、中暑、痛经等。

第一，晕动病，也叫"运动病"。人在乘车、船、飞机时发生头晕、恶心、呕吐等现象，其中少数人可能发展到面色苍白、大量出冷汗，甚至虚脱不省人事。对此病应以积极预防为好，在乘车、船、飞机前30分钟口服防治晕动病的药物，也可以口含一片生姜或一只话梅；或在前额、太阳穴处涂点清凉油（或风油精）；或在肚脐上贴一张伤湿止痛膏；自己用手指按压对侧内关穴或第二掌骨侧的胃穴，也有一定的防治效果。

第二，急性胃炎。引起急性胃炎的原因较多，如吃了被细菌或其毒素污染了的食物，饮食过量和酗酒，使用对胃有刺激性的药物，方法不当等均可引起此病。旅途中预防急性胃炎主要是注意饮食卫生，少吃油腻、生冷和不易消化的食物，不要吃得过饱，多喝开水或茶水，同时要休息好，睡眠充足。一旦发病，要及时吃药治疗。

第三，伤风感冒。伤风感冒主要表现为鼻塞、打喷嚏、流清涕、咽部发痒，有的伴有畏冷、发热、食欲不振、头痛、咳嗽、胸闷及全身酸痛等。对此病的预防，要随气温变化及时增减衣服，防止受凉，经常吃些生姜、大蒜、食醋等。治疗中要注意休息好，多饮开水或茶水，忌冷饮冷食。

第四，中暑。遇上闷热潮湿的气候，人体散热困难，随着活动量增大，体内热量增加，就容易使体内热量贮积过多，当超过人体耐受限度时会发生中暑。表现为头痛、头昏、恶心、呕吐、耳鸣、眼花、心慌、气短、持续高热不退、无汗，严重者伴有昏迷抽风等症状。如有头昏、恶心等中暑征兆，应立即到通风阴凉处休息，服一支十滴水，口含人丹，或用清凉油、风油精涂太阳穴，一般能很快好转；较重者应平卧，用湿冷毛巾盖在头部，用冷开水或白酒擦身，同时用扇子扇风，促进皮肤降温，或给病人喝些盐凉开水、清凉饮料等，必要时送医院治疗。

第五，痛经。女生在旅途中，由于生活紧张，身体劳累，住处湿冷，饮食过凉等原因，可引起或加重痛经。痛经发作时，应卧床休息，精神放松，下腹部可放置热水袋，用热水洗脚，自我按压血海穴（在膝关节内上方约二寸，屈膝时肌肉隆起处），有很好的止痛效果。腹痛较重时，应就医治疗。

第五章 · 社会实践文章写作基础能力训练

写作，是人类传递信息、交流情感的一种重要方式，在人类历史发展中起到了十分重要的作用。写作可划分为文学写作和实用文写作两大类。实用文是激励社会进步、加速经济发展、强化行政管理、促进科技创新的重要文章形式，在写作研究中占据着十分重要的地位。实者，实践、实情、实质、实效、实益；用者，需用、运用。不言而喻，实用文、实用写作的突出特征是以实践为基础，经过实考、实证，反映实情、实质，具有积极的作用，实用的价值。

大学生社会实践活动的实践特性，决定了与其相关的文体写作是实用文写作。

要更好地分析社会实践文章写作的相关问题，应该首先给实用文下一个定义："实用文是指处理日常事务、具有直接实用价值和某种惯用格式的一种文章体裁。实用文种类繁多，按照写作难易程度可以从宏观上分为简单实用文和复杂实用文两类；按发文、收文双方关系可大致分为上行文、下行文和平行文三类。通常按使用对象、目的、范围将其归纳为公文、事务文书、司法文书、财经文书、外事文书、社交礼仪文书等六个门类，包括命令、指示、请示、报告、批复、通知、通报、决定；计划、总结、规章制度、调查报告、会议记录；诉状、笔录、公证书、调解书、判决书；契据、合同、广告、经济活动分析报告；条约、协定、声明、照会；祝辞、祭文、请柬、书信等众多品类。随着社会的发展，人们又将科技论文、传志、方志、对联、笔记、调查报告、演说词等归入实用文之列。"（阎景翰等《写作艺术大辞典》）本章将依照上述概念界定范围，探讨大学生社会实践活动所涉及的写作问题。

第一节　社会实践文章写作的取材立意

写作，特别是实用文写作，本身就是知识创新的过程，具有科学性、针对性、实用性三大典型特征。要更好地完成写作工作，就需要系统地了解与之密切相关的理论知识。

一、材料的处理

材料，是指作者为某一写作目的，从生活中搜集、攫取并且写入文章的一系列的事实或论据。

材料是写好文章的前提和基础，是表现、深化主题的支柱。因而大量占有材料是撰写文章的必要条件。

所谓材料的处理，就是指对占有的材料，根据文章的主题的需求的决定取舍。

（一）材料的类型与作用

社会实践文章写作是用来写实的，所用材料也来源于社会真实生活，因而其"材料"的含义也更为广泛，已写入文章之内的"事实"或"论据"称作材料；没有写入文章之内，但已进入作者视野，被作者所意识，所搜集到的一切"事实"或"论据"，即文艺创作中的所谓"素材"也可称之为材料。

社会实践文章写作是以"事实"为确定"材料"的依据，因而材料的来源也就十分广泛。社会实践文章写作需要的材料来自多方面：既有直接材料，又有间接材料；既有现实材料，又有历史和发展材料；既有主体材料，又有背景材料；既有具体材料，又有抽象材料；既有典型材料，又有一般材料；既有正面材料，又有反面材料；既有事实材料，又有理论材料；既有文字材料，又有数据、图像等非文字材料等。

材料的分类方法颇多，仅就材料本身的特性，可分为事实、理论、数据和文献资料。

① 事实。事实是指亲身观察、调查和经历的生活现象和对事实的记载与叙述。

② 理论。理论是指各种经典著作、学科权威观点，自然科学原理、公理、政策法规、得到普遍认同的生活道理、社会公认的规范。

③ 数据。社会科学、自然科学、政府部门的统计数据，实验数据和调查研究结果的数字记录。

④ 文献资料。各种记录、报刊文摘、史略、图表和图片。

材料在社会实践文章写作中具有重要作用，主要表现为：

1. 材料是写作的基础

材料是构成文章的基础，是一切写作活动的前提。社会实践文章写作以现实需求和写实为宗旨；"材料"来源于客观存在的事实，是对实物和现实的直接经历与感受；没有材料这个现实依托物，社会实践文章写作也就成了"无米之炊"。

在写作学中，人们常将文章比作人：主旨有如人的灵魂；材料有如人的血肉；结构有如人的骨骼；语言有如人的细胞；表达有如人的外貌衣饰。一个健美的人不仅要灵魂高尚，骨骼健全，细胞活跃，外貌清秀，衣饰合体，而且还要血肉丰满，这样才有蓬勃的生命力。从一段形象、恰当的比喻中，不难看出：主题、材料、结构、语言、表达作为社会实践文章写作的基本要素是影响文章效果的根本原因。

材料不仅要求充分、真实，而且要有典型性和完整性。大量地占有材料是动笔前的首要工作，而一篇好的文章还要求材料充分、真实、系统、完整，这样才可以为文章取得良好的效果打下坚实的基础。

2. 材料是提炼和形成主题的重要前提

社会实践文章写作以现实工作需要为目的，具有较强的真实性和针对性。文章的主旨是通过全部文章内容的基本主张或中心思想表达出来的，不能凭空杜撰，只能是作者对各式各样的材料进行分析提炼，综合加工而得以确定的。

从写作程序上讲，材料是第一性的，是写作的根基和前提，是"实"；而主旨是第二性的，是在占有大量材料的根基上产生的观点、意念和感受，是"虚"。"理不可以直指也，故即物以明理；情也可显示也，故即事以寓情"（南北朝·刘勰《文心雕龙·神思》）。"虚"从"实"来，用真实的"物""事"表达的"理"和"情"，即文章的主旨。在社会实践文章写作中，主旨和材料相辅而成，密不可分。离开了材料，主旨就成了没有根基的空中楼阁，是根本立不起来的。

3. 材料是表现主旨的支柱

"作文需是靠实，不可驾空纤巧"（明·吴纳《文章辨体序说》）。这里的"实"就是指材料。一篇社会实践文章的内容如何，首先要看文章使用的材料是否真实可信。真实是撰写文章的根本，也是权衡文章内容的标准。思想、观点和材料的有机统一，是对社会实践文章的又一个基本要求。主旨可以用一句话或一段简明扼要的句子来表述，但它在具体文章中，却不能孤立地片面地存在，而应该用典型、生动的人物、事件、定理、数据等有说服力的材料来表现、支持和证明。尽管有些文章也提出了观点和列举了若干材料，但观点不是从材料的研究中必须得出的结论，而是为适应观点拼凑得来的，这不是在实质上的统一；更有一些文章，观点是有的，但无法以材料佐证，阐述也流于泛泛的空谈。写作实践表明，主旨的提炼和深化是在大量占有材料的基础上得以实现的；材料是表现深化主旨的支柱，材料的取舍和组织受主旨的制约。

（二）材料的搜集和积累

"夫立言之要，在于有物"（清·章子诚《文史通义》）。材料是撰写文字的基础和前提，没有材料，再高明的作者也写不出文章来。搜集和积累是占有大量具体材料的方式，可以为社会实践文章写 作做好充分的准备；也可以"积学以储宝"（南北朝·刘勰《文心雕龙·神思》）使作者的写作经验得到不断的丰富、写作水平得到不断的提高。

从内涵的深层次地理解，材料的积累包括素材的积累、认识的积累和情感的积累三个方面，这样得到的材料才是动态的、鲜活的、充满说服力与感染力的。完成积累本身是个认知过程，世事万物，瞬息变化，远远超过写篇文章所需材料的范围。材料的积累与取舍，是对客观事物的主观认识和反映过程。不同的人、不同的知识层次、不同的立场观点直接影响到对客观事物的认识和表述。因此，材料的搜集与积累是事实、观点、知识与语言的搜集与积累过程；在撰写文章之前，广泛搜集、积累材料至关重要。

1. 搜集积累材料的原则

社会实践文章写作是目的性、针对性较强的，因而搜集材料也应根据文体特征、写作目的和意图，具有一定的原则性。具体有以下几点。

（1）客观性原则

社会实践文章写作是反映社会现实并为社会发展服务的，社会实践文章写作所用的材料和论据必须是客观的、真实的事物，只有尊重客观规律，充分了解事物或现象的本质，才能充分发挥人改造客观世界的主动性。

人们对社会中发生或存在的事物或现象是通过感觉、知觉、表象等感性认识上升到概念、判断、推理等理性认识的，因而，它必然受到人的主观状态（感情、知识、能力、思想与思维方法等因素）的影响。比如视觉表述的差异、观察的态度、样本选取的方式方法、统计的科学性、实践经历过程的完整性、传闻的来源等都可能使材料失真或掺杂主观想象的成分。因此，在搜集材料时必须遵守客观性原则，做到如下几点：

① 尽可能亲身接触事物，端正态度，不受主观因素干扰；

② 对传闻材料进行必要的核实；

③ 引用材料要绝对符合原著观点，注意避免断章取义，借题发挥；

④ 要科学地选择调查的样本和搜集统计资料，使材料客观、真实、无误。

（2）广泛性原则

搜集材料多多益善，这是写作者的一种共识。社会实践文章写作，对知识的深度和广度有很高的要求，因此，搜集材料的途径就显得更为重要。所谓广泛性，就是对各方面的材料均应全面搜集，既要搜集直接材料，又要搜集间接材料；既要搜集现实材料，又要搜集历史和发展材料；既要搜集主体材料，又要搜集背景材料；既要搜集具体材料，又要搜集抽象材料；既要搜集典型材料，又要搜集一般材料；

既要搜集正面材料，又要搜集反面材料；既要搜集事实材料，又要搜集理论材料；既要搜集文字材料，又要搜集数据、图像等非文字材料等。在此基础上，对获得的材料进行鉴别、分析、选取有用的材料，互相印证、点面相援，才可以使文章有深度、有广度、内容充实、重点突出。

（3）典型性原则

典型性是指那些具有代表性和普遍性的事实现象和理论观点。典型性的材料能深刻地反映事物的本质属性，并能以个性反映共性，发挥以小见大的作用，具有较强的说服力。典型性同时要有针对性。社会实践文章都具有较强的目的性和针对性，因而选材时应围绕写作意图和中心预论点搜集能表达、丰富、突出论点和主体的材料。

（4）辩证性原则

辩证性原则是指材料的客观性、多样性、条件性、随机性、偶然性等问题。客观事物的联系是普遍的又是多样的，不同的联系对事物的存在和发展所起作用也是不一样的。同一事物由于条件的变化，可能是普遍事件，也可能变成偶然事件。选择材料如果不能用辩证的观点来审视，即或材料具有客观性、典型性，也可能由于条件的变化而失去实际意义。比如"包产到户"在改革开放初期对经济发展起到了巨大的作用；然而用它作为现代化、机械化、集约化促进农业经济发展的论证依据势必造成事与愿违的效果。

因而，选择材料必须遵从辩证性原则才能从偶然中发现必然，从特殊中发现普遍，取得言之有物的效果。

2．搜集累积材料的内容

社会实践文章写作材料范围十分广泛，长期积累材料，既可提高写作质量，又可使写作能力得到锻炼和提高。材料的积累主要有以下几个方面。

（1）观点

观点的含义可理解为"从某一角度或立场出发对事物的见解或认识"。意识即为认识，从哲学角度看社会存在决定社会意识，感性认识一经上升为理性认识后，认识活动便具有了目的性、计划性和主动创造性。社会意识包含个人意识和群体意识。群体意识是社会共同体（阶级、民族、团体、单位……）的共同意识，是群体社会地位、社会实践的反映，并为维持一定社会关系、社会秩序，促进社会经济、科学技术的发展服务。个人意识是个人自身社会经历、地位和独有的具体实践的产物，同时又受到个人所属群体的意识的影响和制约，体现一定社会共同体的共性特征。

社会实践文章写作是一种高水平的社会意识，是以社会现实为基础，以服务于社会需求为目的的。撰写的主旨与内容，既有作者个人的认识，也受到社会群体认识的影响制约。

社会意识与社会政治、经济、科学的发展具有适应性和历史继承性。在社会实践文章写作中，对不同的文章，不同的事情，总有一个最基本的看法，表现在文章中称作主旨。观点是社会实践文章写作的灵魂，是文章深度的依托。对观点的内涵和外延进行辩证地分析，是拓展论域、开阔思路的有效途径。注意观点的积累，特别是有创意的、新颖的、独特的观点的积累。在此基础上进行比较和分析，总结成败得失，既可为写作相似文章提供借鉴，又可为写作其他类型文章打下良好的基础。

因此，观点的积累是提高社会实践文章写作水平、行之有效的方法。

（2）事实

事实指的是事情的真实情况。事实是形成观点的源泉，是构成文章主体的基础，也是保证文章精确性，增强说服力最有效的佐证。社会实践文章是以宣传观点，指导工作，解决问题为目的的。

没有确切、可靠的事实材料就无法写出具有说服力的社会实践文章来。事实材料是材料中数量最大，最常用的部分，积累的范围，也较为宽广。事情发生发展的过程、状态，人物的言论行动，执行的政策，规章制度，计划的效果，调查，实验记录，统计数据，现场的摄录、显示、描述等，都属于事实材料的范畴。积累事实材料一定要实事求是，切忌掺杂主观因素，不可道听途说。

（3）知识

写作，是一种复杂、精细、严肃的精神生产，社会实践文章写作更有较强的政治性、科学性、专业性和实用性。一篇社会实践文章既可激励广大人群奋发向上，指导经济的发展，也可使一个企业倒闭，或在技术、生产方面留下长期的隐患。因而它绝非是轻而易举，一蹴而就的事情。

社会实践文章作者，应在政治觉悟、思想水平、道德品质、基础理论、专业知识、生活阅历等方面的综合素质上打下良好的基础，这就要求作者应具备较宽的知识面，主要包括：政策、法规、专业知识、写作与文字表达知识、哲学与系统科学知识、经典论述、日常生活阅历、实践经验等。同时作者还应广泛搜集资料，以丰富自己的头脑，这样才能提高自己的写作能力。

（4）语言

由事物具体形象引起的感情反映经过语言抽象概括形成理性反映才是人类认识客观世界的本质。没有语言就没有思想认识，也就没有文章写作。

书面语言用来总结经验，传达思想，抒发感情，语言是否准确、生动、深刻、逼真，也需要搜集和积累。古语、文言、名人格言警句、文章的精彩片断和案例、群众形象传神的描述都是写作材料。好的语言可以使文章通俗易懂，恰到好处，还可以使文章增加生气，深入人心，引人入胜。

（三）材料的搜集方法

按获得的途径，材料可以分成直接材料和间接材料。材料的搜集方法主要有如下几种。

1. 观察

观察就是有目的、有选择地对客观事物进行认真、细致地察看，即用眼睛远"观"近"察"，直观地了解和认识事物的真实情况和本来面目。据研究，人类获取外界信息大约有 80% 以上是通过视觉渠道，所以观察是认识客观事物的基础，是获取知识和积累写作材料的最基本、最常用的方法。

无论是在工作中还是在大学生社会实践中，观察同等重要。不仅如此，科学观察、特别是自然科学观察的要求更高。科学观察是一种有目的、有计划、有步骤的活动，是在科学研究中运用观察方法获得关于被观察事物的主观印象的过程。观察和实验室的实验不同，它具有自然性和客观性。它是在自然条件下直接观察所发生的过程或现象，不进行人为的加工或干预。因此要求：

① 在自然条件下进行；

② 要保持观察的客观；

③ 要长期地坚持到底。

为了进行有效的观察，常常要借助于科学仪器来帮助克服感官的局限。科学观察要做好观察记录，主要记录技术手段、环境条件、观测的数据、发现的新现象。

观察一般包含有观察对象、观察者、环境条件、观察工具（感官、仪器）和知识五个因素，并且具有直观性、客观性、选择性的特征。观察的具体方法有概貌观察、细节（特征）观察、比较观察、进程观察、深层观察等。将观察所得加以分析、整理，使之条理化、系统化，就是社会实践文章写作的上好材料。只有观察仔细、真切，写作才能得心应手，主题也才表现得正确深刻。

2. 体验和实验

体验是作者亲身参加实践活动，在实践过程中自觉地用全身心去直接感受现实生活，以达到深入认识客观事物的目的。这是获取和积累写作材料的一个重要方法。体验与观察不同。观察侧重于认识自身之外的客观对象，只能感知对象一些外露的特征；体验则是亲身经历，通过亲自实践去认识客观事物，侧重于主体的真实感受。体验的过程就是主观世界和客观世界相互作用和连锁反应的过程。在体验过程中，作者调动自己已有的知识、经验，与客观对象进行联系、沟通、同化，形成初步的认识，具有较强的主观感情色彩。观察者与被观察对象的关系是油和水的关系，界限分明，互不干扰；体验却不同，体验者与被体验的对象打成一片，他要站在被体验对象的立场上，用他们的眼光去观察世界和思考问题，或作为其中一员参与其活动。在大量社会生活活动和社会科学研究中，观察和体验是密切结合在一起的，观察可补充体验，扩大认识面；体验则可以加深观察的印象，以认识事物的本质特征。

对于自然科学的相关工作，体验是远远不够的，更多的工作是实验。科学实验在自然科学领域中应用很广泛；不仅如此，现代社会科学领域，如教育科学、心理科学、语言科学等也大量进行实验。科学实验是通过实验工具，人为地控制或干预研究对象，使某一事件或现象在有利于观察的条件下发生或重复，从而获得科学事实的一种研究方法。它是在观察方法的基础上发展而来的，是观察方法的延伸和扩充。可以说通过实验获得数据是最科学的搜集材料的方法。在科学研究中，实验方法能克服主观条件的限制，获得感性知识，取得实践经验，上升到理性认识，检验和发展科学理论。它是进行科学研究搜集资料所不可缺少的手段。实验的作用就是使研究对象的某种属性或联系以简化的状态表现出来；它还可以强化研究对象，使其处于极端状态，以有利于揭示新的特殊规律。

3．调查和访谈

调查，就是用科学的方法，对客观世界进行考察和了解，以掌握确凿的材料和情况。调查是了解社会情况的基本方法，也是获取和积累写作材料的一种常用的方法。起草政策性文件，拟订经济计划和实施方案，撰写经济调查报告和经济总结等，都离不开深入实际的调查，否则根本无法动笔。调查的方式有个别访谈、开调查会、现场考察、抽样调查、电话询问、表格调查等，可根据不同情况灵活运用。访谈是一种特殊形式的调查，它有着明确的目的，以客观、公正的态度选择调查对象，是搞好调查访谈的基础。

4．检索

间接材料通常是指图书、期刊、报纸、音像资料、缩微材料等。对间接材料的搜集，通常可通过剪报、笔记、查寻情报资料等途径获得。获得上述资料的主要手段就是检索，而检索是以阅读为基础的。阅读可以开阔视野、启迪思维、陶冶性情、完善个性、提高认识、丰富知识。阅读的方法一般可分为泛读和精读，还可具体细分为探测性、理解性、评价性、借鉴性、欣赏性、创造性阅读等。检索是为了提高阅读效果，获取必要的写作材料，有目的地查询与阅读。读书时要做到眼到、心到、手到，随时做笔记、札记和卡片，将有价值的材料分类剪贴积累以便查询。为了提高检索效率还要掌握文献检索的方法，并能利用计算机和网络去检索有关资料。文献的检索，是获得资料的重要手段。

（四）材料的鉴别

写作材料是一个外延非常广泛的概念，它既包括通过观察体验所感受捕捉的形象，也包括完整的调查、采访中了解搜集到的事实，还包括文献、报刊、书籍中获得的资料。

可以说社会生活中的一切事物（正面或反面）均可成为社会实践文章写作的材料。如何对待浩如烟海的生活材料？首先应针对文种范围有目的地搜集，然后在写作选材过程中鉴别材料的真伪，分析材料的性质，严格甄选，深入挖掘，写好文章。

1．鉴别材料的意义

材料产生观点，观点统帅材料，这是材料使用的基本原则。

材料产生观点，即从搜集、整理、分析材料中产生观点，坚持物质第一性原则；当观点形成之后，根据观点的需要，选择使用材料，使材料为观点服务，坚持观点是统帅、灵魂。两者任务不同，既不能混淆，又不能彼此截然分开。鉴别材料对于写好文章具有重要意义：

首先，作者识别材料的能力和水平是能否获取有价值的题材和主题，撰写出有影响力的文章的重要前提和提高写作水平的有效途径。

其次，材料鉴别直接关系到文章的说服力和社会效果。如果材料缺乏鉴别筛选，往往造成材料不能论证观点，或与观点相互矛盾，致使文章苍白无力，无法发挥应有的作用。

2．鉴别材料的内容

鉴别材料就是认识材料，通过比较、分析、理解，掌握事实材料。具体地说，要做到以下几点：

（1）注意材料的真实性

选择论据，意味着用极其有限的具有严格意义上的真实性（符合客观实际）的材料去证实某个有普遍意义的观点，必须十分谨慎。哪怕论据只有一点点失真，都可能影响到论点的可信度，乃至不能成立。为了保证论据的真实性，坚持科学的工作态度，应尽量搜集和引用第一手资料，不可图省事随便使用第二手、第三手资料，更不可道听途说，添枝加叶，切忌事实残缺，数字错误。对于复杂的材料应细心核实，去伪存真，直接引文必须准确无误，引用理论著作必须尊重原作本意，不可断章取义，或掺进自己的观点，歪曲原意。引用数字必须认真核实。

（2）注意鉴别材料的质与量

任何事物都存在质与量的关系，两者是辩证统一的关系。鉴别材料主要是分析材料的性质，把握事物的内涵与外延，挖掘材料的深层意义，揭示事物的本质和规律，以便于获取有价值的题材和论点。对于材料还要识别现象与本质，区别其本质意义和旁属意义。可以根据同一材料具有的多方面意义来说明不同的问题。

"量"是"事实的总和"，把对事物性质的判断，建立在对事物的数量的总体分析基础上，以量的界限来界定质的特征，所得出的观点或论证的论点就更有说服力。对材料作量的分析鉴别时，必须注意其统计方法的性质和样本模型的确立，如抽样统计与概率统计方法的不同，其样本的集中与分散范围的变化应予以说明。"质"在这里可以理解为事、物及它们区别于其他事、物的内部固有属性（或特定性）。任何事物都是质与量的对立统一体，量变引起质变。一些社会实践文章往往是用特殊的具体事例证明有普遍性意义的观点，因而广泛采用定性的分析方法。但值得注意的是，定性分析也不是随意使用的，如果论证中，论据不足或缺少典型性，就会使定性流于轻率，使论点产生偏颇或谬误，失去文章应有的价值。在实际生活中，事物的质和量之间既存在区别又彼此联系，量变是质变的前提。在一般情况下，只有量变达到某一界限，事物才会发生质变。

在社会实践文章写作中，最好的方法是定性与定量分析结合起来使用。没有数量方面的基础，定性就难免轻率；如果完全依赖量的规定，单纯从比例看问题，又可能为事物的表象或假象所蒙蔽，无法看清事物本质的变化趋势。两种方法结合起来，优势互补，考察问题，就能敏锐地洞察事物的本质变化。因此，鉴别材料时，应在明确定性与定量材料的基础上，对材料合理地加以运用。

（3）鉴别材料的面与点

材料的面与点也是一对对立统一的矛盾。这里的点是指材料中的具体事例；面是指某一事物或某项工作的全面情况。对事物所有因素进行认真考察，搜集、整理所得的全面材料，能系统地反映事物的整体性质，是最有说服力的。

但是全面材料是反映事物的不同侧面性质的点的总和，因而在写作时如果不区分主要与次要，典型与一般，表象与本质，一味使用全面材料，反而会成为文章的累赘，使文章平淡无奇。更值得注意的是，有些全面材料在实际写作中很难得到。

反映事物具体特性的"点"的材料，既有较强的针对性，也有一定的局限性。选择典型恰当的"点"的材料，可以通过个别、特殊的事例来说明和论证普遍性的观点；反之，在论述中不经辨识即以"点"代"面"或抓住一"点"不计其余地片面发挥，不但会削弱论域或论点的广度和深度，还可能会形成错误的结论。

社会实践文章写作涉及文种较多，对"点"和"面"的材料要求也有各自的特点，应当根据具体文体恰当地运用。比如规划性文件中较多采用全面性材料，进行周密分析，力求系统明确。对杂文和短评类文体，则应抓住材料深入分析，一事一议。在论说性文体中，可以在某个特定的对象上选择有代表性的典型材料，深入挖掘，层层剖析，起到论证和深化论点的作用；也可以把面与点的材料结合起来，以"面"上材料概括说明问题，展示宏观概念，以"点"上材料侧重具体分析，深化论点，增强说服力。

（4）鉴别材料的正面与反面

材料的正面与反面同样是一对对立统一的矛盾。

正面与反面是事物本质在不同层面上的反映，这种反映随着事物内在条件和外部环境的变化而不断地发生、发展和转化。同一材料相对不同论点和人的主观认识具有明显的多重性。比如一个厂老工人多，技术熟练，这对发展生产条件这一论题是正面材料，而对于长期发展战略这一论题则可以是"知识老化""后继无人"……成为反面材料。从事例中不难看出，鉴别材料的正面与反面，对于材料的搜集与运用同样具有重要意义。

注意正反材料也是为了防止片面性的产生。如果在使用材料的过程中，不作深入分析，以点代面，说好即绝对好，说坏就绝对坏，这样会使论点产生偏颇。因此在选择材料时，既要注意正面材料也要注意反面材料，以求更全面更透彻地了解事物的本来面貌。

（5）逻辑分析与历史分析

对所搜集的材料进行真与伪、正面与反面、质与量和点与面的分析鉴别，基本上是把对象作为一个静态的，稳定的事物来看待，属于逻辑分析的范畴。然而客观事物总是处于互相联系，动态发展过程之中的，任何事物都不仅有其现状，而且有其历史和未来。因此，要真正全面地、透彻地理解材料和准确充分地运用材料，还应以系统的观点，运动的观点，对其发展和变化过程作必要的分析与鉴别。

比如要论述现行经济改革的某一观点，就应当搜集古今中外经济改革、政治文化等相关方面的材料，并进行分析和鉴别，总结成功的经验，吸取失败的教训。深入了解政治与经济的制约关系，通过对材料的分析鉴别就能对经济改革的观点有比较清醒的认识和比较客观的态度。以经过鉴别的材料作为论据，可以使文章观点明确，论证充实，具有较强的说服力。

对材料进行逻辑分析与历史分析，就是尽可能地认识事物发展变化的过程、原因及转化条件与趋势，从而发现事物转化的契机、发展规律和本质特征，为观点创新提供可靠的依据，打下良好的基础。

（五）材料的使用

1. 材料的使用与安排原则

占有材料提倡"以十当一"，以多为佳，选择使用材料提倡"以一当十"，以严为上。材料是文章的"血肉"，"血肉丰盈"文章才能健康，充满灵气。对于材料应严把三关：认真选择，精心鉴别，合理使用。

材料使用的第一个阶段是材料产生观点，即从搜集、整理、分析材料中产生观点。应当指出的是有些社会实践文章在写作目的产生以前已经经过一段孕育过程，而且具有团体意志性。由于目的明确，准观点已经产生，需要的是使用真实、确切的材料对观点进行深入的论证，使主观认识转化为客观现实，具有说服力（如果是不客观的，也舍之有据）。应当注意的是，无论属于上述那种情况都应坚持物质第一性原则。

材料使用的第二个阶段即观点形成之后，根据说明观点的需要，进一步选择和使用材料。在材料分析与鉴别的过程中，对选取哪些材料作为论据最具有真实性、典型性，最具有说服力，要做到心中有数。在选取材料这个环节中，必须注意观点是统帅，应遵守观点与材料统一的原则。

所谓观点与材料的统一，指的是论点和论据在材料的基础上达到有机的结合，内在联系紧密而有度，既要求观点来自材料，又要求材料能充分地说明和证实观点。在社会实践文章写作中，出现观点与材料之间脱节的情形，主要表现形式一是有观点无材料，二是有材料无观点，三是观点与材料相脱节。具体分析上述现象，发现导致观点与材料不一致的原因主要包括以下几方面：

一是先有材料然后通过归纳总结等方法提炼出观点。

二是论点界定不准。这种论点虽然是从材料中精炼出来的，但是由于概念不准确，定义域和外延界限模糊等原因，难以把握住论点的要义，也就无法准确地选择材料，其论述始终是似是而非，模棱两可，无法形成观点与材料的内在一致。

三是由于认识主体、客体与实践联系的多重性和认识主体缺乏对材料的透彻分析和鉴别，而导致观点与材料无法统一。

事物在不同时空间的多面反映可以与不同的观点发生联系。这种联系是由人的主观认识来决定的。比如：汽车的重量是客观事物本质属性，同一属性可有利于汽车附着力，稳定性的提高，这是积极的属性；而重量增加又使摩擦力、能耗、材料消耗与成本均有增加，其属性对汽车性能的影响又由积极属性变为消极属性。当撰写对汽车性能的影响这一论题时，"重量"这一"论据"在鉴别和使用是由作者主观决定的。在选材时，只有对材料有充分的了解，才能进行恰当的选取，保持论点与材料的一致。否则就可能发生材料在某种程度上游离于观点，游离观点的材料，往往会削弱文章的严密性和逻辑性。

四是选材时发生以点代面和以面代点的错误。观点与材料不一致有时还表现在论点需要全面性材料加以论证时，却使用了个别的特殊事例，形成以点代面，难以对论点系统论证和全面论证。而在需要特定的典型事例作具体分析和阐述时，却取用全面性材料，泛泛而谈，使论证不深刻，缺乏说服力。

2．寻求观点与材料一致的方法

寻求观点与材料一致，也可以认为是论点与论据之间内在的有机联系，是选取论据的原则问题。为避免发生观点与材料或论点与论据脱节，应注意以下几点。

（1）力求直接从材料中抽象概括出论点

实践是人们能动地改造和探索客观现实世界的物质活动，以客观性、能动性、社会性、历史性为基本特征。社会实践文章写作是社会生产、社会发展的产物，也是一种处理人和客观事物（自然）关系的实践活动。写作前搜集、积累的大量材料，大多是感性认识材料。观点是人们对感性认识材料的抽象和概括而形成的事物本质。

一般论点是由搜集的大量材料中抽象概括产生的。写作时，由于文本容量的限制，只能以极少数材料作为论据。为了确保论点与大量材料的有机统一，必须遵守抽象概括的有关原则：首先对搜集的大量材料进行认真研究、分析它的不同发展形态及其内部联系；然后按照其概念的内部联系进行分类，再对不同属性材料进行判断、推理，使理性认识逐步升级到更高阶段，即理性"观点"。

从材料中抽象概括论点的有关原则：首先，明确抽象目的；其次，限定抽象界限；再次，在抽象区间内要舍弃非本质因素；最后，区间内抽象的结果不能外推到其他区间去。

（2）把握论点以选择论据

在社会实践文章写作中，直接从材料中产生论点，并非是唯一的途径。由于社会实践文章的隶属性、规范性、条件性、普遍性、传统性，在很多情况下，论点并不是通过对材料的抽象概括中得来的。譬如：文体宗旨和目的已经限定的论点（如某项事物的总结的好与坏，某种产品规划的可行与不可行）这时需要的是寻找论据，使之与现实联系起来，并得到确立。为了达到论点与材料一致，应注意以下几点：

首先必须运用辩证逻辑思维方式，对论点和材料进行全面的分析，真正充分地了解论点的内涵、外延和材料的特性（典型性与真实性），在论点的制约和指导下，选取与之相吻合的论据。其次要充分注意材料的质与量，使之与论点所需的论据相适应。

（3）概括材料以检验论据

在搜集和占有大量的材料的基础上，可以用概括的方法。对所拥有的材料进行概括来检验论据是否与论点相一致。如果从材料概括出来的观点与论题或论点相吻合，再选取材料作为论据就比较可靠。对材料进行抽象概括，还可以对论点起到修正或深化的作用。比如可以发现原来的判断或论题是否全面，是否还可以进一步深化。概括材料以检验论据，其目的并不是要从材料中抽象概括出观点来，而是要用以考察观点与论据之间是否存在内在的必然的有机的联系。因此，抽象概括无需面面俱到，而是根据抽象的基本原则，找出材料的主导方面进行抽象概括，以校验论据。

3．论据的要求

对论据的要求：在满足论据与论点一致的基础上，还要达到可靠与充实。论据的可靠性来源于材料的真实性、精确性，表述上的辩证态度和分寸感。真实性是客观的存在，不可夸大事实，不可主观臆断，不可片面求取。精确性和分寸感都与表述上的辩证态度密切相关。作为书面上的数字论据必须是精确的，所以要对数字的来源作正确的选择。分寸感是指对待材料不持绝对化态度（不轻易肯定一切和否定一切）。在表述中可以采用"模糊语言"来对材料加以限制。如基本上，在一定程度上等。在现实中，由于各种条件的限制，许多方面都难以做到真正的精确，所以在措辞上对材料的精确度要留有余地，从而使论据变得更为可靠，避免因绝对化而陷入被动的局面。

论据的充分有两层含义，一是指论据与论点之间要有内在联系，也就是观点与材料保持一致；二是指材料要典型。

论据的充分，指作为论据的材料的全体恰好有足够的理由和说服力来证明论点的正确性。因此在选择论据时，一是要合理妥当地安排材料。首先要注意材料的"质"，尽可能选用有代表性的材料，能用一个事例说明问题的就不用两个。二是要注意到"量"，以"足够"为"度"，对大量与观点一致，可作为论据的材料，在进行选择时要分清主次，有点有面，正反配合，详略并举，剪裁得当。

还应当注意的是在同一篇文章中，理论性与实例性论据也要兼容并收，不同性质的论据要结合使用，避免材料过于单一，致使文章臃肿或抽象。充分合理地安排材料是确保文章质量的重要前提。

4．材料的处理与表达

使用材料是整修材料工作的最终目的，对于材料除正确选择外，还要根据文件的性质，写作的要求，行文的目的和内容等对材料作合理的安排。

（1）文章性质决定材料的处理方式

文章性质不同，材料处理方式也不尽相同。对于表现基本精神的社会实践文章写作（法规、指令、条例等），材料只作为写作的根据（论据），不直接写入文章（文件），此种材料称为非直接涉入材料。对于表现基本观点的社会实践文章写作（总结、调查报告、论文等），其材料必须写入文章，以说明一定观点，此种材料称为直接涉入材料。

（2）文体要求决定材料表达方式

由观点和材料构成的文章（总结、汇报、议论文等）使用材料的方式各不相同。如总结，既有正面材料也有反面材料，有成绩，也有问题；有经验，也有教训。材料的使用还要分类，分条，有主有次。

（3）写作目的和内容需要决定材料的详略

例如写经验总结，当以经验材料为主，存在缺点为辅。同时还要根据读者对象和预期社会效果决定详略。

总之，社会实践文章写作的材料至关重要，一定要在大量搜集占有材料的基础上严格地鉴别、筛选、活用，做到主旨与材料统一，使文章凝练、严谨、言简意赅，具有较强的说服力和良好的社会效应。

二、主题

主题是文章内容的核心（也可称为题旨、意、主意），是作者通过文章的全部内容表达的明确意图、基本观点、中心思想或要说明的主要问题。主题是作者的主观认识和外界客观事物相融合的产物，它表明了作者对客观事物的评价和态度。

"无论诗歌与长行文字，但以意为主。""意尤帅也，无帅之兵谓之写合"（王夫之《船山遗书·夕堂永日绪论》）。意即主题，在文章中具有统帅全局，调度转换开阖之作用。以此不难看出主题在文章中的重要地位。

社会实践文章主题和其他文学创作主题一样，所表达的都是文章的中心思想，但是社会实践文章是以反映现实为写作目的的，具有明显的目的性和客观性。因此在主题提炼和表达上也与文学创作有明显的不同之处。

第一，社会实践文章写作的主题与文学创作的主题表现的方式不同。社会实践文章写作是客观现实的体现，不能借助艺术形象的塑造和事物的描写来表现，而必须用大量事实加以说明。

第二，与文学创作相比，社会实践文章主题的确立过程和作者所处的角度不同。社会实践文章写作主题的构思，很多来自某一组织观点，代表集体的利益和意志，带有很强的实用性、遵命性，体现集体对问题的认识和看法，立场鲜明，政策性较强，而文学创作个性色彩强烈，自由发挥的余地很大。

第三，社会实践文章写作的主题与文学创作的主题表现手法不同。文学创作表现主题的手法多样，可以采用叙述、描写、议论、抒情、说明等虚构、夸张、渲染的手法，而社会实践文章写作表现主题的方法主要是叙述、议论和说明，追求的是用准确无误的材料表现真实情况，绝不可虚构夸张。

（一）主题的作用

主题是文章内容的重要核心因素，在一篇文章中有举足轻重的作用。具体说来主要表现在以下几个方面。

1. 主题是文章的核心

主题通过系统、有机的联系方式把有关的内容聚合在一起，并采用相应的结构、表现方式和语言表现出来，使之成为一篇完整的文章。没有主题，再多的材料也只是杂乱地堆砌文字，无法表达完整的思想。

2. 主题是文章的统帅，始终处于支配地位

主题是贯穿于文章始终的一条主线，处于统摄全局的关键地位，它决定文章材料的取舍、提炼、布局谋篇，制约了文章的表现手法和写作技巧，甚至影响文章的遣词造句，可以说主题对文章全局具有战略性指导意义。有了明确的主题，作者就能在丰富复杂的材料中抓住重点环节和中心，起到表情达意、交流思想的作用。

3. 主题是文章的灵魂和生命

主题决定着文章的质量高低，价值大小，作用强弱和影响好坏。主题是作者的思想、态度和观点的集中反映，是文章有机体内的生命之源，在文章中起主导和支配作用。

衡量一篇文章的质量，首先看主题是否明确、正确，主题不明确，文章则平庸、浅薄，没有说服力；主题错误，文章就会产生不良后果。只有选准主题，文章才具有生命力和良好的社会效果。

（二）确立主题的原则

社会实践文章写作的目的是为工作服务。社会实践文章主题是作者主观认识和外界客观事物相融合的产物。主题的提炼、确立和解释决定于作者的写作目的、立场观点、主要思想和时代特征。

1. 客观性原则

主题的确立必须实事求是，以客观事实作为基础。社会实践文章写作的前提是

研究真正的社会工作和生活。社会实践文章主题的确立也必须以客观事物为基础，实事求是，开展扎实深入的调查研究，通过对搜集得来的客观材料的分析，从感性认识上升为理性认识，形成正确的观点和主张，从而确定社会实践文章写作的主题。遵从客观性原则也决定了主题确定后的稳定性。如果主题在确定的过程中缺乏事实依据，就会产生认识角度的偏移，造成主题无限拔高或观点错误。

2．主观性原则

主题是人们认识客观事物的主观反映，这就反映了作者（组织、团体和个人）的立场观点、政策水平、法制观念和思想感情对主题的制约性，以及处理同一材料表现出不同主题的复杂性。社会实践文章写作主题的确定绝不是写作技巧问题，更主要的是思想水平、政策水平、法制观念的问题。这就要求作者具有较高的理论水平，深刻领会党和国家的路线、方针、经济政策、法规，以正确的思想方法和科学的态度从客观事物中提炼主题，使文章能有效地解决社会工作中的各种实际问题。

3．目的性原则

目的与功能是辩证统一的。社会实践文章写作有鲜明的针对性和目的性。写作目的不同，内容侧重点也就不一样。所以，在写作一篇社会实践文章之前需要周密地思考文章所要表达的目的，要起到什么作用，实现什么功能，从而使主题得到直接体现。

4．观念性原则

社会实践文章写作的主题是主观认识与客观事物相融合的产物。在确定主题时既要对客观事物有深入的认识和理解，也要结合主观需求，持正确的观点和态度。认识客观事物不能只是作自然主义的反映，而是要充分开拓思维的联想性和深入性，分析事物的矛盾，透过事物的表象揭示事物内在的本质规律，准确地把握事物的内部联系，寻求真实和典型的事物，确立深刻的观念。

5．时代性原则

社会实践文章是社会发展的产物，具有时代性，而且要适应社会快速发展的需要，具有前瞻性。人类社会已进入知识经济时代，产业化、知识化、网络化、社会化、民众化，积极参与和干涉社会生活，已成为社会实践文章写作的发展趋势。在确定文章主题时，必须站在时代的哲学高度认识评价客观事物，展现发展前景，体现时代精神，更好地为现代社会工作服务。

6．针对性原则

主题的确立要有的放矢，"的"这里指的是接受对象，"矢"指的是文章内容。确立主题时，要针对具体接受对象，选取不同的内容，即使相同的文章，对象不同，文章的侧重点及宽度、广度也会有所不同，所以确立主题要有针对性，要使主题易于理解、实施，以便更好地达到预期目的。

（三）确立主题的方法

主题源于社会生活，又服务于社会生活。确立主题是作者深入生活、分析生活，充分掌握材料，经过提炼，深刻认识具体对象而确立的思想观点。确立主题可以采用以下几种方法：

1. 分析事物的矛盾焦点，深入挖掘事物本质

社会实践文章写作的一个重要目的就是解决事物的"矛盾"问题，因而确立主题要从实践中体会和从丰富的材料中发掘，对事物采用抽象分析方法，对"丰富"的感性材料"去粗取精，去伪存真，由此及彼，由表及里"地加工，完成从感性认识到理性认识的飞跃。抓住主要矛盾，揭示出事物的本质和个性特征，也就是确立了主题思想。

2. 采用新的观察角度

社会实践文章写作是创新性活动，讲求破旧立新，开拓进取，标新立异，出奇制胜。客观事物受环境影响，表现出多重侧面，观察角度不同，观察的结果也迥然不同。"横看成岭侧成峰"（苏轼《题西林壁》），"横"显其博大；"侧"显其雄伟，这就是观察角度不同所得到的不同结果。角度新颖，就会独辟蹊径，就会展现新视野，进入新领域，给人以意境清新之感，引人入胜，这样确立的主题往往可以收到事半功倍的效果。

3. 积累生活，顿悟顿彻

社会实践文章写作是一种创造性思维活动。社会生活构成了创造源，一名社会实践文章作者，其写作动机一方面来源于组织的委托，在接受任务后广泛搜集材料，有目的完成写作过程，另一方面来源于生活灵感，在平素生活中不断地认识社会，积累材料，长期观察、思索、认识，可能顿发灵感，此时，有针对性地补充材料，完善认识，最终可以确立主题，这样的主题既有长期积累的深刻，又有切中要害的实用性，这种确立主题的方法在社会实践文章写作中也占有相当的比重。

（四）标题

文章的标题是最先与读者见面的部分，是文章的重要组成部分。有些社会实践文章写作的标题是相对确定的；对于自定标题则直接关系到文章的思想、格调。好的文章标题确切鲜明，富有概括力和吸引力，对文章有画龙点睛的作用，可以引起

读者阅读的强烈愿望。有经验的作者常常在标题中集中凝练地体现文章的主题。

1．标题的种类

① 叙述式标题。直接地揭示出文章的主题思想，为社会实践文章写作较常用的一种，如"2001 年经济趋势分析"。这类标题直截了当，清楚明快，但有时处理不当往往过于平淡，有损文章色彩。

② 背景式标题。标出典型环境、事物和人物，以衬托出"典型"的意义和特色，从而交代出主题产生的基础。如"城市周边环境的治理方略"，这类标题通过指明环境，暗示了主题意义。

③ 提问式标题。提出问题，引人思索，将深刻的主题在提问中体现出来。如"昔日的煤都向何处发展？"这类标题发人深思，有较强的警醒力。

④ 形象式标题。形象式标题多用于社会实践文章体类的新闻体。这类标题可以形象地概括文章的思想意义，将抽象的主题形象化，在一定程度上暗示文章的主题。如"人鬼之战""假李鬼碰到真李逵"等，用标题形象地揭示了主题的深刻内涵。

2．拟定标题的要求

① 生动贴切。标题必须与文章的内容紧密结合，和谐一致，文体相近相符，直截了当，清楚确切，能引起读者阅读正文的愿望。

② 精炼明快。所谓精炼明快就是指标题言简意赅，能高度概括主题，起到画龙点睛的作用。

③ 新颖别致。所谓新颖别致就是指标题形象新颖，深刻而生动地暗示主题。

三、社会实践文章写作的构思

文章的结构就是指按照事物的内部联系和发展变化的客观规律，对题材所作的组织和安排。它是写作的关键环节。人们把结构比做文章的"骨架"；文章没有"骨架"，材料就无法安排，其主题就无处寄托。"文章以体制为先，精工次之，失其体制，虽浮声切响，抽黄对白，极其精工，不可谓之文矣"（明·吴纳《文章辨体序说》）。这说明结构在文章表达中占据首要地位。分析问题、解决问题效果的好坏是由思维决定的。对社会实践文章写作来说，没有好的构思就很难有完美的结构。

在写作社会实践相关文章的过程中，构思是思维过程的脉络和顺序，是对全篇各部分组织安排和布局方式的总体设想，是文章结构的内在依据。要提高文章的构思能力，最根本的途径就是锻炼和开拓思路。

（一）思路的含义

思路是写作思维过程的线索和踪迹，是作者从观察、认识客观事物，掌握其规律性，一直到占有材料、提炼主题、精心构思、编排组织、遣词造句，到写成文章的全过程的思想路线。文章反映客观事物，但不是简单、机械地复制，而是经过作者的思考、认识、加工，实现从普遍事物到典型事物的升华用文字把思路反映出来，就是文章的结构。

思路具有条理性和逻辑性，其本身就是客观事物条理性和逻辑性的反映。要使文章条理清晰、逻辑性强，作者构思时就应注意思维的顺序，保证思路的连贯性，对内容材料进行认真研究辨析。清晰严密的思路来自于对客观事物的深入观察和深刻认识。观察和分析事物是锻炼思路、提高文章结构能力的根本途径。在具体的写作中抓住主题、紧扣文章中心是思路清晰有序地展开的前提。由于思想观点、生活经历、文化素质、理论水平的不同，写作目的和文体等的差异，思考问题的习惯和方法也就有所区别。这种差异反映到文章里就形成了各类不同文体和篇章的不同思路。因此，思路在具有条理性和逻辑性的同时，又具有指向性、层次性，可以沿着不同的思维方向发展。

（二）思路对结构的作用

安排文章的结构，不单纯是写作技巧问题，更重要的是思路问题。清代文人崔冯左曾就文章思路有过形象、精辟的论述："作文须先闭目静坐，理会题旨。思本题中有几层意思，孰为正意可用，孰为旁意可删。一篇体段，行文之光景，具在胸中，然后下笔，则文理贯通，自成一家文章；若逐句杜撰，文必不成。"（崔冯左《学海津梁》）由此不难看出，一篇文章的成败、优劣，在很大程度上取决于作者的运思。作者的思路清晰，文章的结构才能清晰；思路堵塞，结构必然紊乱。

社会实践文章是以客观事物为内容进行写作的。文章的结构实质也必然是作者根据客观事物本身的内部规律和事物之间的相互关联，经过深思熟虑所形成的思路在文章中的体现和反映。比如要写一篇"某一产品的市场销售前景分析"的文章，产品本身是生产者和消费者之间的中间环节，生产者生产产品是以服务社会和追求利润为目的，而消费者则以满足生活需求、节省开支为宗旨。产品的质量、成本、使用与维修性能、耐用度等既与生产者、消费者的利益密切相关，又与产品的各种性能之间的关联有必然联系。写这样的一篇文章，必须深入地观察、理解客观事物（产品）各要素之间的内部规律和相互关系，并用书面语言将思路清晰、缜密地反映出来，从而形成通篇文章的结构。

文章结构的形成与作者认识客观事物的思维脉络是密切相关的，结构是思路的直接现实和外在表现形式，而思路才是结构的基础。

（三）社会实践文章写作运思的基本要求

在写作社会实践相关文章过程中，首先要思路清晰，反映事物的客观规律。从本质上讲，运思是一种认识活动，是作者在头脑中反映、再现客观现实的感受，对事物进行再认识的过程。没有客观事物作基础，运思也就成了纸上谈兵。因此，在这一过程中，一定要全面了解事物的本质及其内在联系。如果因对客观事物认识不清而引起思路阻塞，应再次深入地调查研究，对事物作进一步了解，使之疏通，进而打开思路。人为地"填平补路"，就会使思路脱离正常的轨道，影响文章的质量。因此，要使文章思路清晰，运思过程就要做到下列几点：

第一，完整周密。就是指运思过程要纲举目张、线索贯通、首尾圆和、客观全面，不孤立、不静止，无疏漏、无残缺。

第二，清晰自然。就是指运思过程要层序井然、主次分明，行止自如、有条不紊，顺理成章、逻辑性强，符合客观事物和主观认识的特点和自然规律，不矫揉造作、人工雕琢、牵强附会。

第三，正确严谨。就是指运思过程要善于辨析、识别、组织材料，主题正确严谨，结构和谐统一。不模糊、不混淆，不颠三倒四、顾此失彼，要符合客观事实、无懈可击。

第四，匀称贯通。就是指运思过程要层次、段落划分适度，纵横错落有致，各部分、各层次间在内容上衔接、转折恰当，如行云流水，总分有序、因果统一，比例协调，搭配得当。

第五，敏捷新颖。就是指运思过程要视野开阔、思想活跃，能敏锐地洞察客观现实，发现问题，以提高悟性，能运用已有知识、经验理解新生事物，加速思维进程，不断推陈出新，勇于开拓进取。

第二节　社会实践文章写作的文体风格

一、结构

"结构者，谋略也。"文章结构是写好文章的重要因素。没有结构，也就没有文章的存在。

（一）结构的含义

文章的结构又称为文章内部的组织结构，即文章内容的组织形式。安排结构的实质是如何妥帖、恰当地安排材料的问题。文章主题确定、材料选好之后，作者就要根据主题和文体的要求对材料合理地安排，使之条理化、系统化，形成一个有机的整体。结构是集零散为整体的构造艺术，因此，在动笔之前，对整篇文章要有全面、统一的设计，寻求最佳的结构形式，这样，才能写出满意的文章。

结构一词原为建筑学术语，就是将各种有用的建筑材料按设计图纸立定结构框架，续之分部施工，构筑成完整有用的建筑。后人将其演绎成文章结构。正如清人李渔在《闲情偶记·结构》中所说："工师之建宅亦然，基址初平，间架未立，先筹何处建厅，何处开户，栋需何木，梁用何材，必俟成局了然，始可挥斥运斧。"

文章结构的具体内容包括标题、开头、结尾、层次、段落、过渡、照应、主次、详略等的设计。

（二）结构的作用

写文章也和建筑一样，在主题确定、材料选好之后，必须根据文体和主题的需求，对材料合理安排，按结构之需立"柱"、成"墙"、添"砖"、加"瓦"，宜物之所值，选用有度，使其按完美的结构形式把纷杂的材料组成一个和谐有机的整体，实现写作的意图。

文章在解决了"写什么"的问题以后，还要进一步考虑"如何写"的问题，即如何将文章的内容有条不紊、周密完整地表达出来。仍以建房为例：结构框架已成，还需上下、前后，匀称、协调，"门""窗"疏密相间，"高""低"、"动""静"交错有致，内"修"外"饰"，"典雅""雄伟"各持其法，使整个"建筑"特点突显，浑然一体。结构好的文章，条理清晰、材料精当、组织细密、论证周严、分析透辟，更具说服力和感染力。

（三）社会实践文章写作结构确立的原则

文体、主题、选用材料、观察视角、分析方法不同，文章的结构和格式也有所不同。社会实践文章体结构相对于其他文体，虽有其共性，但大多数文体有比较稳定的格式和规范，结构与写作内容密切相关，既不能像文学作品那样"文无定法"，也并非一律同构同式、一成不变。一般说来，安排文章的结构，应遵循以下原则：

第一，准确反映客观事物的发展规律和内在联系。客观事物有其发生发展规律和内在联系，认识客观事物也有其规律性。社会实践文章写作的内容是对客观事物的反映，因此，文章的结构形式也必须符合客观事物本身和人们认识客观事物的规律，这样，既可以保证文章的真实性，也容易被读者所接受。好的文章结构形式，既反映了客观事物的发生、发展、变化和结果，又符合人们从点到面、由具体到抽象、由感性到理性的认识过程。只有这样，文章才能层次清楚、结构严密、有理有据，表现出严密的逻辑性和有效的说服力。

第二，服从于立意的需要。立意要表达的问题是文章主题的纲领性问题。"文以意为主"，"是以附辞会义，务总纲领，驱万涂于同归，贞百虑于一致。是众理虽繁，而无倒置之乖，群言虽多，而无棼丝之乱，扶阳而出条，顺阴而藏迹，首尾周密，表里一体，此附会之术也"（南北朝·刘勰《文心雕龙·附会》）。刘勰在这里讲的布局谋篇，要领是"务总纲领"，不管文章内容和格局多么复杂，都要围绕立意（主题）来安排结构，才能收到"无棼丝之乱"的良好效果。

第三，适应不同文体的特点和要求。社会实践文章写作，文体多样，结构也就不尽相同。结构与文体关系密切，安排文章结构时，应考虑到不同文种的一般特点要求及所写的内容的实际情况，选用恰当的结构形式，尽量做到脉络分明、层次清楚；首尾完整、前后呼应；详略得当，疏密有致；个性鲜明、完整统一。

第四，运用程式，灵活多变。程式是指社会实践文章写作中的惯用格式和层式。在一定时期内，程式具有相对的稳定性。但是也应看到事物是发展的，结构格式也有多姿多彩的一面，而且就一篇具体的文章来说，规范格式里仍有一个布局谋篇的问题。因此，写作之前，要根据写作目的和内容精心构思，以求结构形式灵活多样、个性鲜明，从而更好地反映丰富多彩的客观世界和日新月异的发展变化。

（四）社会实践文章常用的结构形式

结构是表现内容的外在形式，题材不同、体裁不同，结构的形式法也各不相同。社会实践文章写作以事实为材料，具有明显的客观性、目的性和针对性，这种性质决定了其结构形式的相对固定性、目的性和针对性。大多数行政公文，由于受目的性和使用范围的影响，不仅结构相对固定，甚至行文格式、常用语言也约定俗成，相对固定。概括地说，社会实践文章写作过程中，常用的结构形式有如下几种：

1. 横式结构

横式结构是一种按照事物性质和逻辑顺序安排层次，内容横向发展的结构形式，即在主题形成之后，把说明主题的材料按照事物性质归纳为几个观点，然后按照观点与主题，观点与观点之间的关系，依照逻辑顺序排列起来。从逻辑顺序来区分，横式结构常见的有"并列式"和"对比式"两种。

在并列式结构中，文中所用材料是独立并列关系，没有先后主次之分，如果将它们的次序加以颠倒也不会影响文章主题的表达，是最常见的横式结构方式。对比式结构，一般是选择几种性质相反的材料，通过它们之间互相对比来显示文章主题。两种方式的共同特点是都采取"总—分—总"的层次结构，在中间各部分之间，可以用小标题，有时也用提纲挈领的议论和关联词进行联系。横式结构的优点是易于表现主题，主要适用于内容丰富、背景广阔、综合性比较强、事物发展过程比较复杂、头绪多、时空变化大、涉及面较广的文章的写作，如调查报告、分析报告、工作报告、总结等。写作过程中采用横式结构时，应围绕主题思想，或按客观事物的内在联系组织安排结构，注意不要东拉西扯，防止联系松散、游离主题。

2. 纵式结构

纵式结构是一种一脉相承、逐层深入的结构方式。一般以时间的推移、空间的转换、连续性事件的演变为脉络安排层次、组织材料。纵式结构又可分为平叙式和因果式两种。

所谓平叙式，就是按照事物发生、发展、结局的先后顺序，组织安排材料的层次结构。采用这种结构方式，便于了解事物全貌及客观规律，易于真切表达主题思想。这种结构形式多用于内容相对单一的调查报告、简报等。采用平叙式结构时，一般按照事物发展变化的过程，按自然顺序或特性，分成几段，用叙中夹议的方法，进行分析，揭示事物的内涵，传达作者的认识或观点，点明题意。在写作中应抓住典型事例，以便于突出主题。

所谓因果式，就是以因果（或现象、本质）关系，组织安排材料的层次结构。采用因果式结构一般有两种情况，第一种情况是由因及果，就是在文章中先交代一系列事实、事件，或者先阐述一个互相联系的道理、观点，再通过这些事实、事件或道理、观点，合乎逻辑地演变或推论出最终结果或结论。公文、法规、检验报告等均属此类结构。采用这种结构方式阐述观点符合阅读习惯，先讲精髓要点，后讲结果、方法、目的，使人易于接受，顺理成章。第二种情况是由果及因，就是先将结果或结论告诉读者，然后再具体交代或阐述其得以产生的原因，使读者对"为什么"产生这样的结果有一个明晰的答案。申请、申述、答辩状等多属此类结构。采用这种结构方式，可以使人首先了解事情的结论、结果，引起读者注意，可以起到导读的作用。采用因果式结构写作时，作为"因"的事实、事件和道理、观点与作为"果"的结局、结论之间，必须存在因果关系，否则必然导致写作的失败。因此"因"与"果"必须统一起来，原因要充分、有力，结果要合乎逻辑，具有必然性。写作中还应注意做到条理清晰。

3. 综括式结构

综括式结构是纵式结构和横式结构的综合，是在时间的推移中嵌进空间位置转换，在横断面中插入纵式追溯所形成的结构形式。安排这种结构，要求作者首先必须把对客观事物的感受、印象、观点和态度进行深入体察和分析，然后按思想发展的顺序（纵向），把生活中的不同事物综合、概括起来（横向），形成一个总的观点，凝成一种思想，在这种特定的生活基础上，结构成文章。这种结构多用于大型综合报告、规划、分析类文章。综括式结构把客观事物按其固有的逻辑关系，巧妙地组合在思想、观点发展的线索上，气势宏大、内容深刻，影响力大、说服力强。采用这种结构时，切忌认识不清就盲目动笔，造成文章思路混乱以至无法表达中心思想。

4. 逻辑结构

逻辑结构是按概念、判断、推理等思维形式为主线组织材料、探讨问题，以得出结论的结构形式。其表现形式符合客观事物的认识规律，有助于表达思想，能增强说理的条理性、完整性和严密性，使文章主题鲜明、结构谨严，具有不可辩驳的逻辑力量，说服力强。这种结构多用于说理性文章、论文、形势分析报告等。采用这种结构时，必须注意真实性与客观性，同时，作者要具备良好的思辨能力，行文符合逻辑规律。

（五）社会实践文章写作结构的具体问题

社会实践文章写作结构的具体内容包括标题、开头和结尾、层次和段落、过渡和照应、主次和详略。标题与主题联系紧密，前文已有叙述。下面将其他内容分述如下：

1. 开头和结尾

开头又称"起笔""首段"，是文章的重要组成部分。开头既能统领全局，为中心思想服务，又要理清头绪、恰当截取、把稳笔调，使下文通畅，保持风格统一。开头还应起到吸引读者的作用。前人谢臻曾这样评价过开头的作用："当如爆竹，骤响易彻。"文学家李衡也曾有过这样的论述："使人一见而惊，不敢弃去。"社会实践文章写作的开头方式有：开宗明义，提出全文主旨；概括全局，介绍文章内容；落笔入题，点明写作动机；造成悬念，激发兴致；提出问题，引起读者思考等。

结尾，就是文章的结束部分，又称"篇终""收尾"，它担负着进一步表达中心思想，增强文章说服力和感染力的作用。一个好的结尾可以使读者难忘。因此，结尾的写作一定要自然有力、发人深省。不仅如此，还应注意开头结尾要前后呼应。常见的结尾方式有以下几种：总结全文，点化主题；展示未来，鼓舞人心；饱含哲理，发人深思；指明方向，激发斗志；委婉含蓄，余味无穷；承上余波，别开生面；含而不漏，自然收束；水到渠成，戛然而止。

总之，开头结尾的写作，一方面约定俗成，借鉴前人之长；另一方面也应从实际出发，融会贯通，运用自如。

2．层次和段落

层次就是文章思想内容表达的区划和次序。它既是事物发展的阶段性和客观矛盾的各个侧面在文章中的反映，又是人们认识问题，表达观点的思维进程的反映。层次可以按照事物发展的逻辑顺序、时间顺序、思想内容或材料的性质来安排。在记叙性文章中，层次可以是一件事情发展的阶段，也可以是相同性质材料的组合，还可以是人物事迹某一侧面的表现。在议论性文章中，层次可以是对某一问题的分析，也可以是对某一道理的阐述，还可以是对某一问题的论证。各层次之间是有机地联系着的，体现着连续、并列、补充、转折、递进、因果等逻辑关系。前面一层是后面一层的前提、先导或依据；后面一层是前面一层的展开、推进或深入。层次之间可以用序码、空行、小标题来划分，也可以用关联词、重复词语、过渡句段来显示。通过层次可以看出作者对文章全局和局部，"总纲"和"细目"所作的大的布局安排。

社会实践文章写作中常见的层次表现形式有：

第一种，总分式。又称分总式，以"分总"或"总分"关系（先总述再分述，先分述再总述）安排作品层次的一种结构方式。分述的层次之间呈并列关系。"分"由"总"作指导，"总"由"分"所决定。先"分"后"总"，由于把思想和结论放在后边，便于突出和深化主题，给人留下深刻印象。先"总"后"分"，先概括总说，反映事物全貌，使人能总揽全局，便于把握要点，然后分条理解、领会实质。在写作实践中，有时将两种形式综合起来，形成"总—分—总"的结构，包括绪论、本论和结论三个层次；兼前两者之长，形成一种新的、完整的结构形式。社会实践文章写作总分式多用于议论性文章。运用总分式安排结构，要紧紧围绕中心论点，严密组织论据，使论点得到充分的论证。

第二种，递进式。即按文章内容层层深入，使各个层次之间呈现递进关系的结构形式。在社会实践文章写作中采用这种方式，可以保证各环节之间严密的逻辑关系，且不能随意交换次序，这样就使对问题的论述步步推进，不断深化，使人们认识事物的过程符合客观规律，从而由表及里、由浅入深全面了解事物的本质。在记叙性文章中，运用递进式，一般可按照矛盾的发展由小到大、由简到繁、由量变到质变的顺序来安排层次结构。

第三种，并列式。即文章各层次所用题材和各层意思是并列关系的一种结构方式。在并列式结构中，各层次之间既具有独立性，较少轻重主次之分，又从不同角度论述中心思想，共同说明主题。因此，采用并列式安排层次结构，具有不容辩驳的说服力。在社会实践文章写作中，并列式结构多运用于总结、调查报告等。在使用并列式结构写作时，并列的内容要精心选取，不宜过于庞杂，要注意选择最有代表性和典型意义的材料，以及具有较强说服力的分论点，以利于表现主题。

第四种，首括式。即先提出中心论点，然后从几个方面展开论证的结构形式。运用这种结构形式应注意分述与总的前提的互相统一。总提的内容，分述不得遗漏，分述的内容，亦不得超出总提。这种结构的特点是纲举目张，清晰显豁。

第五种，尾括式。即先从几个方面比较分析，然后归纳起来得出结论的一种结构形式。其特点是从个别到一般，由点到面，使文章符合认识规律。运用这种结构形式同样应注意分述与总的前提的互相统一。

值得一提得是首尾括式，其结构兼具首括式与尾括式的特点，总提、分述、归纳三者兼而有之，结构完整、严谨，是一种很好的结构形式。

段落又称自然段，是构成篇章内容的可以独立的基本单位，是文章在表达思想内容过程中由于转折、强调、间歇等情况，而造成的文字上的停顿。它以换行、提头、空格为明显标志。段落的形成，是由客观事物、客观事理内部联系中的基本成分决定的，它反映着作者思维进程中的基本步骤以及各个步骤之间的连接和停歇。段落是构成层次的基础，层次侧重于内容的划分，段落着眼于文章表达的需要。一般段落小于层次，由几个段落构成的段落群，表达一层意思；有的一个段落则正好反映一个层次，这也是较常见的。在特殊情况下，段落可能大于层次，在一个段落中又可以分几个层次，这是变格。

划分段落的作用在于使文章行止自如，层次清楚地表达内容，便于读者阅读、思索、理解。不仅如此，段落还能够起到强调重点，加深印象的作用。

划分段落的原则是：首先，要注意段落的"单一性"和"完整性"；其次，必须根据层次需要确定每个段落的地位、次序，各个段落间的意思要有内在联系，做到"分之为一段，合则为全篇"；最后，分段要注意整体的和谐、匀称，段的大小、长短要符合内容表达的需要，做到长短适度，格调一致。切忌分段时不能清楚地表达思路的层次，造成层次不清。

3．过渡和照应

过渡是指文章层次和段落之间的衔接与承转。过渡在文章中起承上启下、穿针引线的作用。合理过渡，可以使文章畅达，思路顺通。文章内容的转换，表达方式、方法的变动都需要过渡。过渡的方法一般有：过渡词、过渡句、过渡段。

照应是指文章上下文之间，相互关照、呼应，也就是首位贯通，使前后的内容保持一致。社会实践文章讲究平实，不强调结构上的起伏、曲折、变化，只要注意前后文之间的照应，就可以使前后的内容保持一致。社会实践文章中常用的照应方式有：正文与标题照应、前后内容照应、开头与结尾照应。

4．主次和详略

写文章要主次分明，详略得当，这与材料的取舍密切相关。主次是指所论述的事物在文章中的主、次地位及其对写作效果的影响。客观事物是复杂多变的，即或同一事物、随着观察角度和时空间条件的变化，也有多种多样的表现，因此，对某一固定条件或环境也有主、次之分。要了解事物或问题的实质，就要以正确的态度，从不同的角度全方位地分析、研究问题，抓住主要矛盾和次要矛盾，选择最恰当的材料，表现和突出主要问题。因为"文不以宾形主，多不能醒，且不能畅"（清·唐彪《读书作文谱》）。

在写作过程中，详与略体现的是材料剪裁的问题。当主题确定以后，对作为主题佐证的材料要认真取舍，"详略者要审题之轻重为之，题理轻者宜略，重者宜详"（清·唐彪《读书作文谱》）。切不可不分大小、主次、平均使用。详写时要"泼墨如云"，尽力铺陈，"密不透风"；略写时要"惜墨如金"，一笔带过。详略既与文字繁简有关，又影响文章的安排布局。详略得当，才能突出重点。安排文章的主次详略，应根据以下原则：

第一，根据主题的需要，决定取舍。与主题关系紧密的要详细写，与主题无关或关系不大的，可以略写或不写。

第二，要根据文章的体裁处理主次详略。文体不同，处理主次详略的要求也就不同。如记叙类文体，对所记的人、事要详细写，议论则可以从略，只要起到"画龙点睛"的作用即可。议论类文体，重在说理，论证要详细写，引证可以略写。

第三，要根据文章目的和内容决定详略主次。对读者必须知道、必须熟悉或加深理解的要详写；对众所周知，或与读者无关的内容可略写或不写。

总之，写文章必须根据写作目的和主体需要，安排材料的主次详略，力争达到"辞约事详""语少意密"的高标准。

二、社会实践文章写作的语言

语言是音义结合的符号系统，是人类的思维和交际的重要工具，是思想与意图的直接表现，是构成文章的第一要素。文章都是由书面语言表现出来的，尽管文体结构不同，语言的特征也有明显的差异，但是对于一个撰写文章的人，练就正确的、规范的运用语言文字的本领乃是写好文章（学习写作）最重要的基本前提。

就写作内容而言，它是对客观事物的反映和主观思想的表述，因此，写作过程也是语言的选择、斟酌、润色过程，"近审其词，远取诸理"，从而达到"名不害于实"（南北朝·刘勰《刘子集校·审名》），即达到真实地反映现实的目的。

（一）写作的语言种类

语言作为人类最主要的思维工具、交际工具和信息传播工具是一种特殊的社会现象。它以语言为物质外壳，以词汇为材料，以语法为结构规律，具有全民性、社会性和体系性的特点。语言可分为口头语言和书面语言两大类。口头语言是人类语言的基本形态，是书面语言产生和发展的基础和源泉。书面语言（笔语、文字语）是写文章用的信息符号，即书面交际使用的语言，具有精密、严谨、准确、规范和富于变化的鲜明特点。

书面语言又可分为自然语言和人工语言。自然语言是指全面共同使用的用文字书写的语言、符号系统，是在口语基础上逐渐形成的，它句法要求正规，措辞要求准确，层次要求分明，结构要求严密。社会实践文章写作文体多种多样，从而导致它使用的语言、语体也呈现复杂得多的文化状况。人工语言是指自然符号系统以外可以用来交流思想、传达信息的假定性书面符号系统（又称非自然或超自然语言符号系统——专业人员表达方便而"设计"的）。非语言的特殊的表达手段，有专门的符号、公式、表格、图像等，它们可以代替自然语言的叙述。

例如："我们把物质的质量与速度的乘积称为该物体的动量"，这是一句自然语言表达的物理学概念。

如果用专业术语，我们就会有：

$$P = mv$$

非语言的特殊的表达手段，有专门的符号、公式、图表等，它们可以替代语言的叙述。两种系统共同使用时。其"接口"在语言表达上会产生一些合理的变异。如我们把物质的质量和速度，以及它们的乘积（mv）即该物体的动量分别用 m、v、

P 代替，就实现了特殊手段的表达。

非语言符号系统具有整体性，表达时为避免不便，往往会产生一些不同于自然语言的语序。

例如：必须 A＝B，表达的意思是"A 必须等于 B"，而读起来却是"必须 A 等于 B"。

（二）社会实践文章写作运用语言的基本要求

社会实践文章写作包含了多种不同的文体和语体，语言运用也比较复杂。语言使用不当，将直接影响文章的质量和效果。因此，在社会实践文章写作中，我们主要注重语言表达效果问题。一般在语言运用上应满足以下基本要求。

1. 明确

所谓语言要明确，就是指语言表达时要注意科学性，明白而准确。一般地认为明确的语言应当符合客观事实，符合事理，符合语法规律，符合内在逻辑关系，能确切地反映现实生活，恰当地表达作者的思想与目的。

语言是思维的现实，文章是客观现实与主观意识的融合与辩证统一。因而要准确地运用语言，一方面要熟悉语言的概念、内涵、外延；另一方面要对表现的事物和要说明的事理有清楚、具体的认识和深入的了解。在此基础上，才能结合文体语体的要求，根据客观要求斟酌选择恰当的语言，以使"事辞相称"，达到文章的表达效果。具体运用语言时应注意以下几点：

① 注意语义的确定性。社会实践文章写作中使用语言要确切地表达概念的内涵，避免使用似是而非和易产生歧义的语言。

例 1：我们的政策是实行"一个国家，两种制度"，简称"一国两制"，具体来说，就是在中华人民共和国内，大陆地区实行社会主义制度，香港、澳门地区实行资本主义制度。

实行"一个国家，两种制度"的构想是从中国自己的情况出发考虑的，而现在已成为国际上注意的问题了。

例 2：病假、事假三天以上者，扣发当月奖金。

前者（例 1）确切地反映了作者的基本思想和国家政策，并对内涵作出了具体限定，并用"构想"准确地反映了"一国两制"这一完全从实际出发，无先例可循的政策（如用构思就不够持重、确切）。

后者，三天的范围比较准确，但是是病假、事假分别算，还是二者累计，正好三天是否扣发奖金，表述得含糊不清，这也就无法指导条例的执行。

② 精心辨析词义。汉语中有许多同义词、近义词，其词义轻重、使用范围、搭配功能却有较大差别。因而，在运用语言时要根据表达的要求，范围的大小、程度的深浅、分量的轻重进行细微区别，斟酌选用。例如，宽裕、宽松，周密、严密、精密，坚决、坚定，同意、赞成以及前述的构思、构想等。

③ 数据要清楚，引证要有据。例如：年人均收入增加 200 元（如用增加 200 余元，就不够准确）。

例如：依据"中华人民共和国道路交通管理条例"（1988 年 3 月 9 日国务院发布）第十三条第一款、第七款……

④ 前后照应，不能自相矛盾。例如：重点解决企业为职工交纳劳动保险的问题……全区 253 家企业都为职工交纳劳动保险金……

⑤ 正确运用专业术语和专业性词汇。对可能引起歧义或难以确切了解词义的，应根据词义加上词语解释。

⑥ 注意区别词语的感情色彩。词语中除词义外，还常有某种感情色彩和语体色彩。在使用这些词语时，必须正确理解词义，分辨它们体现的感情色彩，以便运用时能更正确地表达情意。

首先，要区别词的褒贬色彩。例如：他们积压了许多资料。这里"积压"带有贬义，把"积压"改正为"积累"就具备积极的意义了。

其次，要分清词义的轻重。例如：×××为了职务晋升，虚报浮夸，我"轻视"他的为人。与"轻视"相近的还有"蔑视"和"鄙视"，三个词语同为贬义，但一个比一个重，使用时要注意区别。

⑦ 正确用词，排除错漏。如果说用词不当属于作者文学修养欠缺，有待习作中不断提高的话，那么对于错漏，则是敬业精神问题，需要认真克服。常见的错漏有以下几种类型：

漏字："经济增长率为 2000 年的十三倍。"如果漏掉"十"字，结果相差悬殊。

前后不衔接："下面分四点来说"，实际只讲了三点……

2. 简洁

简洁即简明扼要、言简意赅，"惟陈言之务去"（唐·韩愈）。简洁是社会实践文章使用语言的一大特色，随着科学技术和经济的发展，生活节奏的不断加快，提高办事效率，已经成为人们所追求的时尚。社会实践文章写作应力求简洁，增加信息密度，以质取胜。要使文章简洁，一般在写作时，应注意以下几点：

① 思想明确，深刻认识事物本质。社会实践文章写作是客观现实的反应与需求，只有作者思想明确，才能在写作中善于思索，紧扣文章主题，取舍材料，一文

一事；提出问题，切中要害；分析情况，精辟透彻；解决矛盾，一针见血。

② 提取、锤炼精粹的语言。社会实践文章写作时应尽可能用较少的文字表达出较多的内容。用词应准确、精炼、无废话、不重复，"文约而事半"。社会实践文章写作应依据文体、语体特点，多使用制式语言和文言句式，使语言简洁、凝练，又可突显出庄严郑重的风格。如依式（依照式样）填写清楚，经审核（审查核对无误）给予（执照人）换发执照。

③ 剪裁浮词。社会实践文章写作经常要引用和转述其他文件内容，引用实例的证明，表明作者的态度和观点。为使语言简洁应处理好引用和转述性的语言，删除空范的议论和不典型的例子，删除可有可无的字、句、段，力求是什么就写什么，干净利索。

④ 正确运用专用词语和人工语言。正确运用专用词语、文言词语、图像、表格、公式和各种符号，可大量节省文字，使文章内容表现得更为准确、简洁和丰富。

3．平实

平实就是语言平易、朴实、无华，通俗易懂。社会实践文章写作以实用为宗旨，重在反映社会实践活动，阐明方针政策，探求科学道理，处理公共实务，完善经营管理。因而在语言运用上无需藻饰铺陈，更不要"浓妆艳抹"。过分地追求文词华美，反而造成人为的"眼花缭乱""喧宾夺主"。

要使语言平实，首先要端正思想作风，真正做到实事求是。对比较深奥的理论问题和学术思想应尽可能引用多层次的读者熟悉的材料，深入浅出地表述，尽可能地扩大读者的范围。

写作时要运用规范的现代汉语写作。用本色语言把事情说清楚。

（三）社会实践文章写作的语体特点

所谓语体是语言的功能变体，即由于不同的交际环境和语言用途而形成的语言特点的综合。语体是一种语言风格，是为适应一定的交际内容、目的、对象而形成的语言运用体系。

语体所以得以产生和存在，一是有人们运用语言进行交际的多方面的需要，以不同的目的为基础；二是有赖于语言材料在功能上的分化和适应，因为不同的语体是以语言运用的不同特点为其主要特征，这就要求不同的语体运用不同功能的语言材料。

社会实践文章写作应用范围宽泛，涉及文体较广，要写好文章，应根据不同的交际领域、交际目的、交际方式去选择和组织语言材料，才能取得积极的社会作用、最佳的写作效果，才能适应现代社会发展的需求。

根据语言特点和交际条件，语体可分为口头语体和书卷语体。根据语言特点、交际情景和交际领域的不同，口头语体可分为演说和谈话两种语体；而书卷语体可划分为文艺、政论、科技和事物四种。

语言运用受语体的制约，不同语体对语言的运用有不同的要求，书卷语体具有规范、准确、精练、生动、形象等特点。

社会实践文章写作以书面语言为主要表达方式，广泛采用书卷语体，下面将对社会实践文章写作常用的事物、科技语体的特点作重点介绍。

1. 科学语体运用语言的特点

科学语体是在科学技术和生产领域所使用的，准确而系统地阐述自然、社会和思维现象及其规律的一种书卷语体。科学语体的语言以平实、朴素、精确、严整、明晰为主要特征。它要求客观、真实、周密地反映科学现象的本来面目，不追求华美，不带感情色彩。科学语体以说明为主要表达方式，兼用议论、叙述，其运用语言材料的特点是：

① 义项、色彩要恰当。使用多义词要词义精确、单一，多用专业义项，少用引申义项，不用比喻义项，尽可能避免使用带感情色彩、带口语色彩的词语。只用少量逻辑性定语和限制作用状语，保持色彩中立，极力做到客观、冷静、精确地表达客观事理。

② 术语要科学、规范、准确。使用科学术语一定注意专业用语在本领域中的单义性（如砼、价、场、栅等）、规范性（如标量、米（公尺）、平炉（马丁炉）、水泥（洋灰）等）、准确性（用法定单位且不能含糊，如十米左右、约一吨重等）。

③ 准确使用公式、图表等来帮助表达意思。

④ 句型严整。科学文体写作主要使用陈述句，多重复句出现的频率远高于其他语体，偏正复句运用量较大，有时也用疑问句。一般排斥省略、倒装等句型变式，基本不用感叹句、祈使句，使用主谓句时要避免成分残缺、冗余和位置颠倒。科学论文多用限制、修饰成分，充分运用定语、状语，使句子的意义表达准确、周密、细致、清晰、有严密的逻辑性。

2. 事务语体运用语言的特点

事务语体是国家机关、社会团体、社会成员日常应用的处理事务工作中所使用的一种书卷语体，它以务实、应用为目的，其语言的特点是有一定的层次，语言准确无误，用句完整严谨、简要，风格庄重严肃，一般不太讲究文采，只需将事情交代清楚，无需形象描写，不用夸张、双关等修辞方式。

事务语体从语言形式上又可分为叙述性语体（反映问题、报告、请示等）、说明性语体（政策、办法、政令的解释与说明、指令性法规等）、议论性语体（总结、调查报告、市场测评等）与文体相辅相成。事务性语体在社会实践文章写作中广为应用，下面将着重叙述其运用语言的特点：

① 事务性语言朴实、庄重、平淡，要求运用规范的书面词语，词义要精确限定并运用直接意义，把词语所代表概念的内涵规定得十分明确，减少主观理解成分，避免歧义。从词语性质和表现特点看，少用口语、土语、俚语和方言；少用描写性、情感性词语，以保证表意单一、明快、确切。

② 专用词语和文言词语的规范运用。事务性公文中大量运用专业词语，每种词语都有明确的事务含义，如经、业经（经办用语）；本、贵、该（称谓用语）；悉、阅悉、近接（引叙用语）；拟请、恳请、希、照知、请予回复（期请用语）；当否、是否可行（征询用语）；请批示、请回复（期复用语）；照办、责成、交办（经办用语）；为此、对此（综合过渡用语）等，在长期写作实践中已形成规范化语言。公文词语中由于受到古汉语的影响，也沿用一些诸如承蒙、遵照、为何、欣逢等文言词句（包括敬语）。专用词语与文言词语具有庄重、简洁、凝练的特点和独特的表达效果，给社会实践文章附上了特殊的语体色彩，起到了"文约意丰"的作用。

（四）社会实践文章写作语法运用的特点

社会实践文章一般使用庄重的书面用语。由于汉语的特性，无法像英、俄等语言那样靠时态、语态变化来表达语意，在实际的写作过程中，必须依靠语序、虚词、量词和语气词变化构成不同的语法关系，表示不同的意义。因此，语序的变化和大量虚词的介入便成为其突出的特点。

1. 大量使用介词结构

使用介词结构，由此形成较为稳定的表达句式，是事务语体的一大特点。如表述对象、范围的介词"关于""对于"及其介宾词组；表述目的、手段的介词"为了""按照"及其介宾词组；表述依据的介词"遵照""依据"及其介宾词组，在事务语体中一般充当定语，状语，起修辞、限制作用。

例如，为了更好地贯彻执行国务院国发［20××］××号文件精神，"根据有关部门的要求，现将下岗失业人员创业培训收费办法转发给你们，请参照执行。"

以上这段文字为一种多重性（为了、根据、参照）介词结构，在一般文字中是很少见的，而在公文中使用频繁。尽管介词为虚词，本身没有具体意义，但一经和实词结合起来，便能使词语表达的意义更加明确、严密和完整。

2．联合词组充当句子成分

事务语体采用联合词组充当句子成分的现象较为普遍，具有一定的特殊性；联合词组既可以充当定语，也可以作为主语。词组内部各组部分都按一定逻辑顺序、一定范围排列，联合词组充当句子成分，可避免搭配的重复。

例如，酒后驾车、无证驾车、驾驶报废机动车发生交通事故的，依法从重处罚。

3．语体句式完整严谨，风格庄重严肃

社会实践文章较多使用陈述句、判断句、祈使句，不太讲究文采，只须将事情交代清楚即可。陈述句式一般多用助词"了"表示完成时态，是事务语体主要句型。如增强了法制观念。

判断句式用来判定主语属于或等于何事何物或具有什么性质的句型。在事务语体中频繁出现。常用的有以下几种句型：

带判断词"是"表示肯定的句式，用来陈述工作前景，总结工作经验，作出事物评价等。如真实是广告的灵魂。

不带判断词"是"表示肯定的句式，用来对工作中的成绩、问题、情况和人的行为表示肯定。此类句型多样，一般有动宾式、主谓式、主谓宾式等。如商品经济周转减慢。

用否定词"不""没有"等表示否定的陈述句式。如"资金周转不畅。""一些人还没有树立起牢固的法制观念。"

祈使句式是具有祈使语气，表示请求、命令、劝告、催促的句型。句末一般用句号，很少用感叹号和语气词（吧、呀……）。祈使句根据语言不同有以下几种形式：带有命令语气的肯定句式，用于上级对下级行文的使用。用词上常冠以"必须""坚决""要""请"等词语。在结构上有完全句和动宾结构省略句，行文中多用于文件末尾或段落小标题。

例如：①人民政府要切实加强领导。②请立即遵照执行。

带有请求语气的肯定句式。用于下级对上级、平级或不相隶属的机关的行为，都带有请求语言，常用"可否""是否""请""望"等词。句式在"是""否"之间，以"是"为主，外柔内刚。

例如：①可否，请批示。②请速研究，并与函复。

带有禁止语气的否定句式。带有禁止语气的祈使句，常用否定词，"不准""不能""禁止"等，可单独成句，也可与另一分句对称运用。后句为否定分句。有的意思相反，有的是前句的引申。

例如：①禁止贪污受贿。②对于违反财经纪律的事件一经查明，严肃处理。

（五）社会实践文章写作的修辞特征

修辞是依据特定的内容、文体、语言风格和语言环境，选择最恰当的词语、句式和表现手法，恰如其分地表达思想感情的一种语言技巧。修辞的目的是为了调整和修饰语言。增强语言的表达效果，求得语言的准确、鲜明、生动、形象、简练，使语言更有说服力和感染力。调整语言是指根据文章的思想内容的需要，对词语、句式和段落所作的锤炼、选择和安排。修饰语言是指用一些修饰格式（如比喻、对偶、排比等）以增强语言的表达力和感染力。所谓实用文的修饰，则是指具体语体的修辞，也就是社会实践文章写作中的修辞。修辞是语言知识和逻辑知识的综合运用。

社会实践文章写作修辞特点是采用消极修辞方法。修辞可分为消极修辞和积极修辞。消极修辞以明确、通顺、稳密为标准，只求实用，要求用词准确易懂，造句通顺，表意清楚明白且合乎逻辑。而积极修辞则尽语言文字的一切可能性，随情应景地选用各种表现手法，巧妙地运用语言因素，创造特定的意境，以便能更鲜明、形象而具体地传情达意。

社会实践文章写作以实用为目的，以写实为根本，具有严肃性和科学性，为了真实地反映客观现实，首先要求使用准确的语言，要求平实而不华丽，慎重而不浮躁，因而重视消极修辞。当撰写政论文章、新闻、调查报告等文体时也不排斥积极修辞手法的运用。但尽可能不用或少用夸张、象征、反语、双关等修辞手法。社会实践文章写作应摈弃模棱两可、含蓄晦涩，似是而非的语言，避免产生歧义和曲解。

（六）社会实践文章写作的用词

社会实践文章写作的用词囊括了除叹词以外的其余各个词类的词。语体不同，用词特点也有较大差异。在前面语体的讲述中已经对语言运用特点作了论述。

1. 社会实践文章写作的特点

社会实践文章写作有一个共同的、引人注目的用语特点，就是大量使用专业性词汇，即专业术语。术语除具有明显的专业性外，还具有科学性、严密性、准确性和简洁性等特征。说明一个专业的工作情况和问题，不能不使用术语。仅科学写作一个亚类就涵盖学术类、新闻类、应用类、科普类四种文体。因此在社会实践文章写作的专业术语运用上，在注意专用性的同时还应注意到应用的广泛性和运用的灵活性。根据事物的性质、写作的目的、应用的功能和读者对象的不同要灵活地运用语言，具体说应该注意以下几点：

① 据文体内容恰当地选用词语。例如学术论文以报道学术研究成果为主要内容，

反映本学科最新、最前沿的科学研究成果，文章理论性强，读者大多属于同行，熟悉专业语言，所用词语应尽量使用单义术语词，避免歧义，也无需加以解释。如栅、场、价、碳酸钠、宪法、外汇等。

② 使用读者易于理解的词语。例如撰写学术论文"建筑用复合材料"时可以把混凝土写成"砼"，讨论传热理论时把"单位质量的物质所含全部热能"写成"焓"；反之撰写的是"建筑"的可行性分析报告时，由于读者包含领导、财务人员等，应当以同义词"混凝土"代替"砼"以便于理解，即或写"砼"也应对其加注。词语解释可写在正文中，也可以写在同一页的最下面专门辟出的位置上（脚注），还可以写在文章末尾（尾注），使读者更易于理解。

③ 为突出文章主题和中心思想，恰当选用词语。资本、资产、资金的内涵同为货币与物质的总和，可以作为同义词使用，但其外延和使用场合又存在着区别，只有选用恰当，才能更准确地表达主题和中心思想，如研究资本论，资本可理解为带来剩余价值的价值，而讨论社会主义市场经营活动时，资本可以理解为活动的本钱，而且改用"资产"也可以取得同样的表意；在财务结算时选用"资金"作为表达则更为恰当。

④ 区别事物本质，真实反映事物特点。如"产品结构合理，原材料利用率高，工艺简单。具有较好的经济性"和"产品结构合理，使用维修方便，寿命长，具有较好的经济性"，前一句突出的是产品的经济性（成本低），后一句突出的是商品的经济性（性能价格比好）。

⑤ 选用词语要明辨事物特点，切合感情色彩。如风度、风范、风情、风姿均可用来表现人。风度是外观表象的综合，风范是在风度基础上增强了楷模的表现。风情、风姿更侧重于形象的表象。

⑥ 根据目的、功能、分寸恰当地运用词语。产品展销、产品展卖词义基本相同，但前者在于以展览为主，销售为辅，是一种促销活动；展卖则以卖为主，是商家的直接销售活动。

⑦ 区别"造势"需要。例如响应省委科技"兴农"号召，全面落实棚菜种植基因工程计划和响应省委科技"兴国"号召，全面开展技术创新基础研究工作计划（同为号召，前者是指实施，后者为政策宣传）。

2. 社会实践文章写作词语选择的原则

词语的选择应以特定的语境为标准，以准确、鲜明、简洁、平实地反映客观事物和表达思想感情为目的选择词语须做到：

① 对准事物，准确反映事物的特点；

② 对准题旨，突出主题或中心思想；

③ 注意变换，克服行文呆板增加语言错综美；

④ 在选择词语时，还应熟悉用语规范，掌握词法规律，避免用词差错。

3. 常用词运用的错误归类

社会实践文章写作中常见的用词不当的现象有以下几种：

① 生造词语。是指凭空制造的、不符合规范的词语。例如："整体设计最佳化要求"。这里可以用"最佳"，但却没有"佳化"和"最佳化"的说法。

② 词类用错。即使用词的类别不正确。例如："大多数酸对于这些矿物质污染物都有很好地洗涤作用"（将助词"的"和"地"用错了）。

③ 词形用错字。是指词的书写形式不符合规范要求。例如："为了进行正确的经营决策，需要对各种费用和损失作出货币的估量及从经济含意来评价各种政策对经营质量的影响"（含意应为"含义"）。

④ 词义用错。是指使用词的范围不恰当，词义轻重不当，或词语搭配不当。例如："防治非典型肺炎的如下几项基本策略"（"策略"应该为"措施"或"方法"）。

（七）社会实践文章写作句式

句式，即句子的结构方式。句子的成分有主语、谓语、宾语、定语、状语，补语。词汇本身不是语言，只有当它受语法的支撑充当句子成分才能赋予语言一种有条理、有含义的性质，表达人们的思想和内容。

人们不同的思想可以选择不同的词汇和句式来表达，同一思想和内容也可以用不同的词汇和内容来表达。也就是说，句式不同，语气、语调乃至情调都将发生变化。

在社会的实际交往中，为了更准确、更鲜明地表达思想、情感、认识和主张就必须根据主题和内容选择恰当的词汇和句式。在撰写社会实践文章时必须按照语法造句，使文章读起来语意明确、语言流畅。

1. 句法

社会实践文章中的长句运用与修辞。长句指词语数多，形体较长，结构比较复杂，容量比较大的句子，它可以是单句也可以是复句。长句多用于政治论文、科学论文及大部分公文。它的内容结构与层次条理贯通，表达精确，气势磅礴便于突出文章主题思想，抒发强烈的思想与感情。

例如：公司的重大决策，都是依照国家现行经济形式和经济政策，同时经过市场调查，可行性论证分析，有的问题还征询了职工代表和技术委员会专家的意见，经过反复酝酿修改，然后按照公司管理章程如期召开董事代表大会和常务董事会议，集体作出决定。

这个 100 多字的长句主干是重大决策、集体作出决定。这个长句在主句前附加了多重状语,起修饰作用,把公司重大决策的产生介绍得尽可能全面、详尽和周密。

使用长句应当注意的是大容量的长句主谓语前后一般有多项起修饰和限制作用的附加成分(定语、状语、补语),宾语前也可用定语,宾语后可加同位宾语,使语言更加精确和严密。必须注意的是:附加成分的使用也增加了句子的复杂性,因此在造句时必须认真推敲,减少冗余,避免顾此失彼。

2.前提

"前提"就是把重点前置,使要表达的思想内容明显突出。"前提"一般表示方法是由"将"字构成的。"第二宾语"前提的句式能够突出所要强调的表达对象。如现将《关于……的通知》转发给你们,请遵照执行。这种句式已成为转发性文件固定的模式,具有清晰、明朗、重点突出的效果。另一种方法是将句子主干前移,将目的和需要强调的对象突现出来,使论述中心点跃然纸上。

例如:为了正确执行物价政策,应经常对管理干部进行物价政策的教育,组织大家学习物价政策;不断提高管理干部对做好物价工作重要意义的认识,还应狠抓物价管理制度,掌握合理利率。这种用两组起关联作用的词语"为了……应……"来联系的复句在社会实践文章写作中有广泛的应用。

3.重后

重后,就是重点后置,这是现代汉语修辞在语序上表述重点文意时的一个特点。在社会实践文章写作中,根据实际情况,正确选用重点后置的句法,可以更好地反映出所说明的问题,收到总结陈词的功效。

例如:各级国家行政机关应当发挥深入实际,联系群众,调查研究和认真负责的工作作风,克服官僚主义、形式主义和文牍主义作风,不断提高公文处理的效率和质量。

例如:虽然明矾除砷的效果也很好,但由于所生成的絮凝物极轻,不易沉淀,液固分离困难,故不宜选用。

4.省略

在社会实践文章写作中,根据语言环境和作者意图的需要,在叙述中,可以省略一些可以省略的句子成分,以求达到更好的表达效果。

例如:机动车行驶中遇到下列情形之一时,最高时速不准超过二十公里。

① 通过胡同(里巷)、铁路道口、急弯路、窄桥、隧道时;

② 掉头、转弯、下坡时;

③ 遇风、雨、雪、雾天能见度在三十米以内时;

④ 进出非机动车车道时。

这些条件中都省了"机动车行驶中遇到""最高时速不准超过二十公里"这两个合成词组。

5．简缩

在社会实践文章写作中经常使用一种高度简化紧缩的句子和专业词语，如"五讲四美"，"四不准"之类。这种修辞方式是在原来句式的基础上的重新概括与组合，而且往往以数字标示。例如：为了美化城市环境，在居民中开展"四不准"教育势在必行。采用"简缩"句法，应注意使用场合，在比较庄重的文件中尽量不用或少用。

（八）模糊语言的使用

"模糊"是相对"明确"来说的。在自然语言中，很难说有绝对的明确和绝对的模糊。从宏观的角度看，模糊倒具有普遍性。前面讲述社会实践文章写作对语言的基本要求就是把明确列在首位。辩证地说，这种明确只是相对于"模糊"而言的明确。

人类对自然语言的理解其本质是模糊的。但这绝不是说"模糊"语言是朦胧的，含糊不清的。它与含糊不清语言相比，具有定向的明确性；而与准确语言相比是模糊的，既具有伸缩性、抽象性，又具有相对的严密性。这也是社会实践文章写作语言自身的需要。其作用在于：首先，运用模糊语言在特定的行文中有较强的概括性，能更准确地表达含意，使应用文语言的准确性提到一定高度，尤其是制定法令、规章、制度等，要照顾到各个方面，采用模糊语言更能增加准确性。其次，运用模糊语言可使语言更趋向简洁。如选拔干部要求"……政策观点强，有一定的组织能力……"如果把政策观念强的具体标准列举出来，必然使文件更加繁琐；至于"一定的组织能力"更难于划出界线，如果主观举例，反倒很难表达。模糊语言主要使用在以下五个方面：

① 用于表达主观评价。如"这次会议是适时的、必要的"。

② 不宜直接表白或不允许使用精确语言时，应采用模糊语言。如"条件成熟时，可以实施"。

③ 在留有余地的情况下使用模糊语言。如"请斟酌办理。从本地实际出发，因地制宜，量力而行，突出工作重点，制定'九五'计划和年度实施计划"。例中的"实际出发……而行"都是模糊语言，而"办理""制订计划"是明确的、肯定的。因此文中使用的模糊性词语不是模棱两可，含义是明确的，只是办理的方式、方法，计划的具体内容具有弹性。

④ 用于表述分寸、程度。对于分寸、程度，可分不同等级表述，但很难准确把

握尺度，使用模糊语言，给人以定向认识，反而使语言更趋向严密。如"有些单位虚报、瞒报瓦现象相当严重"。

⑤ 用于表述时间。一般的应用文表述时间应当准确，但有时很难使用精确语言，这时使用模糊语言反而会更符合实际。例如：近几年来人民生活水平有了很大的提高。文中"近几年"不是数字统计，不好精确计算，使用模糊语言，内涵表述是明确的，也是允许的。

三、社会实践文章写作的修改

"文章不厌百回改"，修改是社会实践文章成文的关键。没有认真的修改，就没有高水平文章的产生。

（一）社会实践文章修改的意义

首先，修改是准确反映客观事物和表达思想的需要。初稿写作完成后，作者的思想认识与客观事物以及语言表达的具体含义不可避免地存在偏差，必须对文章加工修改，以达到准确表达思想的目的。

其次，修改是对作品负责的表现。写文章的目的就是为了传播观点、交流思想。社会实践文章通过对科学和社会现象的分析研究，发现问题、研究问题、得出结论并最终提出自己的主张和意见，从而对社会发展和科技进步起到促进作用。所以从文章的社会功效考虑，从对读者尊重和负责，同时也是对自己，特别是对自己的文章负责的角度出发，一定要认真修改。

修改还可以迅速提高作者的写作能力。从心理学的研究看：人们往往关注"应该怎样做"的问题，却忽视"不应该怎样做"的问题。逆向思维对一个人的提高的作用是极大的，修改不仅是一个写作过程，更是一个逆向思考的过程。

（二）社会实践文章修改的方法

社会实践文章修改的方法有许多种，按修改的时间可以分为急改法和缓改法，按修改的人可以分为自改法和他改法等。

初稿刚刚完成，头脑中对文章的全貌、构思及层次段落印象依然深刻，此时，趁热打铁，对文中臃肿遗漏、结构失当、遣词欠妥之处较为容易发现，改起来也比较顺手，这就是急改法。急改法的好处是对文稿印象清晰，修改起来快捷顺畅。不足之处是，由于作者尚未走出创作的兴奋状态，思路依旧停留在原来的写作框架中，许多需修改的地方不易发现，甚至导致一些明显的问题也被忽略掉。所以急改法最好用于对文字、修辞等问题的小修小改。将文字问题的基本问题解决后，可以将文章放上一周左右，当思路从原来创作的定式中跳出来，接受外界信息刺激进而冷静思考以后，再平心静气地看手稿，这样，头脑冷静了，原来的偏差和框框也就淡薄了，可以从新的角度，以新的思维方式去检查修正文稿，从中发现不当之处，这是缓改法。缓改法的好处是能够更多地发现问题，使文章精益求精，趋于完美。其不足是，有时容易被其他事物耽搁，使修改一拖再拖，失去修改的最佳时机。急改法和缓改法结合起来，才能达到最佳修改效果。

为了能更客观、更准确地评价文章的质量，使其臻于完善，在自己充分检查修改的基础上，可求教于专家或同行，请别人以"冷眼"来审阅，可能许多问题会轻而易举地被发现。对他人的意见应该认真对待，作为参考，决不可"言听计从"，更不能人云亦云，因为社会实践文章是阐述自己观点的文章，所以作者要有自己的主见，可以参考别人的意见作出自己的决定。

（三）社会实践文章修改的范围和内容

修改社会实践文章首先要把着眼点放在论点、论据上，然后弥补形式方面的缺陷。具体地说，可以分为深化主题、增补材料、调整结构、锤炼语言和检查文面等几个方面。

核心观点是统帅全文的灵魂。修改文章时第一步就要考虑主题是否完善，是否深刻。首先要看全文的中心论点及其从属的分论点是否偏颇、片面或表达得不准确。其次要看自己的观点是否与别人雷同，有无创新。如果文章阐述的观点比较肤浅陈旧或一般化，没有自己的独到见解和创造性的构想，对问题的认识仅仅停留在表面现象上，文章必然失败。然后要看文章的中心论点是否明确，只有中心突出，文章才具有较强的说服力。

文章要以观点统帅材料，用材料说明论点。修改时，要通过对材料的增、删、改、换，使文章血肉丰盈，材料与观点和谐统一。增是指在文章因材料不足而造成内容空洞或不够完整时，补充材料，增加内容；删是指删掉不够典型的材料，使文章更加精炼有说服力，改是指核实订正材料，并作适当更改；换是指对不利于突出主题或影响文章结构布局的材料，进行必要的置换或调整。

文章的结构安排是体现思想的重要手段。深刻的主题和生动的材料，要靠完整而严谨的结构来表现。结构的调整，需要从层次、段落、开头、结尾、过渡、照应六个方面考虑，或要重新组合，或作部分调动。调整时首先看总体结构安排。

　　社会实践文章，语言应讲究准确性、规范性和可读性。基于这些要求，语言的修改应把含混的改为准确的；把重复的改为洗练的、简洁的；把平淡的改为生动的；把生涩的改为规范的；把生活用语改为学术用语。

　　文面检查是指检查"文面"是否符合要求。文面检查首先要检查书写或打印的用字是否规范。其次要检查标点符号使用是否正确。标点不准确，会使内容产生歧义，影响文章思想的准确表达。标点符号有一些约定俗成的用法，写作时应予以注意。最后要检查行款格式是否符合规定。行款格式的要求是：标题上下空一行，写在一行的当中；署名写在标题下面正中或稍微偏右处，与标题隔空一行；每个自然段开头空两格；分类项时所用的序码必须统一；段中原话引文和人物对话要加引号。

第六章 — 社会实践典型文章写作方法

大学生社会实践需要做好规划、联络、宣传、总结等许多方面的工作，涉及许多实用文体的写作，调查报告、实践报告、新闻稿的是社会实践最常使用的文体。

大学生社会实践活动中还会涉及介绍信、证明信、表扬信、感谢信、慰问信、申请书、决心书、保证书、倡议书、建议书、海报、请柬、启事、聘书、公约、制度、规则、条据、工作计划、总结等事务类应用文书，以及简报、广播稿、墙报与板报等宣传文书的写作；由于这些文体都属于高中阶段就应知应会的常用文书，本书将不作介绍。接下来，本章将重点介绍社会实践中涉及的社会实践报告、典型新闻作品。

第一节　社会实践报告的写法

实用文中的报告主要包括各种工作汇报。它的基本功能是向有关对象提出工作申请、汇报工作的进展情况、经验和问题，以及取得的成果等。它的内容比专业论文广泛，形式比论文通俗，读者既可以是专业人员，也可以是非专业人员。其运用频率远远高于论文。

一、报告的分类、结构和写作注意事项

报告按其主要功能和特点可分为三种类型：

（1）陈述型报告

陈述型报告主要功能是及时记录、反映考察事实，向读者提供真实的材料。其特点是：材料翔实，作者很少分析论证，多以叙述性语言反映事物的真实情况。表达方式可以是笔记形式，也可以是情况汇报形式。

（2）分析型报告

分析型报告主要功能是及时总结典型经验和反映问题。内容要素包括考察对象的基本情况，对考察情况的分析、归纳及获得的基本规律，作者的认识和建议。典型分析型报告内容组合方式的特点是，作者的认识和建议一般以小标题或提要形式置于段首，不展开议论，主要用客观事实反映事物本质，揭示事物规律性。

（3）论证型报告

论证型报告主要功能是运用大量考察材料论证某种新发现、新观点。内容要素的特点是，以大量考察的事实材料为依据，运用理论推导、数学模型等多种方法展开论证。论证报告可以分为论证正确性的论证报告和论证可行性的论证报告两种。进行正确性论证报告的内容表达方式与理论证明型的论文基本相同，一般按事物内部的联系安排结构。由于这类作品具有较强的科学性、创造性、理论性和较高的学术价值，在大多数情况下，论证正确性的论证报告是一种论文，可用于一切学术场合。论证可行性的论证报告与论文的论证方式、方法上的差异大些，习惯上常常被称为可行性研究报告。

一般情况下，报告的表达方式不会是一种。在现实生活中，许多报告都是综合使用上述三种表达方式中的两种或三种来完成写作任务的。

报告应根据其写作目的、功能、特点来安排结构，其结构要素一般有标题、引言、正文、结尾等几部分。

标题，用以概括考察的对象、内容、范围或揭示主题。常见形式有三种：①只有正标题，标题直接揭示报告的主题；②正副标题兼用，大都以正标题揭示主题，用副标题概括考察的对象和范围；③介宾结构式标题，即关于×××的报告。

引言又称前言，以考察的基本情况为要素，主要介绍考察的目的、意义、内容、方法、时间、地点、范围以及人员组成和考察结果等。如果作者将有关基本情况放到正文相关部分说明，那么引言可以不写。因此，作者可以根据报告的功能决定是否写引言，同时在引言的写作中选择、介绍哪些基本情况，也主要是由作者决定的。引言写作的标准是：重点突出，简明扼要。

正文，是报告的主体。内容要素是：陈述考察事实，报告考察的经验或问题，阐述作者的主张与建议。正文的内容要素应视报告的类型而各有侧重。情况陈述型以反映客观事实为主；典型分析型以揭示规律为主；观点证明型以论证作者的认识或主张为主。组合方式通常有三种：①按空间顺序排列；②按时间顺序排列；③按事物的不同性质及内在联系排列。较长的报告各部分应用小标题或序号引领，较短的可连贯而下，一气呵成。

结尾，是报告内容的归结和补充。应视报告的不同类型和具体内容，或补充说明末尽事项；或提出建议，指出问题；或写出结论，引发讨论；或自然收结不另外写结尾。

报告的基本写作要求和写作方法与后文将提到的论文的写作有一些相似之处，在此不作过多的展开，但在写作中需要注意的问题是：第一，由于读者对象不同，因此报告比论文要写得通俗一些，要适当增加一些背景材料，来龙去脉要讲清楚。据国外有关资料，总经理阅读研究报告的情况是，读内容摘要的占100%，读引言的占60%，读正文的占15%，读结论的占50%，读附录的占10%。因此，撰写研究报告，要特别注意写好摘要、引言、结论等部分。第二，研究报告，特别是开题报告、进度报告、专题性报告和综合性报告，要适当说明研究的情况、过程，存在的问题和建议等，这些内容要具体、明确、重点突出。第三，报告的附录和附件很重要，它一般比论文的附录要长，有的甚至超过报告正文的字数。

二、报告写作材料的选用方法

报告的写作过程，关键环节是整理分析材料。

因为作者手中的材料不可能都写进报告，所以材料的选择是不可避免的，必须择优采用。其基本过程是：第一步，按照报告的功能结构特点，将所有的材料汇总分类，可分为综合、典型、概括、具体等几个类型；也可把同一性质的材料归纳为一类。第二步，按照报告的主题和写作提纲选取材料，与主题及提纲无关的材料应剔除。第三步，按照报告的基本特点确定材料。主要方法有：

① 筛选法。对分类的材料进行鉴别。辨别真伪，分清主次，选用真实可靠并具有普遍意义的综合、概括材料和能反映问题实质的典型、具体材料。

② 对比法。一是将同类、同质的几个材料加以比较，确定选用最能反映事实、最有说服力的材料；二是把同类不同质，或同质不同类的材料进行纵横比较，如将同一事物的前后变化加以对比，将甲事物和乙事物的优劣加以对比，从中选取更有价值的材料。对比一定要注意事物之间是否具有可比性，不能强拉硬扯。

③ 统计归类法。制图、列表、进行数据统计分析，是报告最常用的方法。在起草报告前，应将汇总、分类、选用的资料绘制成图、表进行统计分析，使原始的统计数字质变为能反映出现象总体特征和相互联系的依据。这些数据通常有：总量（绝对数），能反映对象的规模、水平；相对数，如百分数、倍数，能反映对象的结构比例、动态关系；平均数，如简单平均数、加权平均数，能反映对象的特点、发展趋势。要尽可能地从各方面统计分析，找出各种数量之间的差异及产生差异的原因。

三、调查报告的写作方法

陈述型报告主要有实验报告、检测与鉴定报告、调查报告等形式。实验是指在特定环境中和人为控制下，检验某种科学理论或假说的科学实践活动。记录实验过程和结果的书面文件则是实验报告。实验报告的基本功能是报道实验的过程和结果，揭示实验对象的本质和规律。实验报告按其功能来划分，有科研实验报告和教学实验报告两种。科研实验报告是研究人员向有关部门报告或向同行交流自己的实验成果，特别是创新性成果的报告，由于其实用性强，因而被科技工作者广泛采用。教学实验是学生在校学习期间，教师训练、检查学生动手能力和表达能力的一种手段。因为它是重复前人已做过的实验，所以，其报告的保存价值不大，但能较全面地反映学生运用专业知识的实际水平，更是评定学生学业成绩的重要依据。检测报告是在对产品进行检测后，根据检测结果给出的总结和评价。检测就是对检测对象的各项指标进行测试，然后将测试的结果与规定的标准进行比较的过程。检测报告是以具体的检测结果为基础的。要写好检测报告，就要熟练掌握检测标准，同时要忠实检测结果，并且尽量不要对结果进行主观评论。鉴定报告是根据国家规定，由组织鉴定的单位对提交鉴定的科技成果或产品作出鉴定后，根据鉴定结果所写的文字报告；对通过鉴定的科技成果或产品一般都颁发鉴定证书。鉴定证书是在鉴定报告基础上缩写而成的说明文件。

实验报告的格式和写作手法差异较大，每一专业在其实验教学中，都介绍了实验报告的规范；鉴定报告大多有统一规范的文本可供参考；而调查报告在大学生社会实践活动，尤其是大学生暑假社会实践活动中使用频率很高。因此，下面重点介绍调查报告写法。

1. 调查报告的基本问题

调查报告是一种通过调查研究来反映客观事实并力求揭示事实本质或发展规律的文体。调查报告的产生不能没有调查。调查是一种手段，调查需要有明确的目的和对象，怎样调查，在事先要有周密的打算和准备。调查报告的产生不能没有研究。研究是以一定的理论或思想为依据，对调查所得的事实或情况进行分析、概括，去伪存真，由表及里，揭示出事实的本质，得出正确的结论。在此基础上写成完好的书面报告就是调查报告。

（1）调查报告的特点

① 针对性。调查报告的写作通常都有明确的针对性和目的性，或者是总结推广某一个典型经验，以带动整个"面"上的工作；或者是对某方面的工作或问题进行

分析研究，为制定方针政策提供依据；或者是搜集情况，加以必要的分析综合，以供有关部门决策时参考。

② 指导性。调查报告不只是客观事实的叙述，更重要的是对于事实的分析和概括，对于事实的内在规律的探求。因此，高质量的调查报告不仅能深入揭示出事物发展的一定规律，而且能充分体现党和国家的有关方针政策，对具体的工作实践具有很强的指导意义。

（2）调查报告写作的一般过程

第一步，明确调查目的，编制调查计划。调查计划的内容一般应包括调查目的、调查对象、调查步骤、调查项目和调查方法等。

第二步，搜集资料，初步分析。开始调查之前，应围绕调查目的，多渠道地搜集有关资料，以熟悉和掌握调查对象的基本情况，并通过初步分析，确定调查的重点和主题。

第三步，做好准备，实地调查。根据不同的调查方法，做好充分的准备工作，如采用询问方法所要用的询问提纲或询问表格等，然后进行实地调查，以全面地了解和掌握情况。

第四步，资料汇总，分析研究。在大量地全面地占有资料的基础上，进行认真的汇总分析，去粗取精，去伪存真，并以一定的理论或思想为指导，深入研究，得出结论。

第五步，写调查报告。写调查报告，标志着调查研究的结束，同时它又是总结整个调查研究成果至关重要的一个阶段。

（3）调查报告的类型

调查报告运用广泛，形式灵活，可以从不同的角度进行分类。从调查内容和功能可以分成以下三种类型：

① 经验调查报告。经验调查报告又称典型调查报告，主要用于介绍和推广实际工作中出现的具有一定普遍意义的新鲜经验，往往带有较强的政策性和指导性。为了使报告发挥更大作用，经验调查报告的内容必须真实、典型。

② 问题调查报告。问题调查报告是针对经济建设中某一方面（或某一个）问题进行调查分析后写成的报告。问题调查报告的主要功能是通过调查研究，分析问题产生的原因，探索其规律，有针对性地提出解决问题的办法或建议，以供领导部门或有关机关决策时参考。

③ 情况调查报告。情况调查报告也称基础调查报告或资料性调查报告，其主要功能是客观、真实地提供情况，为有关部门了解历史和现状、正确地研究和处理问题、制订计划或采取必要的措施等创造条件。情况调查报告一般也围绕着某一方面

（或某个）问题来展开的，但它不像问题调查报告那样必须对问题进行深入的分析研究，并且明确地提出解决问题的建议或对未来工作的思路；情况调查报告主要提供经过选择、归纳的情况。

（4）调查报告的写作要求

首先，实事求是，用事实说话。调查报告是一种针对性很强、内容真实典型、表达灵活的文体，它既要有材料又要有观点。尽管调查的目的通常产生于调查之前，但调查报告的主题与结论则应该形成于调查之后。写调查报告要尊重客观事实，要从具体的情况、问题和经验中，概括出正确的结论，明确文章的中心，然后再用事实来说明。写调查报告要以一定的理论或政策为准则，从客观实际出发，实事求是地将调查研究的结果写出来。这样，调查报告才会是真实、可靠的，才能发挥其应有的作用。

其次，努力提炼有指导意义的主题。调查报告非常讲究针对性，报告的针对性的强弱主要取决于调查报告的质量。要提高调查报告的质量，必须要提炼有指导意义的主题。经济现象纷繁复杂，其真相往往不直接显露在人们面前。由于多方面因素的作用，人们对事物的认识也常常停留于表面，容易为假象所迷惑。搞调查研究，就是要深入实际，在大量地全面地占有材料的基础上，去伪存真，由表及里，找出带有规律性的结论来。

2. 调查报告例文介绍

感悟"张林成现象"

北京市顺义区三农研究会会长张林成，一名长期在基层农业战线工作的退休干部，怀着一份对"三农"问题的执著，在退居二线开始组建北京市顺义区三农研究会。2007年退休后，通过努力使顺义区三农研究会成为顺义区，甚至北京市"三农"研究的典范。研究会和会长个人也多次获得顺义区、北京市、全国先进。荣誉是张林成和顺义三农研究会对"三农问题"研究不懈努力的体现，也为我们呈现了新时期优秀退休共产党员"退而不休、服务社会"的"张林成现象"。为了深入探究这一现象，笔者带领学生以大学生思想政治理论课社会实践为契机走进北京市顺义区三农研究会进行调查，并将所见所感实录如下：

（1）接触"张林成现象"

北京市顺义区三农研究会，2008年被评为"北京市先进社会组织"；2009年被评为"全国先进社会组织"；2011年，研究会推出的"助力三农"服务项目被评为"第一届北京市社会组织公益服务优秀奖"，被中共北京市委创先争优活动领导小组、中共北京市委组织部、北京市老干部局授予"老有所为先锋、创先争优旗帜"先进

与张林成会长合影

团队称号。

会长张林成 2009 年被 CCTV《聚焦三农》栏目评为"三农人物提名奖";2012 年 2 月,被评为北京市民政社团系统先进个人;2012 年 3 月,荣获中共北京市顺义区委老干部工作领导小组授予的"离退休干部先进个人"称号;2012 年 6 月,荣获中共北京市委社会工作委员会颁发的"北京市社会领域创先争优优秀共产党员"称号;2012 年 09 月 27 日被评为"第二届北京三农新闻人物"。

品读北京市顺义区三农研究会会长张林成的经历,我们似乎看出荣誉的取得与张林成会长个人的经历是分不开的。张林成,1947 年 3 月出生,中共党员,大专学历。1965 年入伍,在部队 20 年间,历任连、营、团等职,1985 年转业,先后担任顺义区水产局副局长、农委副主任等职。2001 年调为农委调研员,2007 年退休。从 1986 年至今,一直从事"三农"工作研究,发挥既懂党的政策,又熟悉农村情况的双重优势,多次参与顺义区的农村改革研究、农村政策制定,为破解"三农"问题奠定了坚实基础。顺义区三农研究会自成立后先后建立了农情联络点、村官接待日等制度。开展了"惠农政策大讲堂""三农文化展"等多项公益性活动,依托自身的力量著书立说,承担课题研究,积极申报并开展政府购买服务项目,从多渠道开创京郊基层"三农"研究新局面。面对这一切,我们不禁要说,这的确是值得人探究的"张林成现象"。

（2）品读"张林成现象"

面对一连串令人振奋的成果,我们感叹"张林成现象"。钦佩之余,我们不禁要问产生"张林成现象"的本质到底是什么?难到退休后继续开展"三农研究"就是一帆风顺的吗?

社会组织参与社会活动存在着很多困难,在深入研究"三农研究会"发展历程,我们发现比较典型的问题体现在"四难"上,而在"四难"的破解上我们看到了一个老共产党员对党的坚定信仰和忠诚。

首先,掌握信息难。由于张林成会长于2007年正式退休,因此,参加会议、听报告、阅读相关文件的机会减少了,不可能像在职时迅速获得信息。于是,张会长就采取加强政策理论学习,不断提高政策水平的方法解决问题。认真研读"中央一号文件",阅读人民日报、北京日报等党报、党刊上的理论文章。此外,张会长还坚持做剪报收集信息,采访时笔者发现,为了针对农村居民做好垃圾分类宣传,他共制作剪报信息400余条,并且按照北京市十六个区县的行政区划,制作专版总结区县经验,为开展宣讲服务。

其次,下乡调研难。机关进行三农调研比较容易,一般打一个电话就会受到热情接待。而"三农研究会"作为民间学术性社会组织,没有行政隶属关系,调研困难显而易见。面对这个问题,张会长提出"创建三项工作制度"的思路。第一项工作制度:建设"农情联络点"制度,即在顺义基层村建立农情联络点,并向合作的农情联络点颁发铜牌,作为下乡调研的合作伙伴。2009年12月28日,中央电视台在清华大学报告厅举办"三农人物面对面"活动,主持人拿着顺义区近400个村书记的名单开始测试,当主持人任意念到哪个村时,张林成会长就把村书记的名字说出来。这次现场问答赢得了中国著名学府学子的阵阵掌声,也说明农情联络点制度落到了实处。第二项工作制度:建立"村官接待日"制度,每月十五日为"村官接待日",邀请村党支部书记、村主任、大学生村官参加,针对来访者提出的工作中遇到的问题出主意、提对策,帮助其破解难题;并提供招待午餐。这样就形成了第二条交流沟通渠道,把走下去和请上来有机结合起来,拓宽了信息来源。开展第三项工作制度:创建"双退人员参与制度",即邀请退休和退居二线的农业副镇长、农委办局干部参加研究会活动,充分发挥这部分老同志熟悉三农的优势,为开展调研服务。

再次,筹措资金难。资金困难是民间学术性社会组织发展的难题,在研究会创建之初,采取一切费用个人筹集的办法;然而,从长远看,这种方式是难以持久的。于是,张会长提出"开创五条途径"的思路。第一条途径:开展项目合作。研究会利用自己的优势,先后为北京市水务局、农研中心、农委等单位完成研究调查任务,获得项目收入为研究会解决资金问题。第二条途径:努力争取项目立项,《新农村建设顺口溜》2007年被列为北京市哲学社会科学"十一五"规划一般项目,2009年

《农村安全用水顺口溜》列入北京市哲学社会科学"十一五"规划重点项目、近期《新型农村社区建设简明读本》又被列入北京市哲学社会科学"十二五"规划重点项目。第三条途径：参与政府购买社会组织服务工程项目，2010年"惠农政策大讲堂"成为首批项目，2011年"助力三农"成为重点项目。第四条途径：实行有偿服务。即基层单位撰写方案、策划书、献计献策，获得报酬。第五条途径：研究成果转化，服务社会。工作中的认真积累带来了收获，近年来张会长围绕三农主题，结合农村实际，编著、出版了《为新农村建设支百招》《新农村建设顺口溜》和《农村安全用水顺口溜》等八本书。《新农村建设顺口溜》被国家农家书屋工程购买3000册；《农村安全用水顺口溜》被北京市水务局团购，作为农村节水、科学用水培训教材下发农村，服务基层百姓；《新型农村社区建设简明读本》一书被北京市社会主义新农村建设领导小组综合办公室选中，作为社会科学普及优秀读物出版、发行。

最后，招聘人才难。研究会成立以来，面试人员1600多人次；但是，社会组织的特点决定了不能为工作人员解决户口等机会，最后应聘的工作人员很少。面对这个问题，张会长采取工作人员满负荷工作的办法，来解决人员不足的问题。

破解"四难"的问题使我们深刻体会到："天下事有难易乎？为之，则难者亦易矣；不为，则易者亦难矣。"品读张林成会长和三农研究会克服困难的对策，我们发现张会长对"三农"问题深厚感情是第一个关键因素，为了开展水务调研，张会长通过朋友联系需要调研的村，自己出钱请被调研人员吃饭、交朋友。自己出钱举办二十余期村官接待日。正是这些真心投入赢得了更多人的支持，通过广交朋友为"三农"创造了条件。也正是这种精神使得研究会完成了"顺义区农民增收问题研究""探索农民用水新机制"等二十一个报告。不仅如此，坚持立党为公思想，积极宣传党的政策和基层新变化，使研究成果更加务实，受到有关部分和广大人民群众，研究会出版的书籍成为顺义区农民喜欢阅读的普及读物，有四十几个村达到了每户一本的水平。

善于解决难题，更要善于把工作落到实处。帮助农民解决实际问题。

首先，以国家政策为指南帮助基层干部把握工作方向。顺义区石家营村是北京市新农村建设试点村。村长提出要为农民建楼，向张会长咨询。张会长直言不讳地指出："准备用出卖部分住宅筹集资金等于在搞变相房地产是违反国家政策的，而盖房给村民白住是违反市场规律的，在非建设用地上盖楼是土地政策的……"在张会长的建议下，该村放弃了建楼计划，把主要精力放在招商引资和解决农民非农就业上，经过不懈努力，先后引入企业25家，2011年完成税收900多万元，村集体年收入200多万元，农民人均纯收入15000多元。

其次，宣传国家政策，促进基层稳定。顺义区马坡地区马卷村 2000 年土地确权后，村中土地收益按现有农业户籍人口分配，而过世老人和出嫁女，虽有《土地承包经营权证书》，但未能享受此项待遇。于是相关村民持着《土地承包经营权证书》向村委会要土地收益，一时解决不了，便成帮上访，闹得村内动荡不安。后来村书记参加了"村官接待日"，咨询这件事如何解决。张会长明确提出三条意见：一以土地确权 30 年不变大政策为背景，二以中央"增人不增地，减人不减地"的政策为原则，三以区政府颁发的《土地承包经营权证书》为依据。按此提示，该村召开了"两委"会议和村民代表大会，作出了按《土地承包经营权证书》进行土地收益分配的《决议》，并向相关农户补发土地收益，使村内迅速恢复了安定和谐的政治局面。

再次，抓住市场经济特点，帮助农民发展股份合作经济。顺义区龙湾屯镇 108 家农户，在该镇原副镇长、本会副会长赵旺同志领导下，组建了北京顺双龙牧业有限公司，张会长负责制定改革发展方案及培训任务。经多方努力，该企业得以持续健康发展，2011 年，股金分红率为 100%，累计分红率 560%，且拥有 5000 多万元的资产，分解到 108 户股东，平均每户拥有 50 多万元的产权。

最后，把握农民合作组织发展规律，帮助农民专业合作社编制"示范社"建设方案。2009 年和 2010 年，中央"一号文件"明确提出：要大力加强农民专业合作社"示范社"建设。但什么是示范社？示范社应具备哪些条件？达到什么标准？多数合作社负责人模糊不清。因此，研究会以张镇果品产销专业合作社为案例，为其研究一套行之有效的办法，促使其经济效益增长 20% 以上，且被评为市级"示范社"，并得到 25 万元的资金支持。

对于工作成果，张会长概括为："思想有提升、政策有普及、经济有发展、农民有收益。"工作成绩的取得，也吸引了新闻媒体和社会各界的关注。《北京日报》《京郊日报》《农民日报》《中国改革报》《光明日报》及《老年朋友》等报刊，分别对张会长研究"三农"情况，做了相关报道，而中央电视台、北京电视台、顺义电视台及北京人民广播电台，分别对张会长研究成果做了专题报道。几年间，研究会先后接待前来本会调研参观者达 6000 多人，其中包括原农业部部长何康、原中共北京市委农工委副书记高华、中国著名"三农"专家温铁军，以及荷兰、芬兰、日本、美国、英国及台湾地区友人。除此之外，张会长也应邀赴清华大学、中国人民大学、北京师范大学、北京工业大学耿丹学院、北京市转业干部培训中心、黑龙江省鸡西市麻山区委区政府等十几家单位，作"三农"研究情况交流。这对弘扬"北京精神"，博采众长，加快文化大发展大繁荣，起到了积极推动作用。

在访谈中，张会长以自己的四句感言概括自己三农研究工作：

出身农村不能忘本，

融入城市不能忘情，

享着小康不能忘恩，

服务农民不能忘责。

这四句朴实无华的感言，正是老先生立足三农研究的写照，也是三农研究会工作指导思想的高度概括。品读"张林成现象"使我们想起一首歌中曾经唱到的：

革命人永远是年轻，

他好比大松树冬夏常青，

他不怕风吹雨打，

他不怕天寒地冻，

他不摇也不动，

永远挺立在山巅。

（3）追问"张林成现象"

面对令人感动的事实，我们反问自己"张林成现象"形成的基础是什么？首先应当是发自内心的社会责任感，正如范仲淹在《岳阳楼记》中写道的："居庙堂之高则忧其民，处江湖之远则忧其君。"这是封建时代知识分子的情怀，21世纪的共产党员如何做到"位卑未敢忘忧国"，实现"先天下之忧而忧，后天下之乐而乐"的理想呢？在与张林成交流中，笔者感觉到张林成会长身上的人格特质。笔者认为主要包括以下几方面：

第一，一直保持平常心。从实职岗位退下来后，对自己重新审视、重新定位，自觉把自己放在普通百姓的位置，并为自己设计新的生活路线图，即在职研究三农，退二线研究三农，即便退休了，还可继续研究三农。从运行的情况看，他把认识转化到实践中，虽已年过花甲，但人老心不老，平和心态好，退休不褪色，奋斗不歇脚，卸任不愿图安逸，甘在三农路上度晚年。

第二，个人情感系三农。他怀着对三农的深厚感情，先后走访了全区380多个村庄。在职期间，结合本职工作撰写发表120多篇文章，编写了一本《顺义区农村改革典型经验汇编》。退二线后，继续调查研究，围绕党和政府的工作重心，撰写多篇调研报告，汇编成《探索三农路》一书。退休后，凭借研究会这个平台，甘于为农村发展支招献策，先后编著《为新农村建设支百招》等四本农村科普读物。

第三，自我加压促奋进。作为退休干部，组织上已不再安排任务，也没有人让其做什么，可对张会长而言，他把新农村建设这项重大历史任务看成是自己的责任。每年自定目标，自写折子工程，给自己下达任务，自己设法完成，充分利用退休后的时间和智力资源优势，致力于为社会多做一些有益的事。

第四，勇于创新谋率先。北京市顺义区三农研究会作为非盈利性社会组织，专门从事农村公益事务研究。研究会所需资金全部自己解决，工作难度很大。然而，在困难面前，他不低头，凭着一股韧劲去开拓创新。农情联络点、村官接待日制度；"惠农政策大讲堂""三农文化展"等活动，在北京市乃至全国都是领先，这也是研究会多次获奖的根本原因。

第五，服务社会塑品牌。三农研究会从创建之日起，张会长就注重打造特色品牌，其含义概括为四句话：即推出精品多，运行质量高，诚信服务好，应用效果强。所编发展方案和所著书籍得到社会广泛认可。 除村级组织常找该会帮助出谋划策外，中共北京市委农村工作委员会、北京市水务局及顺义区新农村建设办公室分别委托其编写相关内容，这些成果对京郊经济社会协助发展起到了引领作用。

"张林成现象"是成功的，"三农研究"的工作人员说是结合自身特点大胆创新的结果。"张林成现象"的成功原因是什么？

一方面，抓住社会民生热点开展扎实研究是产生"张林成现象"的基础。"三农问题"是党和国家关注的重大问题，从2004年至2012年每年"中央一号文件"都围绕"三农"问题，体现了党和国家关注民生，关注基层百姓福祉、服务"三农"的决心。在这一背景下，要使党和国家的政策深入人心、服务百姓，就需要开展党和国家的政策宣讲；同时深入农村基层认真调研，分析地区优势，引导农民真正领会政策，并用政策为指南解决自身问题，为农民脱贫致富。北京市顺义区三农研究会在这一背景下坚持四个围绕：第一围绕党和政府的工作重心开展农情研究，使所研究的工作与政府的部署相一致；第二围绕农村改革出现的新情况开展农情研究，使所研究的工作与农村发展相关联；第三围绕农村干部群众的迫切需求开展农情研究，使所研究的工作与农民群众的呼声相对接；第四围绕城乡一体化总趋势开展农情研究，使所研究的工作与城乡融合发展相协调。顺义区三农研究的经验证明，抓住社会民生热点开展扎实研究是解决三农问题的必由之路，也是产生"张林成现象"的基础。

另一方面，抓住机遇，大胆创新是"张林成现象"形成的关键。近年来，北京市大力推进社会管理创新工作。在北京市和十六个区县成立社会工作委员会。2010年，北京市在全国率先开展政府购买社会组织服务工程。顺义区三农研究会抓住这一机遇，2010年，开展的"惠农政策大讲堂"服务项目，被北京市政府购买。要使大讲堂落到实处，就需要针对农民的实际情况提出解决问题的办法。顺义区三农研究会共编著了八本书，并积极开展相关培训推广，使研究成果迅速服务百姓。《新农村建设顺口溜》出版后，不但受到农民的普遍欢迎，还被刷上顺义区多个村的文化墙当作新农村建设的宣传材料。基层干部和农民们都认为这些顺口溜言简意赅、朗朗上口、合辙押韵，读起来省时省事，另外书中还结合"相关文件""文件解读"和彩色插图来帮助理解，是一本建设新农村的实用工具书。"顺口溜"的成果是深入实际，针对农民实际情况开展工作的一项创举，更是新时期农村工作的一项创新。2011年，三农研究会经过深入调研，把"村官接待日""三农文化展""惠农政策大讲堂"三项精品活动整合在一起，形成"助力三农"品牌项目，被北京市政府继续购买，并于2011年10月18日，获得北京市社会建设工作领导小组办公室授予的"第一届北京市社会组织公益服务优秀奖"。

（4）反思"张林成现象"

面对"张林成现象"的成功，作为新时代的思想政治理论课教师和大学生会做出怎样的反思呢？

首先，"张林成现象"促使我们关注学习马克思理论的价值。改革开放以来，各种各样的先进经验层出不穷。随之而来形成的理念也成为人们学习关注的热点。在新的历史时期，我们提出建设社会主义核心价值观，北京、上海、武汉等地先后提出了代表地方文化特色的城市精神。一系列先进理念的提出都是以科学理论为基础的。从张林成身上可以看到认真学习马列理论、党和国家政策，并从中找到解决问题办法的重要性。只有认真学习基础理论，才会把先进思想转换为现实中创新思路。

其次，"张林成现象"促使我们坚信树立人生观的重要性。在访谈中，张林成老先生提到在从军期间，曾经把永争第一的精神投入到各项工作中去，在成为先进人物后，曾经六次见到毛泽东主席，两次被毛泽东主席等党和国家领导人亲切接见并合影。老先生说，这些经历不仅是自己宝贵的人生财富，更是自己树立为人民服务人生观的重要因素。坚定的人生观不仅仅是一种理想，更应是将理想变为现实的重要力量。

最后，"张林成现象"促使我们反思践行先进理念的方式。北京市提出了"爱国、创新、包容、厚德"的北京精神。在践行"北京精神"过程中，我们曾经把八个字仅仅作为一种先进的思想理念去学习。而在张林成身上我们看到热爱身边的普通农民就是爱国，积极寻找解决问题的新思路就是创新，对于不理解的声音泰然处之、不争辩、不计较就是包容；扎实工作为百姓尽自己所能办实事就是厚德。只有坚持身体力行，才能真正践行北京精神，才能把理念变成活生生的实际成果，"张林成现象"正是立足自身条件践行北京精神的典范。

通过调研，更加坚定了我们参与公益活动服务社会的信心。在暑假中，我们在其他学校和其他相关学术团体的支持下，参与到村官接待日活动中，并向村官接待日捐赠相关图书；与军训所在地政府联系，开展大学生村官创就业报告，并捐赠图书资料。"张林成现象"正在成为我们参与公益活动服务社会的动力，愿立足自身条件服务社会的理念为现代社会建设带来希望的明天。

第二节　新　闻　写　作

材料、能源和信息是物质世界的三大构成要素。信息是指通过各种方式获得的，可以被传播，可以用被感受的声音、图像、文件所表征，并与某些特定的事实或事件相联系的消息、情报、指令等以数据或其他符号表达的知识。

信息说明文体以传达信息为主要功能，要求做到准确无误并传递到位，因此，具有公开传递性、真实性、准确性等特征。信息说明文体的写作属于创造性的思维活动，兼有形象与逻辑两种思维方式。表达方式以叙述为主，也可以兼用描写、说明、议论等各种手法。在社会实践活动中，新闻就是典型的信息说明文体。

一、新闻写作概述

1. 新闻的概念、分类和组成要素

新闻是一类重要的信息说明实用文体。新闻是指新近发生或变动的事实信息，一般需经传播者选择，并借助语言、文字、图像等符号载体及时传播。1981 年 8 月 8 日至 15 日在北戴河由中共中央宣传部主持召开的"全国 18 个大城市报纸工作座谈会"纪要中，对"新闻"的定义是："新闻反映新发生的、重要的、有意义的、能引起起广泛兴趣的事实，具有迅速、明了、简短的特点，是一种最有效的宣传形式。"

新闻作品的种类很多，从文体的角度分析，有狭义和广义之分。狭义的新闻专指消息；而广义的新闻则主要包括消息、通讯、评论、调查报告、报告文学等。新闻报道分三个层次：第一层次报道是对事实性的直接报道，第二层次报道是在发掘表面现象背后的实质的调查性报道，第三层次报道是在事实性和调查性报道基础上所作的解释性和分析性报道。因此，只有第一层次的新闻报道完全属于信息说明类实用文体，主要包括消息和通讯两种形式。

新闻的要素主要有：新闻性、重要性、特殊性、关联性、政策性、知识性、趣味性。

新闻性是指新闻报道的内容要新鲜，要有新闻价值。

重要性一是指本身重大的新闻；二是指本身事情虽然不大却能反映一个大地区甚至全国形势的新闻。

特殊性是指新闻写作要在众多同类的、具有差不多同等价值的事物中，选择具有鲜明特点、特色、特性的，作为报道的内容。

关联性是指新闻写作选择的事实与新闻的读者在地理和心理上关联要更紧密、更接近。

政策性是指新闻写作要符合国家政策，在条件允许的情况下，要努力利用报道介绍、解释、宣传国家政策。

知识性和趣味性是指新闻写作要把报道知识新、趣味性强的事物作为任务，同时在一般报道中努力提供有用的知识，增加报道写法上的趣味性。

2. 消息与通讯的概念、特点和分类

（1）消息

消息是新闻的主要形式，篇幅简短，报道迅速，适合于传播新鲜的、重要的、有趣的事实。消息有如下三个特点：

① 消息报道的事实必须是新鲜的。

② 消息的时效性要求在新闻中是最高的。

③ 消息应该抓住新闻事实的特点，一事一报。

消息的分类可以按不同的标准来进行，习惯上分之为动态、综合、典型和述评四类。

① 动态消息一事一报，简洁明快，篇幅短小，能迅速及时地把现实生活中各种新的变动传播给读者。

② 综合消息是若干动态消息的综合报道。

③ 典型消息又称经验消息，是关于某地区、某部门或某单位在工作中所取得的新鲜经验的报道。

④ 述评消息是指在传播新闻事实的同时还对事实发表评论。它实际上是介于消息和评论之间的边缘文体。

（2）通讯

通讯也是新闻的一种主要形式，与消息相比，通讯的特点在于：

① 完整性。通讯所反映的人物或事件在内容上显得细致详尽，能够比较完整地报道人物的事迹或事件的发展过程，往往有一定的情节。当然，通讯的情节要受真人真事的限制，不能提炼改造。

② 形势性。写通讯尤其是人物通讯，常常要借助于形象思维，并运用一些文学手法，因而具有一定的文学色彩。

③ 灵活性。通讯在时效方面的要求虽没有消息高，但在适用范围上比消息宽广，表现形式和表达方法都比较灵活。

通讯可分为人物通讯、事件通讯、工作通讯和概貌通讯四种。此外，还有一种篇幅短小的新闻故事，一般也称之为小通讯。

人物通讯以人物为主要报道对象，可以写"全人全貌"，也可以"截取一段"来写；可以写一个人，也可以写几个人。所报道的人物可以是正面的，也可以是反面的。

事件通讯以事件为主要报道对象。事件可以是正面的，也可以是反面的，但必须具有典型性。

工作通讯以研究工作问题、介绍工作经验为主，具有指导工作、推广典型经验的作用。工作通讯的表现形式有采访札记、记者来信、工作研究等。

概貌通讯以写概貌、观感为主，一般运用概括叙述与具体描写相结合的方法，来介绍某个地区、单位或某个行业等的新貌，往往富有知识性。

小通讯即新闻故事，大多以事件为主，择取其一个片断来刻画。

3. 消息与通讯的结构

消息与通讯从结构上分，可以分成标题和正文两部分。

（1）标题

新闻的标题要求准确、鲜明、生动、简练。标题的形式有三种：单行式、双行式和多行式。

单行标题一般是概括或评价新闻的主要内容，简洁明了。

双行标题常有实、虚之分。实题（也称主题、正题）是把新闻中最主要的事实或基本内容浓缩成一两句话，虚题（指引题或副题）则用于渲染气氛、揭示事件的意义等。

双行标题有两种形式：一种是引、主题式，引题（也称眉题）居于主题之上，起交代背景、烘托气氛或点明意义等作用；另一种是主、副题式，副题（也称子题）居于主题之下，起补充说明、扩大效果等作用。

多行标题由引题、主题和副题三部分组成，常用于重要新闻的报道。

（2）正文

消息的正文结构，包括导语和主体两部分。通讯一般没有导语，只有正文。

导语在一般消息的开头，它是对新闻事实的核心或最重要的问题进行的概括。导语里应该有实质性的内容，要善于突出最主要、最新鲜的事实或材料，并力求生动、有趣。导语应该简洁明了，要尽量写得短一些。导语可以单独成为一个段落，也可以不独立成段。导语可以分为直接性导语和间接性导语。直接性导语开门见山，直截了当，多用于事件性动态消息，时效要求比较高，但其缺点在于有时候容易造成标题与导语在文字表述上的雷同。间接性导语不十分强调时效性，常以特写的形式或描写性手法来设置一种现象或创造某种气氛，产生很强的可读性。由于它具有延缓读者兴趣的功效，故又称延缓性导语。

新闻正文主体材料的组合顺序完全取决于材料重要性的大小，重要的居前，次要的居后。主体部分还要介绍背景材料。背景材料的运用，有助于读者对新闻事件或人物有一个深广的认识。背景材料大致有三类：注释性材料，即对新闻事实的本质特性如人物的出身与经历、事物的性能与特色等，以及专用术语等，加以必要的注释；说明性材料，即对新闻事实变动的政治、经济、历史、地理等各方面的条件进行介绍，以显示变动的原因，交代新闻事件的来龙去脉；对比性材料，即通过事物的前后、左右、正反等的对照，来突出所报道事实的特性、意义等。

4. 消息和通讯的写作要求

第一，选择有价值的人物或事件。新闻的作者要有清醒的政治头脑、敏锐的洞察力和科学的预见性，要能够从纷繁的现象中抓住典型事例，看出它在全局中的地位和价值，揭示出它所蕴藏着的深刻含义。

第二，写作时要以叙述为主，用事实说话。消息和通讯多用叙述性的语言，叙述应该真实、简练、清楚。通过叙述，应该把事实讲出来，把事实中有关的时间、地点、人物、事件和原因告诉读者，用叙述事实来发表意见。

二、新闻写作例文

五四新闻奖是宣传青年和共青团工作优秀新闻作品的年度最高奖，是中宣部批准的常设国家级新闻奖。下面所选的例文是在 2003 年 1 月 2 日揭晓的第八届五四新闻奖评选中获得一等奖的消息和通讯作品。

1. 消息

一时的领先并不表明永远成功，新生应在同一起跑线上

——北大取消"状元墙"

本报记者 韩少华

今年，北京大学并没像去年那样大模大样地把高考状元、奥赛冠军和小明星的大尺寸照片放在北大三角地炫耀，而是在简单地通报了今年的录取情况后，用数十

块展板介绍了学校的历史和校园的基本情况以及近年来的科研、学术新成果。北大的"状元墙"不见了。

这样的做法，一方面使刚入学的新生能够通过介绍大致了解学校，为今后四年的学习做好准备；另一方面，同学之间也避免了因为入学分数的差距而造成的不平等。

事实上，高考的成绩在宏观上虽然确实能够反映出一个人的学习水平，但是在微观上，仍然有很大的偶然性。能够在高考的独木桥上走进大学，就已经是很不容易的了；其中有人能够力拔头筹成为高考状元，很有可能就是因为在考场上发挥得特别好而已。所有的同学，其实都是很优秀的，如果非要把少数几个状元突出出来不可，不仅会在学生之间造成隔阂，也对学生的学习会有不好的影响。

教育专家认为：学习是一个很长的过程，就像是在跑一场马拉松，一时的领先或是落后并不表明成功或是失败。高考状元如果躺在了成绩簿上面吃老本，不思进取，很快就会落后；而其他学生只要能够迅速地适应大学的学习方式，就会获得优秀的成绩。

（《北京青年报》2001年9月10日）

2. 通讯

这片新绿如此迷人

——保护母亲河行动走笔

本报记者　胡果

黄河长江万里波，流淌着五千年光荣与梦想；一部中华文明史，蘸着这江河水写就。万古江河奔流至今，有些气喘吁吁、步履蹒跚。断流、洪患、污染，频频而至，令人心忧：新世纪里，我们的母亲河，还能支撑起民族复兴的伟大梦想吗？

保护母亲河！是我们的过去，更是民族的将来！！

世纪之交，一个响亮的誓言，被同样代表着民族未来的青少年率先喊出。大河上下，一片茸茸的新绿，在童山荒岭间悄然铺开……

新世纪的绿色希望工程

1997年黄河下游持续200多天断流，1998年长江、松花江、嫩江流域特大洪涝灾害。中国，开始格外关注一个词：生态保护。

1999年春，一项名为"保护母亲河行动"的大型社会公益活动应运而生。

这是一次声势浩大的誓师——共青团中央、全国绿化委员会等八部门共同发起，团中央第一书记周强亲自挂帅；这是一个饱含希望的宣言——组织发动最广大的社会力量，在长江、黄河等江河湖流域植树造林、保持水土，从1999年到2003年，先期治理100万亩；这是一项新意盎然的行动——"5元钱捐植一棵树""200元捐建一亩林"，公开适度的筹资标准，简便易行的操作方法，具体可感的目标图景，唤起公众蕴藏已久的母亲河之恋，万千热望汇成暖暖巨流。

短短两年多，宣传教育，植绿护绿，亿万青少年勇当先锋；耄耋老翁，垂髫孩童，社会大众纷纷解囊。保护母亲河行动在全国各地方收到的各类捐款，迄今已近亿元！

生态建设最深厚的根基，从来都植于人民群众之中。保护母亲河行动开辟了一条崭新的公众参与渠道，将社会大众对生态建设的广泛关注转化为切实行动，被誉为新世纪的绿色希望工程。

利益与公益的完美结合

社会爱心构筑的坚实根基，保证了保护母亲河行动的高起点。然而，仅有爱心是不够的。君不见，年年植绿不见绿，已成造林建设中屡见不鲜的尴尬误区。"保护母亲河行动"的组织者们开始思考：市场经济条件下的全民义务植树，应该如何运作？答案是："保护母亲河行动"是公益行为，更是科学事业，既要符合生态建设规律，又要尊重市场经济规则。

一种全新的生态建设机制脱颖而出——社会化运作，工程化建设，项目化管理。以中国工程院副院长沈国舫为首的专家组率先成立。任何工程上马，都须经专家组实地考察，怎样整地、用何树种、间距多大、如何管护，现场答辩，审批立项；项目实施前，还要明确地权、林权，每块地、每株苗都有主人，谁承包、谁种植、谁管护、谁受益；树种下了，种植者先垫资，每年验收，分期报账，成活率未达标，责令补植。一句话，不见绿，不给钱……

申报审批立项制、项目法人制、工程监察制、资金报账支付制、产权预先确认制，5项具体制度，直指一个核心：引入利益机制，在公益活动中体现利益原则，尽可能地把生态环境建设与改善生活、发展致富结合起来，使人们在实现自身利益的同时为公益事业尽心出力。

山西偏关万家寨，为了浇灌属于自己的那片幼林，老乡们从40里外的黄河里汲水，先用拖拉机拉到村里，再用小毛驴驮上山坡。

四川乐山沙湾区，60多岁的郭老汉摸着茁壮成长的巨桉："才两年就长到六七米高，马上可以间伐了！可惜这坡地，荒了好多年哩……"

地还是那块地，人还是那些人，当人和地有了一种明晰的利益关系，荒地长出了新绿。

科学与爱心的不断延伸

科学加爱心，是"保护母亲河行动"的创造性所在，生命力所依。

前不久，我们随同有关专家参与了一次保护母亲河工程年度作业验收，亲身感受到这项新世纪绿色希望工程的勃勃生机。

从龙羊峡到刘家峡，从四川乐山到重庆万州，12 个已经完成 2000 年年度验收的全国重点工程，造林存活率最高为 94.6%，平均达 90.59%。

陕西，全国水土流失最严重的省份。在遭遇历史罕见大旱的延安市延河项目区，树木成活率却达 79.7%，高出当地退耕还林标准近 10 个百分点。

青海龙羊峡，黄河上游第一个绿化项目区，新疆杨等优良树种及保水抗旱等先进技术的推广应用，让秃岭荒山换了装。一位老农拉着专家的手哽咽难语："俺有十多年没见过这么多的绿色了！"

新绿使人振奋，探索还在延伸：

保护母亲河信息系统正在开发，不久的将来社会公众通过互联网可及时了解工程进度、捐款流向；"1 助 1"造林种草模式广泛推行，越来越多的团体、单位纷纷认建林地；"母亲河，我与你同行"绿色传递活动吸引了上千万人次参与，影响遍及黄河、长江沿岸 54 个大中城市；以打捞漂浮物、监督污染源为主要内容的"清洁江河水"活动，将目光投向了珠江、淮河、太湖、洞庭湖……

短短两年，"保护母亲河行动"已经成为中华大地上的一面绿色大旗。

盈盈绿意，昭示良多。今年 5 月，李瑞环同志在接见首届"母亲河奖"获得者时说：一种好的方法，一个对路的实招，可以下活一盘棋，开辟一条道，影响一大片。保护母亲河行动就是一个很好的尝试！

俟河之清，中华民族的悠长梦想；山川秀美，当代中国人的郑重承诺。努力！让新绿成茂林成浓荫，让母亲河永远清澈、长流不息……

（《人民日报》2001 年 8 月 26 日第 1 版）

· 附录 1 · 大学生课外科普调查报告例文

关于利用农村青年中心推动农民科普工作的调查报告 *

农村基层的科学普及是一项长期的工作，随着经济的发展，科学普及的内容也在不断变化。根据变化不断开发新的科学普及项目、探索新的农村科学普及之路是使科普真正落到实处的关键。为此，我们在 2005 年暑假期间，结合参与本校老师科研课题的调研工作和北京农学院大学生暑假社会实践活动总体安排，开展了有针对性地实践活动。我们选择了农村青年中心这一新兴的农村青年组织为调查对象，在北京、沈阳、抚顺等地进行了实地调查。经过调查，我们发现，利用农村青年中心推动农民科普工作是新时期科普工作的新途径。在此，将调研成果汇报如下：

随着我国经济结构战略性调整，农村改革和城镇化进程的深入，我国农村经济社会的深刻变化给农村青年的思想观念、行为方式和群体结构带来巨大影响，对农村青年工作和青年组织建设提出新的课题。面对新形势和新任务，团十五大提出了建设城乡青年中心的战略举措。这是在社会主义市场经济条件下不断开创农村青年工作新局面的必然要求，是健全完善青年组织体系、加强共青团服务能力建设的一项基础工程，对于服务"三农"工作大局，服务农村青年增收成才，不断巩固和扩大党长期执政的农村青年群众基础，具有十分重要的意义。2003 年以来，全国 450 多个县（市）陆续开展农村青年中心建设试点工作，230 个单位参加全国青年中心建设先进县（市）创建活动，全国已成立农村青年中心 1500 多个，初步运转良好，正在成为充满生机活力的农村基层新型青年组织。通过北京市密云县太师屯青年中心、沈阳市新城子区新城子乡青年中心、辽宁省抚顺县毛公村等青年中心调查，我们发现青年中心正成为农村科普工作的新阵地。

---

* 此调查报告北京农学院学生暑假社会实践活动调查成果，在北京市 2005 年大学生暑期社会实践科普调研报告征文比赛中获得二等奖，社会实践团队获得北京市 2005 年大学生暑期社会实践优秀团队。

一、农村青年中心成为当地农民科普的新阵地

北京市密云县太师屯青年中心成立以来，已经吸纳个人会员 3000 余人，划分为农村经济、企业经济、个体经济、文体教育、科技卫生、公共事业等界别组。同时由 30 名以上个人会员或两个以上团体会员联合推荐，按照农村青年创业致富带头人、驻镇各行业的优秀青年、专兼职团干部等各界代表的比例，通过公开选举的方式，建立了青年中心理事会机构，下设秘书处负责日常工作。理事会制度的建立逐渐体现出优越性，举办活动的针对性明显增强，自主管理后，青年的参与热情明显提高。中心还先后出台了《太师屯青年中心章程》、"青年中心理事轮值制度"等规章制度，规范了青年中心的日常管理。青年中心还结合会员的特长和需求登记造册，依靠会员联系卡，对会员进行动态、跟踪管理。

调查中我们发现：太师屯青年中心建设与当地经济发展实际相统一，与青年实际需求相统一。奶牛、肉羊、柴蛋鸡和水产养殖是太师屯镇的主导农业产业，全镇从事种养殖业的农户中有近一半是 40 岁以下的青年人，为了推进全镇的主导产业发展，满足青年农民对技术、信息的强烈需求，太师屯青年中心将"周末公益课堂"引入服务项目中，及时了解县、镇相关农业政策，调查青年农民的需求信息，利用中心的远程教育，开展技术和政策信息培训。一年来，已开展相关农业培训 6 次，累计培训 200 余人次。由于公益课堂贴近农户实际需求，公益课堂深受青年农民欢迎。中心还调动内部资源，组织镇科技志愿者服务队深入基地开展实地指导，扩大了中心的影响力和吸引力。在此基础上，每月两次以上的各类实用技术远程教育和讲座培训每次都吸引了 200 多名参与者。

沈阳市新城子区新城子乡青年中心成立于 2003 年 8 月 15 日，位于沈阳市新城子区新城子乡六王村。该中心以联系青年、引导青年、服务青年为宗旨，不仅是沈阳团市委直接指导建设的第一家市级试点，更是辽宁省第一家农村青年中心。团中央、团省委领导多次来此调研，并现场指导工作。

新城子乡青年中心依托"全国十大杰出青年农民"、沈阳市淡水鱼养殖协会会长吴琼同志经营的玉兰渔场建立而成，建筑面积为 1400 平方米，设有培训室、图书室、网络室、会议室、活动室等机构和场所。

吴琼是沈阳大学毕业后回农村创业的典型，是沈阳市淡水鱼产业青年志愿者服务队队长。他倡导成立的东北三省第一家淡水养殖协会有会员近 200 人，遍及东北三省。建设青年中心，进一步加深他同团组织的联系和感情，更能够进一步扩大养

殖协会的规模，从而实现双赢。几年来，利用两者结合的形式为农民进行电话及现场技术服务达万余人次。

沈阳市农村青年中心的主打项目是各类农业产业项目。新城子乡青年中心以淡水鱼养殖、花卉等当地特色农业项目为主打，兼顾农村青年劳动力就业转移、维权等服务项目。目前，共举办淡水鱼养殖、农作物种植、计算机基础知识、政策法规等各类培训 30 余次，接受培训人员达 1000 余人；为外出务工青年提供岗位开发、技能培训、跟踪服务和权益维护一条龙式服务，开发就业岗位 200 余个，提供政策法律咨询 50 余人次。

同时，为充分整合青年人才资源，中心还与沈阳农业大学团委联系，邀请沈阳农业大学的青年志愿者与当地青年结成"一对一"的服务"对子"，帮助农村青年在网上查询致富信息、开发农产品市场，并到田间地头指导农民科学种田，传授农作物种养殖新技术，通过这种双赢互动的方式，既让农村青年学到了新的农业技术，又解决了农业专业的大学生实习难的问题。

辽宁省抚顺县毛公村青年中心通过聘请顾问、专家，建立科技图书站，举办科技培训班等方式发挥青年中心推动现代农业发展、培训农业技术人才的作用。毛公村青年中心紧密依托当地资源、龙头企业、专业市场、专业协会等农业产业化链条组织，广泛建立产业基地、科技培训基地、项目示范基地，以培养青年星火带头人骨干和农村经纪人为重点，有组织、有计划地对农村青年进行培训，大力选拔各类青年致富带头人典型。中心已培训青年 1200 人，选拔青年星火带头人 26 名，挖掘培养农村经纪人 11 名。确定了"毛公板栗"深加工项目、"冷香玫瑰"加工提炼项目、1 万只肉鸡产业项目、绿色森林生态园、500 头奶牛饲养基地项目、三家子"四位一体"大棚绿色生态基地六大项目，用具体项目吸引青年、凝聚青年、服务青年。同时，通过适时组织农村青年参观学习、知识讲座、科技培训，使农村青年进一步解放思想，转变观念，大力倡导学科技、用科技的社会风尚。

二、农村青年中心成为进城务工农民的培训基地

随着我国市场经济的发展，外来务工人员规模总量逐年加大。进城务工人员职业教育和培训工作，是推动新阶段农村全面发展的迫切需要，是提高我国企业竞争力、加速工业化进程的重要举措，是统筹城乡协调发展、构建和谐社会的重要体现，是构建中国特色社会主义现代化教育体系、建设学习型社会的重要内容，同时也是科普工作面临的新问题。

辽宁省抚顺县毛公村青年中心通过提供掌握各方面的信息和利用互联网资源，开展科技市场项目等信息查询、资料收集等服务，为农村青年闯市场提供快捷可靠的信息。充分利用现代化高科技手段，采取外部采集、内部收集的方式，获得大量准确的科技、劳务、致富项目等方面信息，及时传递给农村青年。一是创办青年就业服务中心，提供劳务输出的服务平台。二是完善劳务输出工作网络体系，扩大输出渠道。三是广泛联系用人单位，拓展劳务输出渠道。按照"五个一"标准：即建立一套外出青年档案，落实一个专职负责人，设立一处办公场所，收集一份外出青年通讯录，开设一门外出青年服务热线电话。依托网络优势，向外地输送务工人员已达600多人。

北京市统计局2005年6月4日发布报告称，截止到2004年底，北京市共有农民工286.5万人。要保障北京市的可持续发展、建设宜居型城市就需要建设小城镇，并且在小城镇合理规划基础上有选择的发展工业。在发展北京郊区工业、尤其是发展远郊区县工业的过程中，需要大量的劳动力，而这些劳动力，外来农民工的比重很大。以密云县太师屯镇为例：该镇是1998确立的国家级小城镇建设试点镇，在该镇工业企业就业的近5000名员工中，外来务工人员已经达到了70%。由于在小城镇工业规划中，对进入该区域企业行业进行了限定，因此，在小城镇工业企业就业的外来务工人员，具有居住相对集中，从事岗位接近等特点，这就为集中进行科学普及活动提供了可能。

密云县太师屯镇青年中心在建立外来青年联谊会的基础上，把指导和帮助青年从一产向二、三产业转移作为新的服务项目。中道制衣有限公司在年初申请成为中心的团体会员，并为中心提供了30个就业岗位。青年中心在此基础上积极整合资源，借助服装厂的场地进行技能培训。经过几个月的时间，该青年中心已经对400名青年开展了职业技能培训，27名青年通过考核正式上岗。

三、活动的多样性是青年中心科普的新特色

用正确的思想路线引导人，用法律观念武装头脑，树立科学的世界观是科普的重要任务，也是科普活动中难度最大的一项工作。青年中心与共青团工作的有机结合，使解决这一难题成为可能。

外来务工人员在异乡工作，很容易产生思乡的心理，帮助他们克服这一心理就会使外来务工人员接受科普教育成为可能。调查中我们发现：太师屯青年中心结合金湖工业园区外来务工青年集中的特点，把服务外来青年作为建设的亮点，组建了外来青年联谊会，吸纳各个企业的外来务工青年加入联谊会，通过开展文体活动、技能竞赛、青年维权等方面的服务，凝聚和吸引外来青年，使青年通过联谊会重新

找到归属感。"五一""十一"等节假日，青年中心开展了外来务工青年大联欢、"我为密云做贡献"座谈等活动，邀请企业负责人共同参与，不仅为青年提供了展示才华的机会，也融洽了管理者与务工青年之间的关系。目前，服务外来青年已经成为大师屯青年中心的建设亮点。以镇文化广场为依托形成了青年中心主体部分，建筑面积 1300 平方米、能容纳 800 人、具备远程教育设备的农村青年现代化素质培训中心，设有青年文化剧场、电脑培训教室、图书室、阅览室、台球室、乒乓球室、篮球场；依托占地 140 亩的健身公园建立的青年健身中心，内有游泳池、沙滩排球、网球场、足球场等活动场地；依托"承兴密三县抗日联合政府遗址庄园"建立的青少年德育教育基地。2004 年 6 月，太师屯青年中心首次引进了民营企业"星海"网吧。在充分了解网吧的经营状况后，青年中心积极与网吧负责人协调沟通，确立了引导青年文明利用网络资源的工作方向，将"星海"网吧设立为太师屯青年中心网络教育定点基地，并达成四项协议：一是青年中心进一步完善网络教育基地的各项制度，并监督制度执行情况；二是在网络教育基地定期开展网络培训工作；三是青年中心会员凭会员卡在网吧上网学习，可享受 5 折优惠；四是中心会员有监督网吧文明健康经营和对外宣传的权利和义务。开辟新的阵地后，农村青年通过网络学习知识、认识社会的需求得到了及时满足，青年中心进一步深入到青年心中。

沈阳市新城子区新城子乡青年中心因地制宜建设维权服务站、联谊会等特色项目。根据新城子区的地域特点和会员青年的需要，青年中心还举办了篮球赛、乒乓球赛、青年读书会、卡拉 OK 大家唱等带有普及性的农村青年文化活动。尤其是针对新城子区作为锡伯族发源地，锡伯族青年比较集中的特点，青年中心还成立了锡伯族青年联谊会，多次举办秧歌节、二人转汇演等带有浓郁乡土气息的农村文化活动。在丰富多彩的活动中，农村青年们不仅陶冶了情操，更密切了同团组织的联系。

辽宁省抚顺县毛公村青年中心通过青年中心的宣传阵地，贯彻有关权益保护的法律、法规，做好法制教育工作，为农村青年的成长和发展提供有效的法律服务、心理咨询服务。首先建立健全了组织机构。由司法和公安人员担任青年中心法律顾问。紧紧围绕宪法、民法、刑法等有关法律、法规开展知识讲座，普法宣传，模拟法庭等活动 12 次。设立维权监督、举报公开电话。采取多种教育形式，使农村青年进一步知法、懂法，增强自我保护意识，维护合法权益，走依法致富的道路。同时，通过青年中心的活动场地和图书馆来巩固青年的文化阵地，为广大农村青年营造健康向上的文化氛围，提高农村青年文化素质。青年中心建立了标准化的室内外演出舞台，充分利用这一有利时机，广泛开展科技、文化等各类擂台赛、文艺演出等喜闻乐见的群众性农村青年科技文化活动。

农村青年中心开展科普活动中存在的问题与对策分析如下。

尽管当前农村青年中心发展势头很猛，也取得了很大的成就，但是由于现阶段农村工作的特点和转轨时期市场经济的大背景，导致农村青年中心与科普推广活动相结合的过程中不可避免地存在一些问题：

第一，青年的科技意识还有待提高。大多数青年虽然希望通过掌握科技知识脱贫致富，但由于对新项目、新技术持有怀疑态度，错过了引进、实验、普及的最佳时机；有的想致富，却不找门路，存在"等、靠、要"思想；有的市场意识淡薄，小富即安，缺乏竞争意识、风险意识、产业意识。

第二，政策落实得不够好。不论是项目试验推广，还是兴办龙头企业，仅靠团组织自身的力量是很难搞好的，必须争得各级党政组织的领导重视和支持，为农村青年开展科技活动创造良好政策条件。各级党政组织对农村青年开展科技活动是十分重视的，相继出台了一些扶持政策，但有的地方政策力度不够大，还有的政策落实不到位，在一定程度上影响了活动的深入开展。

针对上述不足，应该在未来的青年中心工作中做好以下几项工作：

首先，与各级科协积极配合，开展相关的科普活动。2004 年 6 月至 12 月，团北京市委在全市郊区青年中开展了"北京郊区青年现代化素质大讨论"活动。其间团市委的调查显示：93% 的郊区青年表示出了对知识更新和掌握实用技能的渴望，89% 的郊区青年表示目前完全或基本凭借传统经验进行生产劳动，对技术密集型农业生产方式、质量效益安全性农业生产目标缺乏清晰的理性认识，74% 的郊区青年希望通过学习改变现状，参加法律、科学知识等再培训的愿望强烈。应充分利用北京大专院校、科研院所集中的优势，与各级科协积极配合联合开展科普活动。

其次，充分利用青年中心，在加强农村团的基层组织建设的同时全面深化农村青年科技活动。一是不断壮大青年科技能人队伍；二是抓好先进科技示范项目推广；三是抓好科技项目试验示范推广基地建设。

最后，积极做好农村青年劳动力转移工作。一是加强宣传教育。引导农村青年更新观念，认识到转移出来才是致富奔小康的出路，激发农村青年闯市场、干事业的热情，自觉投入到劳动力转移中来。二是搞好技能培训。充分利用青年中心这一载体，有针对性地开展各种专项培训，提高农村青年适应劳动力转移的基本能力。三是拓宽就业渠道。

农村青年中心作为充满生机活力的农村基层新型青年组织，正在农村经济发展过程中，发挥着包括科普作用在内的各项作用。随着时代的发展，农村青年中心必将为农村科普工作做出更大的贡献。

"胖妹"减肥记

（本故事纯属虚构，如有巧合，确系雷同！）

　　当今的大学女生，一个重要的话题就是减肥。在我们班就有一位同学——"胖妹"。"胖妹"其实一点也不胖，体重只超重 0.35 公斤，据说还是因为冬天体检时棉鞋有点重。可不幸的是她一不小心看到隔壁寝室姐妹的博客：

　　"最近我的好朋友说我胖了；与妈妈的朋友喝茶时，她们也说我胖了；更受不了的是，同学都在实施着各自的减肥计划，口号为：我们的目标是——减肥成功！最近我基本没吃午餐，饿了只喝开水，我坚持下来了，减了十多斤，我为自己感到很骄傲。"回到宿舍，她就像祥林嫂一样唠唠叨叨说："太胖了，简直就是水桶大妈了"。于是，"胖妹"正式宣布开始减肥，"胖妹"的美名迅速走红……

　　自从"胖妹"开始减肥，天底下最可怕的事情就是吃饭。每天吃多少她给自己规定得非常严格，多吃了一口，便痛苦得无法自拔，好像自己犯了多么严重的错误似的，简直不可饶恕。她每天努力使自己不看到美味的食品，每天的午饭她只买一两米饭，却还是剩下三分之二，看着自己剩下的米饭，她是多么的"满足"啊，减肥计划又一次战胜了食欲！即便如此，"胖妹"还不善罢甘休，给自己加了一项辅助措施——从网店买了一瓶"神奇"的减肥膏，据说抹在哪个部位哪个部位就能瘦，她每天实践着，这个东西有点像辣椒面儿，抹之后身体会发热，按"胖妹"的解释为：脂肪在燃烧，所以热。每天晚上"胖妹"浑身抹了个遍，然后睡觉，结果可想而知，她根本睡不着，连被子都盖不住，在她看来，和夏天夜晚的一样热，要知道此时是初春呀！

　　可是，如此按部就班做了一些天后，效果很不明显，"胖妹"只好又去隔壁寝室取经。结果有了一个神奇的发现：

　　隔壁寝室姐妹告诉她，很多明星吃了饭之后，就自"抠"，把刚吃进去的东西再吐出来，"我试了几天，效果不错。"

刚开始，"胖妹"觉得太恶心，可看到室友越来越瘦的身材，自己也开始试用起来。每次饭后，"胖妹"回到寝室，就跑到厕所把刚吃进去的饭吐出来。一来二去，"胖妹"已经吐成了习惯，无论吃什么，都会吐出来。而"胖妹"寝室的室友，也纷纷试用起呕吐减肥法。到了饭后，寝室呕吐声四起。睡上铺的"胖妹"为了方便，甚至在床边挂了个塑料袋专用于呕吐。

一学期的呕吐效果不错，减肥5公斤，"胖妹"被送进了医院，减肥失败。医生给胖妹分析道："这种做法确实会让体重降下来。在达到减肥效果的同时，这种减肥方法对人体的伤害巨大。呕吐时，胃酸会对食道和贲门造成损伤，呕吐物长时间腐蚀食道，可能会发展为食道炎或贲门癌，同时，呕吐会伤到喉咙和牙齿。台湾就有人因此掉光了牙齿。反复的呕吐还会引起反流性食道炎，造成食道水肿、食道溃疡，增加患食道癌的几率。呕吐的动作过大还会引起贲门撕裂症、消化道大出血。"

开学了，"胖妹"的身体恢复了，也不再呕吐减肥了，而且喜欢上了体育运动，运动会还拿了个奖。

现在有人再问"胖妹"："还减肥吗？"她一定会说："减肥也要是健康的，健康最重要……"

· 附录 3 · 红色 "1＋1" 活动总结[*]

关于 "巧妇" 与 "无米之炊" 的辩证思考

俗话说，"巧妇难为无米之炊"。然而，在实际的工作实践中，"难"与"不能"并不等同，"无"与"有"亦可以转换，"难为"不等于不能为，也不等于无所作为，更不等于不敢为的基础，"无米"也并非是绝对的条件缺失。作为新时期的高校教师和大学生，面对社会发展和学生党支部活动中的现实矛盾，不能无所作为，只有坚持马克思主义辩证唯物主义，努力提高主体认识能力，自觉认识客观规律，不断发挥主观能动性，在想为、巧为、勇为、善为上做文章，就有可能做到从"巧妇难为无米之炊"向"巧妇能为无米之炊"的转变。北京农学院工商管理学生党支部 2011 年红色 "1＋1" 活动就验证了上述观点：

一、统一思想，做 "想为" 文章，选好工作方向，大胆提出工作设想

农林院校非农专业，在开展红色 "1＋1" 活动中存在很多不利因素，农村基层单位认为农林院校学生懂农、而学生不懂；社区街道认为农林院校学生不懂非农知识不愿合作。这就势必造成农林院校非农专业学生开展红色 "1＋1" 活动难找合适对接单位；介入后蜻蜓点水，无法帮助其解决实际问题，难以形成特色的局面，面临着 "巧妇难为" 的窘境。面对现实困难，工商管理学生党支部转变观念，开阔思路，积极寻求本专业教师支持，调动多方积极性，拓展合作渠道，通过努力，使农林院校非农专业红色 "1＋1" 活动工作迈上新台阶。

早在 2010 年之初，活动指导教师提出了以专业教师党员介入活动的建议，并提出了 "慎准备、广调研、缓出手" 的指导方针；得到教研室主任邓蓉教授的支持。

---

[*] 本文为北京农学院经济管理学院工商管理学生党支部 2011 年红色 "1＋1" 共建活动总结材料。

基于此思路，2010 年该支部放弃了红色 "1+1" 活动申报，并选择优秀学生参与指导教师组织的学会志愿者活动。在参加 2010 年北京科技周重点活动 "创新方法京郊行——千人公益大讲堂" 志愿服务过程中，了解了京郊基层对科普工作的需求，师生深入实际，对京郊社区及企事业单位进行了细致深入的调查。经过调查，发现京郊社区群众对掌握创新方法推动工作等需求十分强烈。

有需求就有实施的可能，要将需求变成现实就需要坚持统一思想。统一思想主要是将某一部分人解放思想的成果，经过一定的程序，扩展为一个群体的共识，产生正确的决策，又能步调一致地贯彻落实。统一思想不是禁锢思想、武断决策。统一思想需要广泛民主、以理服人、集思广益、群策群力。因此依托 "想为" 工作理念，在北京创造学会的支持下，工商管理全体学生党员统一思想，在 2010 年 7 月大胆提出工作设想："服务远郊社区科普工作，解决基层急难问题" 被确定为工商管理学生党支部 2011 年红色 "1+1" 活动目的、北京市延庆县香水园街道新兴东社区被确定为活动地点，2010—2011 学年第二学期及学年暑假被确定活动时间，街道及社区两层面科普活动被确定为活动核心形式。

二、更新观念，做 "巧为" 文章，定准工作思路，善于在统一思想基础上解放思想

敢想，还要敢干、会干，这就要 "巧为"，开动脑筋，开拓思路，不受固有的思维定势和观念所囿，突破习惯思维闯出新路，这是创造学理论的核心也是创新的要求。

探讨创新的定义，不难发现：创新作为一种理论可追溯到 1912 美国哈佛大学教授熊彼特的《经济发展概论》。熊彼特在其著作中提出："创新是指把一种新的生产要素和生产条件的 '新结合' 引入生产体系。"这里，熊彼特把创新定义为建立一种新的生产函数，即企业家实行对生产要素的新结合。它包括：①引入一种新产品；②采用一种新的生产方法；③开辟新市场；④获得原料或半成品的新供给来源；⑤建立新的企业组织形式。当然随着科技进步、社会发展，对创新的认识也是在不断演进的。特别是知识社会的到来，对创新模式、创新形态的变化进一步被研究、被认识。

学生党支部工作是党的基层工作的重要组成部分，既要坚持党和国家的方针政策，又要提出有开拓精神的工作思路。要想实现 "巧为"，就要更新观念，善于在统一思想基础上解放思想。解放思想所要克服的是超越客观实际的教条主义和

落后于客观实际的经验主义；解放思想所要实现的是主观和客观相一致、认识和实践相统一；解放思想的基本要求是实事求是、与时俱进，也就是主观认识上掌握工作对象的客观规律，并随着客观实际情况的不断变化，在主观认识上得到及时反映，拿出相应的正确办法，达到驾驭现实、促进发展的效果。解放思想不是胡思乱想、离经叛道。解放思想需要深厚的理论功底、严谨的探索精神、敏锐的洞察能力和不图虚名、求真务实的良好心态。正是在解放思想理念的指导下，工商管理学生党支部提出了不求所有，但求所用的理念，抛开所有的事情都需要自己完成的想法，提出了依托北京创造学会科普工作委员会、新兴东社区党支部联合举办"新兴东创新科普讲堂"的方案，以实现把红色"1＋1"活动落到实处的目标。

三、开拓进取，做"勇为"文章，确立工作方案，开拓活动创新局面

党的十六届三中全会中提出的"坚持以人为本，树立全面、协调、可持续的发展观，促进经济社会和人的全面发展"，按照"统筹城乡发展、统筹区域发展、统筹经济社会发展、统筹人与自然和谐发展、统筹国内发展和对外开放"的要求推进各项事业的改革和发展。要践行科学发展观，第一要义是发展，核心是以人为本，基本要求是全面协调可持续，根本方法是统筹兼顾。

温家宝总理 2007 年先后两次对创新方法工作做出重要批示，要求高度重视王大珩、刘东生、叶笃正三位科学家前辈提出的"自主创新，方法先行。创新方法是自主创新的根本之源"这一重要观点。遵照温总理批示精神，科学技术部、发展改革委、教育部和中国科协四部门共同推进创新方法工作，于 2008 年 4 月 23 日印发了《关于加强创新方法工作的若干意见》。

在国家高度重视创新方法背景下，郊区街道社工、群众却对创造、创新方法知之甚少。要开展好"创造、创新、创业"培训工作就要"勇为"，以开拓进取思路确立工作方案。

延庆县由于处于北京西北部，距离城区较远，聘请市内学术团体专家来延庆讲学，经常因为交通时间成本过高难以成行。工商管理学生党支部抓住乐于公益活动的学者开始关注郊区公益科普的契机，以"勇为"精神，与新兴东社区党支部等单位合作，在 2011 年 2 月 24 日，针对香水园街道干部和各社区工作者开展了"创新方法进社区"活动，并开展社区科普需求调研，活动效果显著，在首都科技网和延庆县相关媒体上相继报道，打开了红色"1＋1"共建活动工作局面。

四、科学谋划，做"善为"的文章，构绘工作愿景，推动红色"1+1" 共建工作可持续发展

通过聘请乐于公益活动的学者参与公益培训，虽然解决了最关键的师资问题；然而要保证活动的长期性，则需要解决场地、活动范围等诸多问题。在这一背景下，工商管理学生党支部本着"善为"的原则，科学谋划，构绘了一个长远的工作愿景。

首先，站在公益活动参与者的立场上，以诚感人，赢得了拥有十余年国家大型企业员工创新方法培训成功经验的北京创造学会的支持。北京创造学会根据学生调研结论，投入科普"奖补"，购买价值4500余元的图书，于2011年3月20日，开展了向香水园街道捐赠科普读物活动，解决了社区工作者和社区居民的急需。

其次，站在街道工作创新的立场上，使社区党支部赢得领导支持，街道领导非常重视该活动，分管科普的街道人大街工委詹杰副主任及有关科室负责人出席了共建支部主办的图书捐赠活动，整合资源解决场地问题，使活动开展有了设施保障。同时，大力支持工商管理专业实习调研活动，为实习学生提供实习场地、免费午餐的支持。

再次，抓住延庆县创建科普示范县契机，根据社区居民要求，2011年7月22日，针对高中毕业生考取大学后，如何做好入学准备的需求。开展了以"如何适应大学新环境、怎样结合在未来专业学习中实现创造创新"为主题的公益讲座。活动博得参与者一致好评。在合作单位党支部书记的协调下，初步确定将该活动办成连续性活动，使公益活动拥有了后劲，也使实现红色"1+1"共建工作可持续发展的目标成为可能。

综上所述，想为、巧为、勇为和善为，不是简单的工作技巧问题，而是基层学生党支部干部的责任心、精神状态和思维方式问题。事实证明，我们只要在唯物辩证法指导下，通过个人主观上的不懈努力，许多困难都是可以克服的。实践工作的经验使我们感到："天下事有难易乎？为之，则难者亦易矣；不为，则易者亦难矣。"从"巧妇难为"到"巧妇能为"，虽一字之差，却折射出以马克思主义唯物辩证法指导大学生党建工作思路创新的熠熠光辉。

参 考 文 献

［1］冯艾，范冰主编. 大学生社会实践导读［M］. 北京：社会科学文献出版社，2005.

［2］罗玲玲. 创造力理论与科技创造力［M］. 沈阳：东北大学出版社，1998

［3］罗玲玲. 创造力开发［M］. 长沙：湖南大学出版社，2002

［4］罗博特·希斯瑞克. 创业学［M］. 李志能，郁义鸿，译. 上海：复旦大学出版社，2000

［5］王建伟. 实践致胜 大学生社会实践指导［M］. 北京：旅游教育出版社，2008

［6］王小云，王辉. 大学生社会实践概论［M］. 北京：中国经济出版社，2005

［7］张建荣，张子睿，张子轩. 大学生课外科技活动指南［M］. 北京：知识产权出版社，2007

［8］张子睿. 创造性解决问题［M］. 北京：中国水利水电出版社，2005

［9］张子睿. 实用文写作理论与方法［M］. 北京：清华大学出版社、北京交通大学出版社，2004

［10］张子睿. 大学生创新与创业能力提升［M］. 北京：科学出版社，2008.